美育浸润下的音乐教学与校本研究

侯文生◎著

北京时代华文书局

图书在版编目（CIP）数据

美育浸润下的音乐教学与校本研究 / 侯文生著. 北京：北京时代华文书局，2025.5. --ISBN 978-7-5699-6106-5

Ⅰ. G633.951.2

中国国家版本馆CIP数据核字第2025CV1499号

MEIYU JINRUN XIA DE YINYUE JIAOYU YU XIAOBEN YANJIU

出 版 人：陈　涛
策划编辑：张正萌　李佳黎
责任编辑：张正萌
装帧设计：刘　伟
责任印制：刘　银

出版发行：北京时代华文书局 http://www.bjsdsj.com.cn
北京市东城区安定门外大街 138 号皇城国际大厦 A 座 8 层
邮编：100011　电话：010-64263661　64261528

印　　刷：三河市兴博印务有限公司
开　　本：710 mm×1000 mm 1/16　　成品尺寸：170 mm×240 mm
印　　张：15.5　　字　　数：275 千字
版　　次：2025 年 5 月第 1 版　　印　　次：2025 年 5 月第 1 次印刷
定　　价：78.00 元

序言

Preface

为贯彻落实党的二十大精神，进一步加强学校美育工作，强化学校美育育人功能，将美育教育改革引向纵深发展，中共中央办公厅、国务院办公厅于2020年10月印发了《关于全面加强和改进新时代学校美育工作的意见》；教育部于2023年12月印发了《关于全面实施学校美育浸润行动的通知》，要求以浸润作为美育工作的目标和路径，将美育融入教育教学活动各个环节，努力培养德智体美劳全面发展的社会主义建设者和接班人；北京市教育委员会于2024年10月发布《北京市全面实施学校美育浸润行动工作方案》，鼓励北京市各中小学积极开发融入北京特色的优质美育校本课程，积极探索五育并举、融通互育的学校美育模式，把美育浸润学生、教师、学校作为实施学校美育工作的策略和路径。党和国家的美育教育方针政策是学校开展美育教育研究、科研工作、课程研究、校本研究的指导思想和理论依据。北京市通州区第二中学（简称“通州二中”）结合党和国家的美育教育方针政策和学校具体工作实际开展了多层面、多维度、多视角的美育教育工作改革，取得了丰硕的研究成果，为实现学校全面育人发展、协同发展奠定了坚实的基础。

通州区“运河计划”领军人才是由中共北京市通州区委组织部人才工作领导小组批准认定的“通州区高层次人才发展支持计划”领军人才，代表着区域学科教育教学的最高水平，其能力和素质直接影响育人质量。作为领军人才，要成为具有独特人格魅力的人，要成为具有高尚师德的人，要成为具有精深知识技能的人，要成为敬业爱生、为国育才的人。在通州区“运河计划”领军人才共同体领导、同人的关心和帮助下，我校特级教师侯文生作为北京市通州区“运河计划”领军人才、北京教育学院通州区中小学音乐名师工作室实践导师、通州区中学音乐课改组组长、通州区初中音乐学科基地主持人、北京教育学院卓越教师工作室入室成员、北京市特级教师工作室主要成员、通州二中艺术教研组组长，带领多支科研团队在美育新课程改革中不断深化科研引领教研、教研助力教学、教学促进育人的理念，借助北京市教科研平台、通州区教师研修中心平台、“运河计划”领军人才通州二中发展共同体平台等，开展了卓有成效的学科教研、校本教研、教师研训活动，在北京教育学院、首都师范大学、北京师范大学、北京教育科学研究院学科专家的引领下，潜心探索音乐学科育人、课程育人、校本育人、艺术育人模式，取得了丰硕的成果，在通州区、北京市乃至全国音乐学科教学界产生了强烈的反响和深远的影响。

这些成果的取得既是侯文生老师多年如一日深入钻研学科教学、锲而不舍进行教科研探索，甘为人梯的奉献精神结出的硕果，同时也是各级专家、领导、教师在北京城市副中心肥沃的教科研花园里团结合作、开拓创新、融合共生开出的独具特色的育人之花，这些成果必将会给通州二中、通州区、北京市乃至全国的学科教科研提供优秀的研究范式和研究依据，为提高素养导向下的学科育人教科研水平，辐射、引领、带动区域学科发展起到很好的示范引领作用。

今天，侯文生老师将自己和所带团队在党和国家美育浸润方针政策指引下的教育教学、校本研究、教师培训研究成果以专著的形式呈现给大家，可喜可贺，这既是他个人的荣誉，也是通州二中的骄傲。感谢优秀的侯文生老师和他带领的优秀团队在音乐学科育人和校本研究上的有效探索，期待着侯文生老师继续胸怀教育家理想、胸怀团队建设、胸怀学生发展，砥砺前行、踔厉奋发，在前进的道路上不断取得新的、更大的成绩。

北京市通州区第二中学党总支书记　李竹林

2025 年 2 月

目录

Contents

第一章　美育浸润背景下的音乐教学方法研究

在教育的广袤版图中，美育宛如一颗熠熠生辉的明珠，照亮了学生全面发展的道路。音乐教育作为美育的核心学科之一，承载着独特且深远的使命。它不仅赋予学生欣赏美、理解美、表现美、创造美的能力，更能塑造灵魂、滋养心灵，为学生的人生铺就温暖而坚实的底色。本章内容正是在美育浸润背景下对音乐教育领域深度探索得到的珍贵成果，为我们打开了一扇通往创新音乐教学的大门。

美育绝非简单的艺术技能传授，而是一场全方位的心灵滋养。它帮助学生构建敏锐的感知体系，使他们能从生活的细微处捕捉美的踪迹；激发无尽的想象力，在艺术的无垠天地中自由驰骋；培育深厚的情感世界，让他们学会共情与热爱。音乐，以其灵动的音符、美妙的旋律，天然地拥有触动人心的力量，能在瞬间唤起强烈的情感共鸣。在美育的浸润下，音乐教学成为引导学生探索音乐世界、感悟生命真谛的奇妙旅程。

回顾音乐教育的发展历程，教学方法始终是推动其进步的关键驱动力。传统音乐教学方法曾为无数学生开启音乐之门，然而，随着时代的飞速发展、教育理念的更新迭代，社会对更具创新性、实效性教学方法的需求越发迫切。当下，我们正处在一个知识爆炸、信息多元的时代，学生的思维模式与学习需求发生了深刻变化。如何让音乐教学在这样的背景下焕发新的活力，如何让音乐的魅力深深扎根于每一个学生心中，成为中小学音乐教育工作者亟待解决的课题。

本章节围绕这一核心问题，展开了系统且深入的研究。作者团队凭借深厚的专业素养与丰富的一线教学经验，对多种音乐教学方法进行了细致剖析与大胆创新。“体态律动”教学法为学生提供丰富的“律动”，让他们真切感受音乐所传达的情感与内涵；融合现代信息技术的“互联网 +”教学法，借助多媒体资源拓宽音乐教学的边界，为学生带来更加丰富多元的视听体验。

本章节中呈现的教学方法并非纸上谈兵，而是经过大量实践检验的宝贵经验总结。丰富、翔实的教学案例贯穿始终，生动地展示了这些方法在实际教学中的应用场景与显著成效。这些案例为广大音乐教育工作者提供了极具操作性的参考范例，让大家能够结合自身教学实际，灵活借鉴并创新运用，从而优化音乐课堂教学、提升教学质量。

值得一提的是，作者团队在研究音乐教学方法的过程中，始终将学生放在首位，关注学生的兴趣爱好、个性差异与学习需求，以激发学生的学习内驱力为出发点和落脚点。因为只有当学生真正成为音乐学习的主人、积极主动地参与到音乐教学活动中，音乐教育的价值才能得到最大限度的彰显。

展望未来，音乐教育的发展前景广阔而充满挑战。我们坚信，本章节的内容将为音乐教育工作者提供有力的研究依据和研究范式，助力他们在教学实践中不断探索创新，为学生带来更加精彩、高效的音乐课堂。让我们携手共进，以美育为引领，以音乐为纽带，培养更多具有高尚审美情趣、卓越艺术素养和创新精神的新时代人才，让音乐的美妙旋律在每个学生的心中奏响永恒的乐章。

第一节　美育浸润背景下的“体态律动”教学法研究

北京市教育学会“十四五”教育科研课题（2021—2024）研究报告

课题名称：巧用“体态律动”教学法提升区域初中生关键音乐能力的实践研究

课题编号：TZYB2021-003

课题类别：北京市教育学会“十四五”教育科研课题 2021 年度一般课题

学科分类：中小学音乐

课题负责人：侯文生

课题负责人单位：北京市通州区第二中学

完成时间：2024 年 9 月

成果形式：研究报告，工作报告，成果公告，论文集，案例集

关键词："体态律动"教学法；初中生；关键音乐能力；

课题研究团队主要成员：

姓名	工作单位	姓名	工作单位
黄侃夫	通州区教师研修中心	闫　晶	通州区青少年活动中心
胡　楠	通州区第二中学	曹　申	北京五中通州校区
顾颜行	通州区第二中学	陈庆军	通州区次渠中学
闫昕忻	通州区第二中学	许　婷	通州区玉桥中学
郭文静	通州区第二中学	魏玉红	通州区东方小学
刘　波	通州区第二中学	施文静	通州区漷县中学
张　宏	通州区潞河中学	弥依伸	通州区西集中学

一、研究背景

随着时代的进步、国家的发展、世界的变化以及社会对未来人才的需要，党和国家面向未来，以实现中华民族伟大复兴为目标，高屋建瓴地对义务教育制定了以习近平新时代中国特色社会主义思想为指导，以立德树人为根本任务，以培养德智体美劳全面发展的社会主义接班人为育人方向的《义务教育艺术课程标准（2022 年版）》（简称《艺术课程标准》）。在新时代教育大背景之下，为践行和实现党的育人目标，教师要深刻理解国家的教育方针政策，坚持正确的改革方向，借鉴先进教学理念，深化课程改革，重新审视课堂教学，重塑育人思维模式，拓展育人方法手段，培养学生适应未来发展的正确价值观、必备品格和关键能力，实现以美育人，引导学生明确人生方向，成长为德智体美劳全面发展的社会主义建设者和接班人。

当今世界科技进步日新月异，网络新媒体迅速普及，人们的生活、学习、工作方式不断改变，儿童青少年成长环境深刻变化，人才培养面临新挑战，义务教育课程必须与时俱进。在教学中，旧有的教学思维、模式和方法已经严重制约了学生的学习兴趣、学习认知、技能习得、想象创造，影响了学生审美感知、艺术表现、创意实践、文化理解等核心素养的培养和提升，这不仅违背教育教学规律，更与国家的教育方针政策相悖。《艺术课程标准》在修订原则中明确指出：艺术课程既要注重继承我国课程建设的成功经验，也要充分借鉴国

际先进教育理念，进一步深化课程改革。强化课程的综合性和实践性，推动育人方式变革，着力发展学生核心素养。凸显学生主体地位，关注学生个性化、多样化的学习和发展需求，增强课程适宜性。坚持与时俱进，反映经济社会发展新变化、科学技术进步新成果，更新课程内容，体现课程时代性。

“体态律动”教学法研究就是在这种国家教育方针政策和新的课程标准大背景之下，结合区域教学实际开展深入的探究，试图借鉴先进教学法，有效推进课程育人目标落地，实现先进教学法本土化的课题研究。“体态律动”教学法以其丰富的教学方法、多样的教学手段、富于创意的教学活动、有趣有效的教学游戏，激发初中生的音乐学习兴趣，引领他们对音乐的深入探究与实践，点燃学生学习的热情，激励学生健康成长，成为培养和提高学生核心素养和关键能力的重要手段和有效方法。

（一）问题的提出

1. 研究的政策依据、理论依据、实践依据

（1）研究的政策依据。中华人民共和国教育部制定的《义务教育艺术课程标准（2022 年版）》明确指出：要强化课程育人导向，将党的教育方针具体细化为本课程应着力培养的核心素养，体现正确价值观、必备品格和关键能力。同时，在课程总目标中也提出：学生通过参与丰富多样的艺术实践活动，探究、发现、领略音乐的艺术魅力，培养学生对音乐的持久兴趣，涵养美感，和谐身心，陶冶情操，健全人格。学习并掌握必要的音乐听觉与欣赏能力、表现能力和创造能力，形成基本的音乐素养。在课程性质中指出：义务教育艺术课程标准以立德树人为根本任务，培育和践行社会主义核心价值观，坚持以美育人、以美化人、以美润心、以美培元，引领学生在健康向上的审美实践中感知、体验与理解艺术，逐步提高感受美、欣赏美、表现美、创造美的能力。在修订原则中指出：坚持创新导向，既注重继承我国课程建设的先进经验，也充分借鉴国际先进教育理念，深化课程改革，使学生通过课程学习，逐步形成适应个人终身发展和社会发展需要的正确价值观、必备品格和关键能力。

（2）研究的理论依据。“体态律动”教学法是由瑞士音乐教育家达尔克罗兹（1865—1950）首创的，其主要理论是把音乐的学习与身体的律动结合起来，用身体的各种富有韵律的动作来表现音乐，以达到培养和提高学生感受与表现音乐内涵的目的。

第一，通过体态律动提高初中生的审美感知和审美体验素养。音乐表现要素主要包括旋律、节奏、和声、速度、力度、调式等多项内容，学生通过体态律动的准确、快速变化实现对音乐要素变化的快速感知、体验和表现，进而实现对音乐要素的正确理解和掌握相应的表现手法，为实现感受美、体验美、理解美、表现美、创造美打下坚实的基础。

第二，通过体态律动提高初中生的艺术表现素养。艺术表现是学生感知美、体验美、理解美的行动外化，对美的感知、体验和理解需要通过一种恰当、合理、科学的方式表现、释放和展示，以此实现自娱、娱他的艺术传递功能。体态律动恰好是中学生艺术表现的重要和有效载体，通过丰富的体态律动动作展示实现对音乐作品的合理表现。同时，教师通过学生的体态律动艺术表现，实现对学生理解音乐内涵、表现音乐形象能力的准确评价，进而不断调整教学目标、改变教学方法、变化教学思路，实现学生音乐表现素养的稳步提升，同时也实现教学评一体化的教学设计。

第三，通过体态律动提高学生的创意实践素养。创意实践是学生在已有知识技能的积淀基础上的升华和迁移，这种升华和迁移需要建立在学生喜欢、“教有实效”的平台之上，“体态律动”教学法正好适合初中生的心理和生理反应，通过丰富多变的体态律动创意实践活动，激发学生的创作热情，引领学生的创作灵感，拓展学生的编创愿望，为学生更深入地理解音乐内涵提供了广阔的创意实践表现空间，也为学生的创意实践素养提升搭建了有效的展示舞台。

第四，通过体态律动提高学生的文化理解素养。以美育人、以美化人、以美润心、以美培元是《艺术课程标准》提出的课程育人重要目标。这一目标的有效实现以文化理解为基础。只有对民族文化有了更加深入的理解，才能放眼世界、着眼未来，才能实现培养学生形成适应未来发展的正确价值观、必备品格和关键能力的目标。基于文化背景下对美的深刻理解既体现在学生丰富的精神、思想和语言表达上，更体现在具体的行动、动作之中。“体态律动”教学法是融身体和音乐为一体的，不断促进学生听觉、动觉、情感思维发展的音乐教学体系。当学生参与这种体系活动时，会沉浸在一种快乐和良好的自我体验之中，通过这种美好的体验和实践活动，学生达到全面有效提升核心素养和关键能力的目的。

（3）研究的实践依据：“体态律动”教学法自 20 世纪上半叶被引入中国，

随着时间的推移，21 世纪初由李妲娜等人编著的《奥尔夫音乐教育思想与实践》一书中对“体态律动”教学法做了详细的介绍，并特别突出了“体态律动”教学体系中的动作教学，体现了体态律动在音乐教学体系中的重要地位。如今，体态律动作为一种教学方法，被越来越多的人了解、熟知和运用，根据不同的曲目、不同的音乐风格、不同的感情色彩，运用不同的体态律动动作辅助学习，使之成为有效、有趣的教学方法。

对于“体态律动”教学法的相关研究，目前已有王佳楣、刘伟、陈瑶、刘凯等人进行了“新体系”教学法实践研究，并将达尔克罗兹的“体态律动”教学法与《艺术课程标准》进行了多角度、多维度的比较分析后，提出“听动结合”“体感音乐的生命”与初中音乐课教学的多元关系三个建设性的教学策略与教学理念，实践研究从“体态律动”教学法特征的四个基本领域出发，辅以实际课例，探讨体态律动教学在初级中学音乐课中的应用，相关的研究成果可以作为本课题研究的实践依据。由北京舞蹈学院谢呈翻译的《达尔克罗兹方法：体态律动》由文化艺术出版社出版发行，该书详细介绍了达尔克罗兹教学法的教学理论，并详细描述了体态律动的具体要求和运用手法，这些翔实的理论和方法也是本课题研究的重要实践依据。同时，中央音乐学院音乐教育学院也于 2012 年成立了体态律动教研室，该教研室汲取中国民族民间舞蹈与古典舞等特色舞蹈艺术养分，扎根中国大地，发展适于中国音乐需要的素质型体态律动课程与人才培养模式，是全国高等艺术院校与师范类院校中最早与目前唯一拥有完整体态律动学科建制的教研室。该教研室的理论与实践成果也是本课题研究的重要和主要实践依据。

2. 研究主体的本质

（1）运用“体态律动”教学法理论结合区域中学音乐课教学实际指导学生进行“原地”或“空间”的体态律动动作，引导学生把听到的音乐用肢体进行律动表达，以此体验音乐在节奏、速度、力度、时值、情绪等方面的变化。

（2）通过头、舌、臂、手、身、腿、脚等肢体的协调配合进行拍手、弯腰、响舌、响指、摇摆、指挥等原地动作，以及走、跑、蹦、跳等空间动作，并通过动作的高、中、低位置与相关的音乐相互配合，以表示不同的节奏、旋律、和声、复调、曲式、情绪等，开展相关实践探究。

（3）通过课题研究，实现提高学生学习音乐必备的核心素质（包括视唱、听音、节奏、和声、创作和欣赏等多方面的音乐能力）的目标。

3. 课题研究的假设

（1）通过实践、研究“体态律动”教学法，探索出提高区域初中生聆听、欣赏、演唱、表现、理解、创作等相关核心音乐素养的切实可行且有趣有效的本土化教学方法。

（2）总结、梳理并归纳“体态律动”教学法本土化研究的经验、策略、方法，并将其理论化、系统化，为进一步深入探究奠定基础。

（二）研究意义

1. 选题的目的

（1）研究“体态律动”教学法，落实《艺术课程标准》精神。《艺术课程标准》指出：音乐课的教学过程就是音乐艺术的实践过程，所有的音乐教学领域都应重视学生的艺术实践，积极引导学生参与各项音乐活动，将其作为学生走进音乐并获得音乐审美体验的基本途径。不难看出，研究丰富、科学而有效的艺术实践活动是教师提高教学质量、提升学生音乐素养的关键。在这种教学背景下，达尔克罗兹的“体态律动”教学法就成为实现这一目标的重要手段和途径。

（2）研究“体态律动”教学法，丰富教学手段。在这个信息时代里，学生的认知水平、认知范围和认知能力已由点向面无限延伸拓展，教学中旧有的教学方法显得苍白而无力，无法激发他们的学习兴趣和热情，迫切需要创新教学方法来打破这种单一、沉闷的教学模式，从而实现师生在“教”与“学”过程中的双重自由和双主体地位。借鉴“体态律动”教学法不失为一条实现这一目标的捷径。“体态律动”教学法可以在有限的空间和时间里，最大限度地激发学生用自己的体态律动来体验、表现自己对音乐的理解和感受，这种体态律动使师生真正成为教学的自由主体——学生在体态的模仿、合作、变化中获得深层的审美体验、审美理解和审美表现，进而实现搭建提高初中生核心素养和关键能力的平台这一育人目标。

（3）研究“体态律动”教学法，实现先进教学法区域性本土化研究。学科教学质量和育人水平的整体提升需要有先进教学法的引领，同时更需要先进教学法与教学实际的紧密结合，才能产生适合区域教学实际的行之有效、有趣的研究成果。这些成果的产出必将有力助推区域学科教学水平的稳步提升，助力学生核心素养和关键能力的稳步提升，实现区域学科教学协同发展、不断进步，最终将《艺术课程标准》精神落实到具体教学实践中，实现课程育人的本质目标。

2. 意义及研究价值

（1）通过对“体态律动”教学法基本理念的学习和实践，总结、归纳、梳理出初中音乐教学中聆听、欣赏、演唱、表现、理解、创作等相关核心音乐素养的切实可行、有趣有效的本土化教学方法，并使之理论化、系统化，为进一步深入探究奠定基础。这将有利于国际优秀的教育理论在区域初中音乐教学实践中的实施与推广，进而突破传统的教学模式，让学生在丰富的“原地”和“空间”动作中体验音乐的旋律、节奏、和声和情感，真正成为学习的主人，为音乐教学打开新的视野和思路。

（2）对“体态律动”教学法在区域初中音乐教学中的实践现状进行调查，为区域初中音乐教学法的相关研究提供第一手资料，并总结有效的教学理念与方法，针对存在的问题提出相应的对策及建议，促进初中生核心素养的全面培养与整体提升。

（3）通过实践和研究，总结“体态律动”教学法在初中音乐教学领域的经验，重新认识与理解其在区域基础音乐教育教学中产生的作用，并形成进一步研究“体态律动”教学法本土化构建的重要参考依据。

二、文献综述

（一）体态律动的教育理论

1. 体态律动的教育思想

达尔克罗兹认为：音乐的核心是人对情感的表现，人们对音乐的理解是情感变化的过程。因此，音乐教育首先是通过音乐与身体的节奏运动来唤起人的音乐本能，培养学生的音乐感受力，进一步获得体验和表现音乐的能力。达尔克罗兹曾表示：体态律动的教学目的是培养学生对于节奏韵律的直觉本能，对音乐情绪和表现的感受、对运动平衡的感觉，以及培养有规律的运动神经习惯和训练有节奏的心理。体态律动要求学生把听到的音乐内容用身体律动来体现，这种教学法强调的是学生本身对音乐的感受和理解，通过身体动作，体验音乐节奏的速度、强弱的变化，以培养学生的内心听觉。

2. 体态律动的教学原则

“体态律动”教学法遵循的是实践先于理论的原则。实践先于理论，就是让学生先体验到所要学习的内容，然后再教授他们相关理论。著名哲学家康德提出：知识起源于经验，但经验不能构成真正的知识。同样，在达尔克罗兹的音乐教育体系中，体态律动、视唱练耳与即兴创作三者是实践与理论的关系，也是相互渗透、相互依存的关系。如在视唱练耳学习中，首先要让学生对所学的内容通过身体的运动进行实践，教师再加以理论描述，最后通过教师指导下基于视唱练耳的即兴创作反作用于体态律动，从而深化所学内容。

3. 体态律动的教学内容

达尔克罗兹音乐教学体系由体态律动、视唱练耳和即兴创作三部分组成，其核心部分是体态律动（也称“节奏运动”）。在他的“节奏练习、视唱练耳与即兴创作”章节中指出：体态律动、视唱练耳和即兴创作相互渗透，三者不可分割，需在听音响的同时，运用身体运动去感受和再现音乐要素的变化。这个过程除了有益于身体节奏感的发展，对音乐的感知和记忆也能起到促进作用。在体态律动中，音乐听觉和即兴能力得以发展，推动着将音乐音响即兴转化为身体运动的音乐意识和行为的发展。视唱练耳和即兴创作是体态律动的外延和补充，许多练习本身就属于一种运动形态。

（二）核心概念

1. “体态律动”教学法

“体态律动”教学法是指通过“原地”或“空间”动作激发和引导学生把听到的音乐用肢体进行律动表达来体验音乐在节奏、速度、力度、时值等方面的变化，从而达到培养和提高学生核心音乐素养的目的。主要通过头、舌、臂、手、身、腿、脚等肢体的协调配合，进行拍手、指挥、弯腰、摇摆、响指、响舌等原地动作和走、跑、爬、蹦、跳、滑等空间动作，结合动作中的高、中、低位置与歌声的体感、表演等相互配合，以表现不同的节奏、旋律、和声、复调、曲式等进行练习的教学法。

2. 音乐核心素养

音乐核心素养主要指：①音乐审美感知素养，即对音乐艺术的听觉特性、表现形式、表现要素、表现手段及独特美感的体验、感悟、理解和把握；②音乐艺术表现素养，是通过歌唱、演奏、综合艺术表演和音乐编创等活动，表达音乐艺术美感和情感内涵的实践能力；③音乐创意实践素养，是通过听、唱、写、创等音乐编创活动，培养对音乐知识、音乐内涵的全面而有深度的理解能力；④音乐文化理解素养，主要包括认知音乐的艺术形式和文化特征，了解音乐与其他艺术形式的关系，理解音乐发展与社会发展的相互影响。本课题中学生音乐素养主要指学生学习音乐所必备的综合素质，包括视唱、听音、节奏、和声、创作、音乐欣赏和音乐创编等多方面的综合技能与知识。

（三）研究述评

1.“体态律动”的产生和发展研究

“体态律动”是由达尔克罗兹在1900年左右提出的一个新学说。他认为以往的音乐教育过于侧重知识性、技能性，不符合音乐的本性。音乐本身离不开律动，而律动和人体运动密切相关，因此，单纯的教音乐、学音乐却不结合身体的运动，至少是孤立的、不全面的。针对这一问题，达尔克罗兹提出了“体态律动”教学法。20世纪上半叶，“体态律动”教学法被引入中国，20世纪80年代左右，国内出现了一些教育实践理论，但总体而言多为简单概括，并未进行系统介绍，无法全面展现该教学法的内容。随着时间的推移，21世纪初由李妲娜等人编著的《奥尔夫音乐教育思想与实践》一书中对“体态律动”教学法做了详细的介绍，并特别突出了体态律动教学体系中的动作教学，彰显了体态律动在音乐教学体系中的重要地位。如今，体态律动作为一种教学方法，被越来越多的人了解、熟知和运用——人们会根据不同的曲目、不同的音乐风格、不同的感情色彩，采用不同的体态律动动作辅助学习，使其成为有效、有趣的教学方法。

“体态律动”教学法一经提出就受到了欧洲各国的关注、实践和研究，此后迅速在世界范围内掀起学习的浪潮，并在声乐、器乐、舞蹈等领域被广泛实践和应用。新课标的颁布和实施，从另一角度推动了“体态律动”教学法在我国新课改音乐教学中的研究、开发和应用，研究“体态律动”教学法已经成为改变音乐教学模式的必然趋势，这体现了其在教学改革中的重要性和必要性。目前，就全国范围来看，研究“体态律动”教学法已经成为一种趋势。

2.“体态律动”教学法的教学原则

“体态律动”教学法遵循实践先于理论的原则，即让学生先体验所学内容，再教授相关理论。

3.“体态律动”教学法的教学内容

“体态律动”教学法由体态律动、视唱练耳和即兴创作三部分组成，三者具有相互渗透、不可分割的关系。

三、研究设计

（一）研究目标

1. 研究的理论突破目标

（1）在课题研究前、中、后期展开问卷调查，了解学生已具备的相关音乐素养情况和运用“体态律动”教学法之后的实际教学效果。

（2）完成进行“体态律动”教学法前、中、后期学生核心音乐素养数据的综合对比。

（3）通过数据的对比分析，探索区域初中生乐于接受的、有实效性的“体态律动”教学法，并总结教学经验。

2. 研究的实践突破目标

（1）完成对“体态律动”教学法中“原地”动作（包括拍手、指挥、摇摆、弯腰等）的教学实践研究。

（2）完成对“体态律动”教学法中“空间”动作（包括走、跑、爬、蹦、跳、滑等）的教学实践研究。

（3）完成“体态律动”教学法在聆听、欣赏、演唱、表现、理解、创作等学生核心音乐素养教学中的时长、频次、难度数据分析。

3. 研究的技术性突破目标

（1）“体态律动”教学法中“原地”“空间”动作提高区域初中生聆听、欣赏核心素养的技术性突破方法。

（2）“体态律动”教学法中“原地”“空间”动作提高区域初中生演唱、表现核心素养的技术性突破方法。

（3）“体态律动”教学法中“原地”“空间”动作提高区域初中生理解、创作核心素养的技术性突破方法。

4. 是否达成指标：是

（二）研究内容

本课题的研究首先从“体态律动”教学法与初中音乐课教学结合的可能性入手，从理论层面总结“体态律动”教学法的重要理论基础，再梳理当前区域初中阶段“感受与欣赏”“表现与创造”“音乐与相关文化”三个领域的大致情况，从而得出结论，阐明“体态律动”教学法应用于初中音乐教学的可行性。

其次，通过“体态律动”教学法中的“原地”动作的实践，探索其对提高初中生歌曲演唱和音乐作品欣赏、理解、表现等相关音乐素养的作用。

再次，探讨“体态律动”教学法本土化实施问题，分析其和本土音乐教育情况的融合方法，并对其催生新成果的条件进行研究和阐述。

（三）研究方法

（1）文献研究法。针对课题的研究范围，搜集和整理“体态律动”教学法的相关文献，从而掌握前人研究结果，了解和本课题有关的最新研究动态。参考文献主要源自与“体态律动”教学法相关的音乐教育教学论著、学术论文集、期刊杂志及网络资料等。

（2）个案研究法。课题主要选择北京市通州区第二中学、潞河中学、第六中学、梨园中学、次渠中学作为研究个案，通过对初中音乐教学中的“感受与欣赏”“表现与创造”“音乐与相关文化”三个领域，应用“体态律动”教学法的教学实践研究，完成本课题的最终成果。

（3）问卷调查法。了解“体态律动”教学法研究实施前学生的音乐素养情况和研究实施后的变化，通过数据分析、对比研究“体态律动”教学法的科学性、准确性和实效性。

（4）行动研究法。根据初中生的年龄特点，开展多种行之有效的体态律动教学活动，积极鼓励、启发中学生多角度、多层次、全方位地参与教学之中，提高学生的综合音乐素养。

（5）教育实验法。立足区域中学音乐课堂，结合不同学校、不同班级的具体情况，通过实验前后学生学科学习表现的变化，探索适合学生学科素养发展的方案。

四、研究过程

（一）选题、准备阶段（2021.9—2021.9）

（1）成立课题研究组，提出研究问题，草拟研究方案，厘清研究思路，筹备问卷调查，确定课题研究方向。

（2）确立研究目标、研究内容和研究方案，查阅相关文献资料。

（3）召开专题会议，明确研究分工，依据方案设计课题研究日程、相关计划与规章制度，为课题运行提供组织保障、经济支持和人员配备。组织课题组成员学习“体态律动”教学法的相关理论知识，为课题的顺利开展打好基础。

（4）撰写开题报告。

（5）确定实验班级，结合学生的具体情况，设计适宜学生学习的教学方法和教学方式。

（二）课题实施、研究阶段（2021.10—2023.12）

1. 设定实施计划（2021.10—2021.12）

（1）明确研究目标、研究内容、研究难点、研究范围。

（2）修订研究措施、方案，调整科研人员的具体分工。

（3）筛选研究对象。针对研究的问题，课题小组在学校的支持下，以班级为单位分门别类，由课题组与相关音乐教师组成联合跟踪小组，在逐人建立个人档案、逐人设定干预计划的同时，分别选择比较突出或带有普遍倾向的问题的部分同学作为研究样本进行重点研究。

（4）开展“体态律动”教学法的知识讲座，运用各种手段、通过各种途径、创造多种平台让学生了解体态律动的相关知识，并进行作品展示，吸引学生对“体态律动”教学法的关注，激发学生兴趣和积极性。

2. 初步研究阶段（2022.1—2022.12）

在第一阶段理论学习、调查研究的基础上，全面对实验学生进行课堂实验研究，深入探索体态律动教学对提高初中生音乐素养的经验和方法。

（1）进行问卷调查并及时进行分析。

（2）案例分析。

（3）听评课。

（4）召开研讨会，及时解决课题实施中遇到的问题，互相借鉴研究中的成功经验以取长补短。

（5）聘请专家指导课题研究，解决教学中的实际问题。

（6）针对课题实践研究中出现的问题进行个案研究，对症下药。我们采取的主要方法有谈话、指导、模仿、观看视频等。

3. 全面研究阶段（2023.1—2023.8）

补充完善，深化研究，我们具体的做法是在总结 5 所学校的 240 名研究对象的基础上进行实践研究，得出初步的教学实践经验和相关数据，在此基础上不断深入“体态律动”教学法的实践研究，并将新的标准和要求再一次在学生中进行实践。

（1）通过模仿各种动物来表现节奏、音准、旋律。

（2）通过模拟生活中的各种情境来体会节奏、旋律。

（3）通过模仿具体的社会实践互动来体会音准、节奏和音乐情绪。

（4）针对节奏不稳的学生，运用“体态律动”教学法促进其节奏感的提高。

（5）针对视唱不准的学生，运用“体态律动”教学法促进其音准感的提高。

（6）针对手、脚、口、脑等协调感不足的学生，运用“体态律动”教学法促进其协调感的提高。

4. 深入研究阶段（2023.9—2023.12）

完善课题研究机制。

（1）建立基于班级、落实到教师的课题研究机制。成立以年级、班级、教师、小组长为一体的研究体系，并进行考核、评估、总结、奖励工作，通过课题组的密切配合使课题研究不断引向深入。

（2）建立课题服务制度。定点、定人进行有针对性的研究，通过各种有实效性的研究得出科学、准确的研究数据。

（3）落实课题评价制度。通过多种形式的交流、研讨活动，检查、测评各小组的课题研究开展进度，确保课题研究能够稳步推进、互相补充，使研究具有可操作性和实效性。

3 年来，我们通过对通州区 5 所城镇中学、3 所农村中学的 2000 个学生的问卷调查和课题研究得出了相应的科研数据，撰写了相关的科研论文和教学设计，开展了多次教学研究课题活动以及课题成果交流研讨会，研究取得了初步成功。

（三）总结阶段（2024.1—2024.9）

（1）召开教师会议对课题研究进行反思。

（2）对课题进行效果评价。

（3）通过展示、研讨等方式进行实际课例交流。

（4）形成初步结论与分析报告，撰写相关科研论文。

（5）向研究组织提供结题报告、教学实录、课件、教学设计、问卷调查表、论文和经验总结报告。

五、研究成果

（一）“体态律动”教学法实践研究活动教学资料成果

（1）在课题研究过程中，课题组结合每个实验班的实际情况选择不同的音乐作品，设计不同的体态律动动作，探究适合学生音乐素养提升的策略、手段和方法，形成了适合区域学生接受的、有实效性的教学资料成果。

（2）在3年的研究中，课题组精心选取了5种类型共60首歌唱和欣赏作品，根据不同音乐的节奏、旋律、和声以及初中生自己创作的作品进行体态律动动作的编排。课题组将实践经验以论文的方式呈现。

（3）在课题研究中，我们探究初中生体态律动教学方法、表现形式、音乐素材；同时，有意识地将培养学生的综合音乐素养贯穿体态律动动作和相关音乐的巧妙结合之中，逐步形成“体态律动”教学法本土化的相关理论并整理成书加以推广，供区域教师研究实践。

（二）“体态律动”教学法学生参与实践研究活动成效

经过3年的课题研究，参与课题实践的初中生在参与前、参与中、参与后的表现，以及对待体态律动的态度和行为方面都有了较大转变。

1. 初中生参与体态律动前后态度变化情况调查及对比分析

“体态律动”教学法实施前后学生参与教学活动情况调查表（以通州二中初二1班为例）

	总是能	经常能	偶尔能	从未能
“体态律动”教学法实施前自己愿意参与教学活动	5% （2人）	35% （14人）	50% （20人）	10% （4人）
“体态律动”教学法实施后自己愿意参与教学活动	20% （8人）	65% （26人）	10% （4人）	5% （2人）
前后对比分析	提高15%	提高30%	降低40%	降低5%

“体态律动”教学法实施前后学生主动表演情况调查表（以通州二中初二1班为例）				
	总是能	经常能	偶尔能	从未能
“体态律动”教学法实施前能在同学面前主动表演	10%（4人）	27.5%（11人）	55%（22人）	7.5%（3人）
“体态律动”教学法实施后能在同学面前主动表演	17.5%（7人）	52.5%（21人）	30%（12人）	0%（0人）
前后对比分析	提高7.5%	提高25%	降低25%	降低7.5%

2. 初中生参与体态律动前后教学中自我表现情况调查及对比分析

“体态律动”教学法实施前后学生参与课堂活动频率调查表（以通州二中初二12班为例）				
	非常多	比较多	一般	不多
“体态律动”教学法实施前参与课堂活动的频率	0%（0人）	10%（4人）	55%（22人）	35%（14人）
“体态律动”教学法实施后参与课堂活动的频率	30%（12人）	50%（20人）	15%（6人）	5%（2人）
前后对比分析	提高30%	提高40%	降低40%	降低30%

“体态律动”教学法实施前后学生对体态律动动作的熟练程度调查表（以通州二中初二12班为例）				
	非常熟练	比较熟练	一般	不熟练
“体态律动”教学法实施前对体态律动动作的熟练程度	0%（0人）	5%（2人）	10%（4人）	85%（34人）
“体态律动”教学法实施后对体态律动动作的熟练程度	30%（12人）	40%（16人）	20%（8人）	10%（4人）
前后对比分析	提高30%	提高35%	提高10%	降低75%

“体态律动”教学法实施前后学生对课堂教学的情绪表现对比分析（以通州二中初一3班为例）				
	非常好	比较好	一般	不好
“体态律动”教学法实施前对课堂教学的情绪表现	10%（4人）	20%（8人）	60%（24人）	10%（4人）
“体态律动”教学法实施后对课堂教学的情绪表现	45%（18人）	45%（18人）	5%（2人）	5%（2人）
前后对比分析	提高35%	提高25%	降低55%	降低5%

3. 初中生参与体态律动前后音乐素养变化情况调查及对比分析

“体态律动”教学法实施前后学生音准素养情况调查表（以通州二中初一 3 班为例）				
	非常准	比较准	一般	不准确
“体态律动”教学法实施前学生音准素养情况	10%（4 人）	20%（8 人）	30%（12 人）	40%（16 人）
“体态律动”教学法实施后学生音准素养情况	20%（8 人）	40%（16 人）	20%（8 人）	20%（8 人）
前后对比分析	提高 10%	提高 20%	降低 10%	降低 20%

“体态律动”教学法实施前后学生节奏素养情况调查表（以通州二中初一 10 班为例）				
	非常准	比较准	一般	不准确
“体态律动”教学法实施前学生节奏素养情况	10%（4 人）	20%（8 人）	30%（12 人）	40%（16 人）
“体态律动”教学法实施后学生节奏素养情况	30%（12 人）	40%（16 人）	20%（8 人）	10%（4 人）
前后对比分析	提高 20%	提高 20%	降低 10%	降低 30%

“体态律动”教学法实施前后学生能准确理解和表现歌曲内涵（欣赏和演唱）调查表（以通州二中初一 10 班为例）				
	非常准	比较准	一般	不准确
“体态律动”教学法实施前学生能准确理解和表现歌曲内涵	5%（2 人）	10%（4 人）	50%（20 人）	35%（14 人）
“体态律动”教学法实施后学生能准确理解和表现歌曲内涵	30%（12 人）	40%（16 人）	25%（10 人）	5%（2 人）
前后对比分析	提高 25%	提高 30%	降低 25%	降低 30%

4. 初中生参与体态律动前后自主性音乐学习情况调查分析

“体态律动”教学法实施前后学生主动搜集、积累相关音像作品调查表（以潞河中学初一 6 班为例）				
	非常主动	比较主动	一般	不主动
“体态律动”教学法实施前学生主动搜集、积累相关音像作品	5%（2 人）	10%（4 人）	20%（8 人）	65%（26 人）
“体态律动”教学法实施后学生主动搜集、积累相关音乐作品	20%（8 人）	40%（16 人）	10%（4 人）	30%（12 人）
前后对比分析	提高 15%	提高 30%	降低 10%	降低 35%

“体态律动”教学法实施前后学生主动参与各种音乐实践活动调查表（以潞河中学初一6班为例）				
	非常主动	比较主动	一般	不主动
“体态律动”教学法实施前学生主动参与各种音乐实践活动	15%（6人）	25%（10人）	20%（8人）	40%（16人）
“体态律动”教学法实施后学生主动参与各种音乐实践活动	30%（12人）	40%（16人）	10%（4人）	20%（8人）
前后对比分析	提高15%	提高15%	降低10%	降低20%

从以上结果可以看出，在区域初中生音乐课上开展体态律动教学之后，学生有愿意参与音乐律动表演的实际行动。通过“体态律动”教学法激发初中生想参与、愿参与、敢参与、乐参与的学习积极性，可以打破所谓初中生上课注意力不集中、不主动、不参与的“魔咒”，进而打造有趣、有效、丰富、快乐的高效音乐课堂。与此同时，在课题研究实践过程中，大多数学生表现出想增加体态律动相关音乐、动作、学习资料的愿望；通过体态律动教学，学生开始意识到音乐对个人综合素质全面发展的重要作用，师生关系越发融洽，课堂氛围越发和谐。通过阶段性研究，学生到初三以后，不但可以根据音乐创编简单的体态律动动作以表现音乐思想内涵，还能快速哼唱出乐曲的大致旋律，找到正确的节拍、节奏并随之律动。部分教师、家长也反映学生在学习精神状态、学习兴趣与习惯上有所改善和提高，并向教师提出多通过体态律动教学进行世界名曲、民族乐曲的学习。这不仅说明了“体态律动”教学法实践研究的成功，同时也为教师的进一步研究提出了新的、更高的要求，激发课题组全体教师在此基础上进行更深入的研究。

（三）巧用“体态律动”教学法提升学生节奏、音准、识谱等能力项目测试数据分析

1. 通州区第六中学初一年级项目测试数据（音准）

测试班1				测试班2			
学生	第一次	第二次	第三次	学生	第一次	第二次	第三次
高 ××	3	4	5	胡 ××	2	2	2
徐 ××	3	3	5	刘 ××	5	5	5
张 ××	2	3	4	宋 ××	4	4	5
段 ××	2	2	1	李 ××	3	3	3

续表

测试班 1				测试班 2			
学生	第一次	第二次	第三次	学生	第一次	第二次	第三次
张 ××	5	4	4	孙 ××	1	3	2
段 ××	2	2	2	祖 ××	0	1	3
王 ××	0	2	4	刘 ××	2	1	4
荣 ××	1	1	1	李 ××	0	0	2
徐 ××	2	3	4	贺 ××	2	2	2
王 ××	3	3	4	孙　×	1	0	2
平均分	2.3	2.7	3.4	平均分	2	2.1	3.0

2. 通州区第二中学初二年级项目测试数据（节奏）

测试班 1				测试班 2			
学生	第一次	第二次	第三次	学生	第一次	第二次	第三次
吴 ××	4	5	5	王 ××	3	2	3
赵 ××	2	4	3	王 ××	5	5	5
卢 ××	3	3	2	田　×	4	4	5
闫 ××	1	2	3	张 ××	3	3	3
米 ××	5	4	3	狄 ××	2	3	4
张 ××	4	3	4	郑 ××	1	3	3
李 ××	3	2	4	李 ××	2	1	3
张 ××	2	1	3	周 ××	1	2	2
赵 ××	2	4	3	姚　×	2	2	4
冯 ××	3	3	3	陈 ××	2	3	3
平均分	2.9	3.1	3.3	平均分	2.5	2.8	3.5

3. 潞河中学初三年级项目测试数据（音程）

测试班 1				测试班 2			
学生	第 1 次	第 2 次	第 3 次	学生	第 1 次	第 2 次	第 3 次
李 ××	4	5	5	康　×	4	5	5
王 ××	4	5	5	周　×	4	5	5
李 ××	3	4	5	刘 ××	3	3	3
李 ××	4	4	5	杨　×	3	3	4
谢 ××	4	5	5	孙 ××	4	4	5

续表

测试班 1				测试班 2			
学生	第 1 次	第 2 次	第 3 次	学生	第 1 次	第 2 次	第 3 次
毕 ××	4	4	5	吕　×	3	4	转学
杨 ××	5	5	5	武　×	4	4	2
李　×	4	4	5	李 ××	3	4	转学
黄　×	3	4	5	王 ××	2	3	3
张 ××	4	5	转学	许 ××	3	4	4
平均分	3.9	4.5	5	平均分	3.3	3.9	3.875

4. 梨园中学初二年级项目测试数据（和弦）

测试班 1				测试班 2			
学生	第 1 次	第 2 次	第 3 次	学生	第 1 次	第 2 次	第 3 次
马 ××	0	4	4	于　×	0	1	2
王　×	4	4	5	于 ××	3	3	3
王 ××	0	2	3	王 ××	3	3	4
史 ××	2	4	4	王 ××	3	4	4
付 ××	0	1	3	王 ××	1	2	3
刘 ××	3	3	5	王 ××	3	3	3
刘　×	2	4	5	王 ××	3	2	3
刘 ××	0	2	3	王 ××	2	2	3
刘 ××	0	4	4	韦 ××	3	4	4
闫 ××	0	1	2	毛 ××	0	3	3
平均分	1.1	2.9	3.8	平均分	2.1	2.7	3.2

从以上 4 所学校的测试结果来看，运用“体态律动”教学法的班级学生对音准、节奏和音程等的掌握能力都有了显著提高。“体态律动”教学法在教学实践中重视首调唱名法、柯尔文手势、字母谱和节奏读法，授课教师将枯燥难懂的乐理知识与简单有趣的游戏相结合，形成了适于中学生的科学音乐教育方法。这成为教师提高音乐课堂有效性的重要教学手段，充分体现了“在有限的时间里，利用有限的方法，解决无限的学习问题”的中学音乐学习核心理念。

（四）“体态律动”教学法研究人员的实践研究和科研能力大幅提升

课题组教师通过参与本课题的实践研究，教育观念得到了大幅度的更新。

在课题研究过程中，参研教师认真学习了《艺术课程标准》和达尔克罗兹的“体态律动”教学法的理论和方法，教学观念、教学视野、教学思维与教学方法分别得到了更新、拓展和提升。课题组组织参研教师开展了丰富多彩的课堂教学实践活动和教学研究活动，撰写了十余篇高质量的教学设计，其中，胡楠、顾颜行的教学设计《天路》，闫昕忻的教学设计《天鹅》，郭文静的教学设计《光明行》等分别获得市区级一、二等奖，并作为全区中学音乐教师、通州区名师工作室、北京教育学院中小学音乐名师工作室培训研究课，得到了各级专家、教师的好评。在此基础上，课题组成员还到兰州市第十四中学开展体态律动教学交流研讨活动等。这些活动的开展让课题组成员开阔视野、相互借鉴、互促发展、共同提高。课题研究带领参研教师进入一个教学多元化的世界，形成了良好的学术氛围，使理论和实践进行交锋、融合并产生了巨大的集体凝聚力和影响力。

课题组教师的科研能力大幅度提升。在课题研究过程中，实验教师不断自我反思、自我调整，努力探究和解决实验中各个方面存在的问题，通过反复的实验、反思、改进、再实验、再反思、再改进的螺旋式上升过程，参研教师的教学思想得到了升华，教学理念得到了丰富，教学经验得到了积累，教学能力得到了提高。课题组教师逐步具备了发现问题、分析问题、解决问题的能力，科研能力稳步提升，自主发展意识越发强烈。在课题研究过程中，课题组成员共撰写20余篇相关专业研究论文，分别荣获国家、市区各级各类论文评比一、二等奖，并在国家、市区各级各类专业刊物上发表。同时，课题组成员编著的《核心素养下的音乐教学研究》一书由中国书籍出版社出版发行。此外，黄侃夫申请的通州区教育科学规划课题“柯达伊教学法提升中学生音乐学科素养的研究”、张宏申请的通州区教育科学规划课题“在合唱社团建设中促进中学生音乐能力提升的实践研究”均成功立项。

（五）“体态律动”教学法实践研究基地校的音乐课教学水平显著提升

1. 音乐课堂教学工作得到了整体的、全面的发展和提高

“体态律动”教学法的研究，使课题研究基地校整体音乐教学和科研水平提升到了一个新台阶。本课题研究属于通州区中学音乐教学领域的首次研究，填补了通州区中学音乐科研课题研究的空白。课题研究活动使基地校积累了音乐领域丰富的教学经验，促进了基地校科研水平提升，为基地校校本研究提供

了丰富的素材和内容。课题研究使基地校音乐教师的教学水平有了显著提升，为基地校教师的专业成长提供了发展的平台。

2. 形成面向全体，有特色、有趣、有效的中学音乐课堂

本次课题研究面向课题组基地校全体学生，并辐射全区中学音乐教师和音乐课堂教学，通过开展多种活动（如外出学习、专题培训、教学观摩、反思交流、体态律动展评、艺术节比赛等），带动学校参与课题研究。通过调查问卷、个别访谈、研讨会、校园展板、沟通互动等形式，融洽了师生关系，活跃了校园文化，提升了学校品质，使学校充满积极向上、健康有为的青春朝气。学生在北京市学生艺术节、“运河之花”学生艺术节展演等市区级艺术比赛中屡获嘉奖，为学校也为通州区赢得了荣誉。

（六）“体态律动”教学法实践研究的总体成果

经过近 3 年的努力，本课题完成了通州二中等 5 所学校 10 个教学实验班的实验研究工作，撰写开题报告、中期成果报告、结题报告各一篇，20 余篇教学设计、教学论文、案例研究获各级各类评比奖项，发表相关教学论文 5 篇，出版相关书籍一部，新立项课题 6 项。

六、研究反思

（一）课题研究过程中的经验积累

课题组能按照计划稳步开展研究工作，针对课题研究中存在的问题设计出切实可行的策略与方案，保证研究稳步推进。3 年来，课题组共举行校内和跨校课题研究活动 30 余次，涉及实验校 5 所、实验班 10 个、个案研究 50 个。通过 3 年的实践研究，我们总结了以下几个方面的研究经验。

（1）加强理论学习。努力提高参研教师的理论水平是高质量完成课题研究的关键。3 年来，课题组结合课题研究的阶段性目标，积极组织参研教师进行相关内容的学习，同时设计丰富的研究活动，包括小组研究、对比研究、切磋研究、互助研究等。丰富的研究形式和翔实的理论学习为课题研究的稳步推进和不断深入打下了坚实的基础。

（2）注重研究过程中经验的积累。课题研究过程中所有的计划、设计以及奇思妙想都要通过教学实践来实现，在实践的过程中就会出现各种教学效果的变化，将发生变化的具体情况进行及时、细致的归纳和梳理，就会发现学生在

学习过程中出现的规律性问题和规律性成果，再将这些问题、成果与理论相结合探究出适合本区域学生学习的教学策略、教学方法，形成科研成果，成为系统的、切实可行的、有实效性的科研经验进行推广，从而不断提高参研教师的科研能力和科研水平。

（3）注重团队合作，使课题研究更具科学性。多形式、多渠道、多层面地开展课题研究，从不同的角度拓展课题研究的深度和广度，进而实现课题成果的科学性、准确性、普适性，需要团队集体合作、共同研究、互帮互助才能实现。课题研究实践以来，通过召开参研教师会、实验班研讨会、实验学生调研会、实验经验交流会、课题问题会诊会、课题推进会、经验总结会等多种形式的共同学习研讨，不断将课题研究引向深入并形成有价值的科研成果。在全体课题组成员的共同努力下，经过3年的研究实践，课题组取得了丰硕的科研成果，包括市区级研究课，国家、市区级科研论文评比获奖与发表，围绕课题研究出版了相关教育教学书籍等。

（二）有待进一步研究的问题

在研究"体态律动"教学法提升区域初中生音乐素养的过程中，虽然我们取得了一些成果，但同时我们也发现了很多问题，主要表现在以下几个方面。

（1）教师的研究理论支撑不够丰富和具体，在实践过程中还不能快速、准确地依据理论做出科学、正确、合理的反应，阻碍了学生理解、表现音乐的积极性。

（2）由于课题组是第一次进行实践，在研究过程中，教师虽然努力改变固有的教学思维、教学模式、教学方法，但还是显得步子小、放不开，课堂上学生参与教学的主体地位得不到充分发挥，学生综合音乐素养提升速度较慢。

（3）课题研究还是在较浅的层面开展，更多的是教学经验的积累，对于"体态律动"教学法本土化研究的完整体系还没有系统地构建完成。

（4）在完成课题"体态律动"教学法提高初中生音乐素养基本目标的同时，缺少丰富的课型、模式变化，如同课异构模式、合作式教学模式、混合式教学模式下的"体态律动"教学法研究不足。

（5）课题实验管理的相关制度建立不够健全，执行不够严格，在很大程度上制约了教师参与课题实验研究的深度，阻碍了课题研究向纵深发展的进度。

（三）改进的措施

（1）提高理论站位。认真学习《关于全面加强和改进新时代学校美育工作的意见》《关于进一步减轻义务教育阶段学生作业负担和校外培训负担的意见》以及北京市中小学教学指导意见等相关党和国家及地方教育工作文件精神，提高政治站位、教育思想站位，全面落实党的教育方针政策，五育并举，全面育人，为党和国家培养德智体美劳全面发展的建设者和接班人。

（2）课题组带领参研教师努力学习相关教育教学理论，积极参加各种与课题相关的培训，创造参研教师外出听课、参观、研讨机会，开阔视野，拓展思路，以丰富和完善自己，不断提高科研队伍整体的研究水平和研究能力。

（3）准确预估课题研究中遇到的问题，提前做好应对预案以适应不断发生变化的学情。同时，及时发现、归纳、总结课题研究中出现的问题并迅速做出反应、调整和变化，引领课题稳步向纵深发展。

（4）虽然课题组在理论学习上做了一些研究和讨论，在实践中做了一些有益的尝试，但我们还是深深地感觉到自己能力的有限和不足，还需要聘请更专业的专家进行帮扶和指导，使课题研究更科学、更完善、更有成效。

“生长教育”理念下“体态律动”教学法提升初中生核心素养大单元教学初探

——以人民音乐出版社（北京版）音乐教材七年级（上）为例

《义务教育艺术课程标准（2022年版）》在课程性质中明确指出：艺术是人类精神文明的重要组成部分，是运用特定媒介、语言、形式和技艺等塑造艺术形象，反映自然、社会及人的创造性活动。艺术教育以形象的力量与美的境界促进人的审美和人文素养的提升。艺术教育是美育的重要组成部分，其核心在于弘扬真善美，塑造美好心灵。艺术课程中的核心素养是课程育人价值的集中体现，是学生通过课程学习逐步形成的适应个人终身发展和社会发展需要的正确价值观、必备品格和关键能力。

生长教育理念主张以学生为中心，注重满足学生的需求和发展潜能，提供多样化的学习机会和资源，鼓励学生主动探索和实践。它强调学生的兴趣、动机和目标的重要性，提倡以问题和项目为导向的学习方式，促进学生的深度思考和创造性思维，这与《义务教育艺术课程标准（2022 年版）》的精神完全契合。正是在这种理念的指导下，通州二中在学习贯彻党的二十大和全国教育大会精神，深入推进《关于全面加强和改进新时代学校美育工作的意见》，落实《关于全面实施学校美育浸润行动的通知》的基础上，秉承“一切为了学生生长”的教育理念，确立“生长教育”的特色办学理念，引领学校优质发展。

“体态律动”教学法是一种以自我体验为先的教育模式，在空间和时间背景下呈现身体律动与音乐两个主体之间的自然融合与和谐统一，通过接续式单元设计，引领学生在健康向上的审美实践中感知、体验与理解艺术，逐步提高感受美、欣赏美、表现美、创造美的能力，进而实现从学科本位、知识本位到素养本位的以美育人方式的重大变革。

一、“生长教育”背景下以实现审美感知为目标的体态律动大单元教学设计

审美感知是对自然世界、社会生活和艺术作品中美的特征及其意义与作用的发现、认识、感受和反应能力，而“动”是体态律动教学的核心。“体态律动”教学法可以弥补初中学生阶段性心理认知的发展变化带来的不足，促进学生放松大胆地表达、展示与交流，还能唤醒学生主动参与体验音乐情绪、情感的兴趣和热情。通过体态律动了解音乐表现要素、表现形式，理解音乐体裁与风格，发展音乐听觉与感知力，以丰富音乐审美体验、深化音乐情感体验、提升深层审美感知力。

在这一目标引领下，我对人民音乐出版社出版的七年级音乐教材上册内容进行了细致的梳理和整合，选取其中 4 首音乐作品组成了题为“永恒的民族情”的大单元教学。单元教学由第一课时《义勇军进行曲》、第二课时《彩色的中国》、第三课时《天鹅》、第四课时《春江花月夜》组成。其教学目标设计为：在听赏过程中，合理运用体态律动动作对音乐要素及其表现功能做出准确的感知、反应和判断。

在实现这一教学目标时，我主要让学生结合音乐作品用腿和手臂动作通过时间和空间的变化进行理解和表现音乐内涵。如在欣赏《义勇军进行曲》时，学生可用正步走的方式进行表现，腿和手臂的动作要刚劲有力、整齐划一，表

现一种同仇敌忾、万众一心的民族斗争精神；而在《彩色的中国》一课时，我则让学生用圆舞曲的步伐和手臂动作来表现激动、兴奋、自豪的情绪和情感，引导学生陶醉在欣赏祖国大好河山的美好心情和实现祖国统一的民族期盼之中；对于《天鹅》一课，我则让学生更多地运用柔软的手臂动作和伸展的肢体语言来感受和表现音乐的形象和风格，体会蒙古草原的宽广和自由；而在《春江花月夜》一课，我则用小型情景剧的方式让学生通过群体性、综合性、艺术性的体态律动进行展示，学生在预先设计好故事情节和动作的基础上进行创造性展示，实现音乐所描绘的画面和情景。

通过本单元系列音乐欣赏与体态律动编创，学生由静态的聆听转变成动态的聆听，由单一的欣赏转变成多感官欣赏，由被动理解转变成主动接受，由置身其外转变成融入其中，实现了学生作为学习主体地位的价值目标，学生审美感知提升的教学目标，以美化人、以美润心的育人目标。

二、“生长教育”背景下以实现艺术表现为目标的体态律动大单元教学设计

艺术表现是在艺术活动中创造艺术形象、表达思想感情、展现艺术美感的实践能力。艺术表现的培育有助于学生掌握艺术表现的技能，认识艺术与生活的广泛联系，增强形象思维能力，涵养热爱生命和生活的态度。

为了实现提高学生艺术表现素养的目标，在对教材进行了仔细的分析后，我对内容进行了重组，选取其中 4 首作品组成了题为“我和世界手拉手”的大单元教学设计。本单元包括第一课时《中学时代》、第二课时《美丽的草原我的家》、第三课时《乡村花园》、第四课时《青年友谊圆舞曲》。本单元的教学目标设计为：结合所学音乐知识和技能进行演唱，通过对体态律动动作的巧妙运用，实现深层次感受美、理解美、表现美的艺术表现目标。

如学唱本单元的《中学时代》时，我通过设计两个层次的体态律动动作来提升学生的联觉感知，强化学生的音乐体验和音乐实践，进而实现对歌曲的准确、丰富的表现。先是通过联觉强化感知，具体做法为：①学生围成一个圆圈站好；②学生随音乐一起向前律动，教师以打响指的方式做稳定拍；③在律动的过程中教师清唱歌曲《中学时代》，学生感受歌曲情绪；④师问：你们听见了什么？用动作表示一下；⑤在律动中，学生自由运用现有的道具（如丝带、

小打击乐器等）参与其中，增加情绪的流动性，接着，通过联觉表现歌曲；⑥师问：歌曲第一、第二乐段演唱的力度和情感一样吗？⑦请学生在内心演唱，用手臂表现歌曲旋律的张力，先两人一组尝试，再逐渐增加学生数量直至全体同学参与到演唱与表现之中，将动觉、视觉、听觉、声觉联动起来；⑧学生从无词到有词哼唱歌曲，即从音乐的乐本体验到音乐的文本体验。

学生在初步理解并体验体态律动对于音乐作品具有丰富的表现手法后，学习兴趣显著提升。因此，在《美丽的草原我的家》的学习过程中，我将蒙古族舞蹈中的元素巧妙地融入体态律动之中，通过头、手、腕、腿的空间动作结合音乐作品旋律和歌词内容分组进行编创、展示与评价，张弛有度的律动，变化多样的动作，将学生带入作品所营造的音乐氛围中。在第二课时加入民族舞蹈元素以后，我选择《乡村花园》作为第三课时，这是一首英格兰民歌，歌曲欢快活泼，具有典型的英格兰音乐风格和特点。我在体态律动的基础上结合简单的英格兰民间舞蹈动作，带领学生进行合理编创，学生通过律动动作体会到歌曲欢快典雅的风格，也很快理解了歌曲的美好意境。在此基础上，学生更能体会到演唱要有气息控制，要有轻声高位的支持和典雅有序的表现，在优美的歌声和体态律动活动中实现了艺术表现力的有效提升。有了中国舞蹈元素和外国舞蹈元素，第四课时我选择了《青年友谊圆舞曲》，这是一首充满热情、激情和活力的圆舞曲风格作品，表现了青年人对美好生活的向往、对未来的期待，展示了青年人热情开朗的青春活力。我把圆舞曲的舞蹈元素加入体态律动中来表现这种激情似火、热情洋溢的音乐情绪，并融入多种民族舞蹈律动和不同国家舞蹈律动的元素，引导学生体验民族团结、世界携手的开阔情怀，在昂扬的歌声和热情的律动中，在接续性教学原则指导下，实现了稳步提升学生艺术表现核心素养的目标。

三、“生长教育”背景下以实现创意实践为目标的体态律动大单元教学设计

创意实践是综合运用多学科知识，紧密联系现实生活，进行艺术创新和实际应用的能力，包括营造氛围、激发灵感，对创作的过程和方法进行探究与实验，生成独特的想法并转化为艺术成果。创意实践的培育，有助于学生形成创新意识，提高艺术实践能力和创造能力，增强团队精神。

我们在进行歌唱的时候，都会自然地运用到身体律动，身体的律动可见，音乐的律动不可见，当听到的音乐与可视的动作一致时，就是同形同构。在时间中流动的音乐和在空间中表现的律动有着密切的联系，当音乐中的音色、速度、力度等音乐要素与学生体态律动的时间、空间、能量联系在一起，学生就会具备体验音乐的能力。视觉与动觉的协调，以及与时间、空间、能量的配合，可以锻炼学生的肌肉控制能力、身体协调性和平衡感。

为实现这一教学目标，我对教材内容进行了重新梳理和设计，并精心选取其中 4 首作品组成题为“生命的律动”的大单元教学设计。本单元包括第一课时《老师我想你》，第二课时《父亲的草原母亲的河》，第三课时《云雀》，第四课时《溜冰圆舞曲》。

单元教学目标设计为：随音乐进行即兴表演，表情和身体动作与音乐情绪、情感及音乐特点相符，动作有变化且具有一定的创意，能够较好地表达自己的情感和想法；能根据主题选用合适的表现方式，创演小型歌舞剧，能较好地表现剧情、表达情感，进而实现提升创意实践核心素养的目标。

在这一教学目标指引下，我鼓励学生用自己的身体做乐器，尝试用声势编创多声部节奏以表现歌曲的情绪、情感，为歌曲或小型歌舞剧伴奏。学生可以根据自己对歌曲主题的理解，创造性地编创出带有自己想法的节奏型，在条件允许的情况下也可以尝试进行多声部节奏合奏。学生可以单独进行编创，也可以小组合作进行编创，体验节奏的艺术魅力对助力学生理解音乐的情感和表达具有十分重要的作用。在编创过程中，只要教师给出明确、恰当的教学目标，学生就可以根据自己对音乐的感受进行体态律动的自由发挥和丰富创作，包括形式上的变化、有节奏型的创意说唱以及小型歌舞剧的编创等。学生在整个编创过程中想象力得到自由发挥，同时，我们也可以深切地感受到学生对音乐情感体验的不断升华、对审美体验的深化和艺术个性的彰显。

四、“生长教育”背景下以实现文化理解为目标的体态律动大单元教学设计

文化理解是对特定文化情境中艺术作品人文内涵的感悟、领会、阐释能力，包括感悟艺术活动、艺术作品所反映的文化内涵，领会艺术对文化发展的贡献和价值，阐释艺术与文化之间的关系。文化理解的培育，有助于学生在艺

术活动中形成正确的历史观、民族观、国家观、文化观，尊重文化多样性，增强文化自信。

为实现这一教学目标，我在教材中选取了4首经典作品组成题为“热爱民族音乐，传承中华文化”的大单元教学设计。本单元包括第一课时《春江花月夜》，第二课时《彝族舞曲》，第三课时《扬鞭催马运粮忙》，第四课时《光明行》。

本单元的教学目标设计为：对社会生活中的音乐文化能做出一定的合理分析与评价，运用体态律动学习方式理解和表现带有中国文化特点的艺术作品，并能阐释运用体态律动动作表现音乐作品内涵的想法和做法。

如学习本单元第一课时《春江花月夜》时，教师先引导学生在指定接唱的一句内可以自由行走，但规定在乐句结束前要回到自己的位置，这样学生必须对乐句有一个预期判断，了解到这一乐句的时长、能量与他想走动的空间之间的关系，才能准确地判断何时回到自己的位置，才能增强对乐句的内心感受。然后，学生手拉手围成一个同心圆，边唱歌边向一个方向行走，唱到每一乐句旋律结束时，便改变行走方向，以此找到空间的变化感。当唱到歌曲最后一个乐句时，根据旋律与音乐的情绪变化，学生双手向上伸展，达到能量的最大化。学生学会后可变化为两个圆圈并改变每一个圆圈的行进方向，空间感的复杂化会让初中学生觉得很有挑战性。当然，还可进行卡农节奏的叠加，这种同形同构的体态律动活动会让学生在歌唱情感上得到极大的心理满足感和成就感，进而实现对中国传统音乐文化的正确理解。有了这样一个良好的教学开端，我们通过体态律动引导学生理解我国不同民族、地区的乐曲的表现特点、表现手法、表现规律，进而理解中华民族勤劳质朴、乐观豁达、坚强不屈的民族精神，将文化自信精神深深植根于学生心灵之中，通过有目的、有计划的接续式教学实现《艺术课程标准》提出的文化育人目标。

中学生音乐学习的心理活动是隐性的、复杂的，在教学中教师要深刻理解《艺术课程标准》精神，基于核心素养目标，结合单元教学目标，借鉴体态律动游戏和活动进行科学合理的设计，在深度教学理念的引领下，通过循环叠加、循序渐进的单元教学，引导学生将动作的表现迁移到对音乐作品的正确理解中去，尽可能少用语言，尽量多用肢体动作去理解音乐、表现音乐、创造音乐、诠释音乐，使核心素养和关键能力在有序的体态律动动作中循序渐进、稳步提升。

第二节 美育浸润背景下的“互联网 +”背景下创新音乐课堂教学方式的研究

2022 年度北京市教育委员会数字教育研究课题开题报告

课题名称：“互联网 +”背景下创新音乐课堂教学方式的实践研究

课题编号：BDEC2022120010

课题类别：2022 年度北京市教育委员会数字教育研究课题（一般课题）

学科分类：中小学音乐

课题负责人：侯文生

课题负责人单位：北京市通州区第二中学

完成时间：2025 年 9 月

成果形式：研究报告，工作报告，成果公告，论文集，案例集

关键词：“互联网 +”；音乐课堂教学方式；

课题研究团队主要成员：

姓名	工作单位	姓名	工作单位
黄侃夫	通州区教师研修中心	闫　晶	通州区青少年活动中心
胡　楠	通州区第二中学	刘美玲	通州区第四中学
顾颜行	通州区第二中学	孙　璟	北京学校
闫昕忻	通州区第二中学	晁元月	通州区永乐店中学
郭文静	通州区第二中学	魏玉红	通州区东方小学
刘　波	通州区第二中学	姜明明	北京五中通州校区
刘　丽	通州区潞河中学	王丽娜	通州区潞河中学

一、课题研究的背景

（一）政策背景

随着时代的进步和发展，国家教育改革的步伐也在稳步推进，培养和发展

学生核心素养成为当下中国基础教育的目标和方向。党的十八大和十八届三中全会以来，党和国家先后出台了《中国学生发展核心素养》《关于深化教育教学改革全面提高义务教育质量的意见》《关于全面加强和改进新时代学校美育工作的意见》《关于进一步减轻义务教育阶段学生作业负担和校外培训负担的意见》等一系列教育纲领性文件。这一系列文件的连续出台，体现了国家意志，明确了国家人才培养目标，指明了教育教学改革的方向。

（二）理论背景

《义务教育艺术课程标准（2022 年版）》为中小学音乐教学提出了具体要求。《艺术课程标准》中明确指出：数字媒体艺术将成为义务教育艺术课程的重要内容之一。在教学中要合理借助网络、现代信息技术和人工智能技术等开展教学，指导学生运用相关软件在计算机、移动终端、电子乐器等设备上进行音乐创编与展示活动；要运用网络社交平台与远程通信技术加强和外界的沟通与交流，构建学习共同体，提高艺术教学的质量；要充分利用现代信息技术，建设丰富的、不断更新的课程资源库，利用“互联网 +”的思维和数字化思维探索艺术教材的新形态。这些内容和要求为课题研究提供了具体、科学、准确的理论依据。

（三）现实背景

研究课题“‘互联网 +’背景下创新音乐课堂教学方式的实践研究”的提出是培养学生核心素养和关键音乐能力、满足中学音乐课教学实际的需要。在《艺术课程标准》背景下，旧有的教学方式无法激发学生的学习兴趣，阻碍了学生的进步和发展，无法实现培养学生核心素养的目标，迫切需要创新教学方式以实现在有限的时间里教会学生运用有限的知识和技能去解决无限问题的教学目标，稳步促进学生核心素养的提升。

二、文献综述（国内外相关发展及研究现状）

（一）“互联网 +”

“互联网”又称网际网络，是网络与网络之间所串联成的庞大系统，通过计算机信息技术手段相互联系，在一定的时间和空间范围内实现资源共享、互动协同，共同完成特定的工作或任务。自 20 世纪 90 年代起，我国基础教育信息化专家和广大教育工作者就围绕教育信息化环境建设、信息技术条件下的课堂研究、网络环境下的教学方式等展开了深入研究。《国家中长期教育改革与发展规划纲要（2010—2020年）》中明确提出“信息技术对教育发展具有革命性的影响”。

在2015年的国家政府工作报告中，“互联网+”一词被正式提出，成为社会各界共同关注和热议的话题，这种通过互联网形成资源共享的学习方式同样引起了教育界的重视与研究。广大的教育专家、信息技术专家和一线教师从各自不同的角度对“互联网+”的数字教学方式进行了卓有成效的探索，并极大地推动了教学方式的转变，实现了教学方法的丰富、教学资源的积累及教学成果的创新。其中，祝智庭教授主持了课题“基础教育信息化资源开发和应用理论和实践的模式研究”；桑新民教授主持了课题“基础教育信息化与教师信息素养的关系的研究”；何克抗教授主持了课题“基础教育资源中心建设与运作模式研究”。同时，《中国电化教育》《中国教育信息化》《中小学信息技术教育》等专业刊物也从不同的视角对我国中小学信息化环境下的教育教学改革进行了多层面、多侧面、多角度的探索和研究。

进入21世纪以来，世界各国都十分重视对基础教育信息化环境的建设，以及在此环境下的教学方式变革研究，教育信息化是基础教育改革与发展的必然趋势。近年来，随着信息技术的不断发展，信息化水平已经成为衡量一个国家现代化水平和综合国力的重要指标。在提高国民的核心素养、培养新时代国家人才方面，“互联网+”成为重要的形式和手段。随着时间的推移，快速更新的“互联网+”教育正在以前所未有的速度和目不暇接的形式影响着教育的发展，因此，研究和创新“互联网+”背景下的音乐教学方式成为我们提高教学质量的必然选择和关键举措。

（二）教学方式

教学方式是指为达到教学目的、实现教学内容、运用教学手段而进行的，由教学原则指导的一整套方式组成的、师生相互作用的活动。同时，教学方式也指向教学方法的活动细节，教学过程中具体的活动状态，表明教学活动实际呈现的形式，如讲授法中的讲述、讲解、讲演，练习法中的示范、模仿等。同一教学方式可以用于不同的教学方法，不同的教学方式也可包含在同一教学方法之中，它能使教师的工作方法形成独特风格，赋予教学方法以个人特征，也能影响学生掌握知识的个人特点。

《艺术课程标准》指出：音乐教学方式主要包括体验式、探究式、合作式教学。其主要内容为“欣赏”“表现”“创造”“联系”四类，涵盖14项具体学习内容，分学段设置不同的学习任务，并将学习内容嵌入学习任务中。学习任务主要包括“听赏与述评”“独唱与合作演唱”“独奏与合作演奏”“编创与展示”“小型歌舞剧表演”“探索生活中的音乐”六大内容。

综上所述，本课题研究是站在前人研究结果的基础上，结合当下新课标所指向的核心任务，探索如何合理借助网络、现代信息技术和人工智能技术创造性地开展音乐教学，探究“互联网+”背景下音乐课堂教学方式的创新，实现提高学生核心素养的目标。

三、研究设计

（一）研究目标和研究假设

1. 研究目标

对“互联网+”背景下音乐课堂教学方式进行深入研究，针对缺乏“互联网+”教学方式产生的问题进行调查分析，对“互联网+”背景下音乐课堂教学方式创新进行实践研究，对“互联网+”背景下创新教学方式产生的教学成果进行对比分析，提炼出学生喜欢的、有实效的“互联网+”背景下创新教学方式的策略、方法和手段，并针对在研究“互联网+”背景下创新教学方式中存在的实际问题进行深入的分析与研究。尝试提出“互联网+”背景下创新音乐教学方式的多种方式与途径。归纳、整理、总结课题实施过程中的报告、案例分析、研讨结果等经验性数据，建立区域“互联网+”音乐教育教学资源库，为今后“互联网+”教学发展提供数据依据，逐步形成“互联网+”背景下区域音乐教学方式创新研究的策略和经验。

2. 研究假设

（1）研究“互联网+”背景下创新音乐课堂教学方式实施前后学生核心素养和关键音乐能力的变化情况。

（2）完成“互联网+”背景下创新音乐课堂教学方式对提升中学生演唱与欣赏层面关键音乐能力的教学实践研究。

（3）完成“互联网+”背景下创新音乐课堂教学方式对提升中学生表现与

创造层面关键音乐能力的教学实践研究。

（4）完成“互联网＋”背景下创新音乐课堂教学方式对提升中学生学科融合与文化理解层面能力的教学实践研究。

（二）研究内容

1.“互联网＋教育”背景下的校本音乐教研活动

（1）充分运用信息化资源促进学校教研活动的开展。如利用多媒体教室开展教学经验交流、精品课展示活动，利用网络教室开展在线视频学习、集体备课与评课等活动。

（2）以教育信息化资源的应用研究为教研活动主题。围绕“教育资源——班班通设备、网络教室的应用研究”开展一系列分组教研活动。如教学素材的收集、整理与创新研究，班班通设备应用研究，电子投影教学与黑板教学的优势互补研究等活动。校本分组教研活动的开展，一方面能提高教师的信息素养、科研能力，另一方面也为教师教学方式的更新奠定良好的基础。

2.“互联网＋教育”背景下的音乐课堂教学内容呈现方式的研究

现行音乐教材的编排，虽然大体上有一套完整的结构，但就内容的呈现方式来说还不够灵活，有的远离学生的真实生活，有的与当前学生的现实水平不相适应，有的缺乏探究的层次与空间。为此，在对教材内容的呈现方式及对教材的编排和设计意图有一个整体把握的情况下，利用媒体技术创新课堂教学呈现方式，可以实现让每个学生都获得更有价值的知识、让每个学生都得到不同发展的目标。

3.“互联网＋教育”背景下的音乐课堂教学互动方式的研究

在教育技术支持下的学习平台是常规音乐课堂教学的扩展与延伸。它构建的是开放式的教育文化氛围，民主、平等、合作的教学空间，更能充分体现学生的个性和特长。在这种音乐课堂环境下的教学互动较传统的教学互动具有更多的优势。但如何在同一时空内组织学生在音乐教学活动中实现师生、生生的交叉式一对一、一对多、多对多的高效互动，以及课后教学效果评价中教与学的反馈互动等，都是值得我们研究的问题。

4.“互联网＋教育”背景下的音乐课堂教学方式有效性评价的研究

教学评价是教与学的双向评价，通过现代教育技术手段实施教学评价准确而快捷。通过收集学生的教学评价，不断改进教师的教学方式与方法。同时，教师对学生进行恰当的学习评价，既肯定了学生的学习成果，又激发了学生的学习兴趣。

5.“互联网 + 教育”背景下的音乐课堂教学文化建构研究

根据学生的实际，创设充满生命力的互动与生动的音乐课堂，营造良好的课堂人际关系与学习氛围，打造促进音乐与多元文化合作共生的生态课堂，形成新的师生、生生民主互动的课堂对话文化。

通过多途径、多手段、多形式的“互联网 + 教育”背景下音乐课堂教学方式的创新研究，实现学生核心素养与关键音乐能力稳步提升的目标。

（三）研究方法、研究手段与研究途径

1. 研究方法

本课题将以行动研究法为主要研究方法，本着“从实践中来，到实践中去”的原则，探究“互联网 + 教育”背景下以学生为主体的高效音乐课堂教学方式创新研究。为了更好地开展研究，课题组会在查阅相关文献的基础上边学习、边实践、边研究、边提高，不断总结、积累经验，逐步探究，形成学生喜欢的、具有可行性的、高效的音乐课堂教学方式。同时，课题组还将采用经验总结法、案例研究法等多种方法进行综合性实践研究。

（1）行动研究法。在自然真实的教育环境中，按照研究程序，综合运用多种研究方法与技术，解决课题需要应对的实际问题。在研究中基于实际问题解决的需要，与专家合作，将问题发展成研究主题进行系统的研究，解决课题研究中出现的问题。用教育科学的理论、方法、技术审视、指导教育教学实践，将教育教学经验上升到理论的高度。针对个别案例进行分析研判，针对普遍案例进行数据分析，分阶段进行研究总结和反思，努力走出一条教育信息化背景下创新卓越课堂的音乐教学方式的新路子。

（2）经验总结法。收集、归纳和整理“互联网 + 教育”背景下创新音乐课堂教学方式研究的成功做法和有益经验，并探究成功经验背后教育信息化与学生优质高效学习之间的规律性理论，为创新音乐课堂教学方式的不断推进提供有效的理论和经验指导。

（3）案例研究法。对课题组教师撰写的音乐案例和教学实例进行案例分析，及时总结和反思教学过程中的成功经验和失败教训，并使之理论化。

（4）文献研究法。通过查阅各种相关理论著作和研究资料，进一步明确“互联网 + 教育”背景下创新音乐课堂教学方式的内涵、方法，以便课题组可以在借鉴已有成功经验的基础上进行拓展性和创新性研究。

（5）比较实验法。本课题将通过对同一个班采用不同的教学方式进行横向对比，将传统的教学方式与创新后的教学方式进行纵向对比，对不同的年级采用的不同教学方式进行对比，最终通过大数据对比寻找出“互联网 + 教育”背景下音乐课堂教学方式的规律和方法，进而取得研究成果。

2. 研究手段

（1）研究设计。研究“互联网 + 教育”背景下创新音乐课堂教学方式中教师教的方式和学生学的方式的关系，研究教师教的设计创新点和学生学的兴趣点，在此基础上研究自变量的准确性和干扰变量的控制，从而提高课题研究的内在效度。设计的主要内容包括研究的具体目的、研究对象及选样、研究工具的选择、研究数据的获得和分析、研究的预期成果及形式。

（2）问卷调查。通过对师生进行前期问卷调查，准确掌握课题研究的目标是否具有科学性、准确性和普适性；中期问卷调查主要了解课题研究的实效性、可行性；后期问卷调查确定课题研究成果的理论性、价值性和推广性。

（3）数据分析。通过数据分析，掌握课题研究设计中量变（包括自变量和因变量）与质变的关系。如“互联网 + 教育”背景下某种音乐教学方式的创新导致学生学习成绩的提高；又如教师教学方式选择的难易程度不同对学生学习兴趣和学习成绩造成的影响等。

（4）质量研判。通过观察、调查、访谈等方式实现对研究成果质量的准确研判，为成果推广做好准备。

3. 研究途径

本课题严格遵守“选题—学习与查阅资料—课题申报与评审立项—开题论证—初步研究—深入研究—中期评估检查—全面研究—完成研究报告—申请结题—成果推广”的研究途径进行。

四、研究的重点和难点

（一）研究的重点

本课题研究的重点为如何运用“互联网 +”手段创新教学方式提高中学生

核心素养和关键能力。主要包括四个方面：多媒体教学（课件展示、视频播放、PPT、思维导图、打谱软件等），在线课堂（录课软件、直播软件、线上教学平台、在线直播、在线录播、线上授课、在线考试、互动答疑、直播公开课、社区讨论、微信公众号、小程序同步在线微课学习等），翻转课堂（个性化学习、混合式学习、探究性学习、合作式学习、接续式学习），慕课。

（二）研究的难点

1. 学科融合

在“互联网 +”背景下的学科融合中，“+”就是跨界，就是开放，就是重塑融合。研究“互联网 +”背景下的学科融合，是本课题研究的第一个难点。

2. 创新驱动

旧有的教学模式在教师头脑中根深蒂固，新时代学生有着强烈、紧迫的学习需求，如何巧妙借助“互联网 +”创新教学方式，既是对教学思想的冲击，更是对教学方法的洗礼，转变教学思想、创新教学方式是本课题研究的第二个难点。

3. 重塑结构

信息革命、全球化、互联网已经打破了原有的社会结构、文化结构、教育结构，如何在这场教育变革中通过“互联网 +”的教学方式改革实现对学生核心素养和关键能力的提升，是本课题研究的第三个难点。

五、研究思路、技术路线和研究流程

（一）研究思路

本课题研究有目的、有计划，严格按照“调查筛选—课题论证—制订计划—初步研究—全面开展研究—深入研究—交流总结—申请结题”的程序进行。

（二）技术路线

查阅相关文献资料→了解国内外“互联网 +”背景下创新音乐课堂教学方式研究实施现状、确定研究方向→调研、访谈以获得相关数据信息→构建课题研究的实施模式流程→对优秀案例和相关统计数据进行分析、反思→对课题的实施进行调试与实践→评价课题研究的成效→得出结果和结论，形成研究报告→推广应用。

六、研究的实施计划及人员分工、预期成果

（一）研究计划（文字表述）

1. 准备阶段（2022.5—2022.10）

（1）成立课题申报筹备组，提出研究方向，确定研究目标，梳理研究思路，拟定研究方案。

（2）召开研讨会，依据研究方案进行设计分工，设定研究日程、工作计划与规章制度，为课题申报的顺利开展提供组织保障、经费支持和人员配备。

（3）深入学习“互联网 +”背景下创新音乐课堂教学方式研究的相关理论和研究现状，查阅相关文献资料。

（4）撰写开题报告。

2. 初步研究阶段（2022.11—2023.1）

（1）通过问卷调查，了解区域内教师、学生对音乐教学方式的困惑、诉求和期望。了解当前学生关键音乐能力的现实情况，为课题研究提供准确的数据支持。

（2）选择合适的教学内容并初步开展实践研究。

（3）发现实施过程中产生的问题，在集中研究设计解决方案后继续进行实践。

（4）汇集成功案例，召开教学研讨会，总结经验，拟定下一阶段研究目标和方向。

3. 全面开展研究阶段（2023.2—2024.1）

（1）在不同年级、不同学生、不同教学内容中开展课题的实践研究。

（2）聘请专家进行专题讲座并深入课堂进行指导，精准解决实施中出现的各种问题。

（3）总结成功经验，召开教学研讨会，梳理研究经验，积累研究成果。

（4）设计问卷调查，了解课题实践研究后教师、学生在新的音乐教学方式中各项能力提升情况，在此基础上设定新的研究目标。

（5）撰写中期研究报告。

4. 深入研究阶段（2024.2—2025.1）

（1）在全面研究取得相应研究成果的基础上，针对典型的、有针对性的问题开展相关研究，将课题研究引向深入。在专家指导下，对课题的发散性问题、拓展性问题进行深入探究。通过专题讲座、集中研讨、案例研究等方式解决研究中出现的问题，丰富成功经验。

（2）召开研讨会，展示研究成果。

5. 总结及结题阶段（2025.2—2025.7）

（1）召开工作总结会，梳理研究过程，归纳研究方法，总结研究经验。对课题研究进行反思，总结研究的创新点和有待提高的地方，为今后的研究提供数据、经验、案例支持。

（2）召开成果研讨会，聘请专家对研究过程、研究成果进行综合评价。

（3）向研究组织提供正式的结题报告、教学实录、课件、教学设计、问卷调查表、论文、专著和工作报告。

（二）研究计划（表格表述）

主要阶段及成果				
序号	研究阶段 （起止时间）	主要研究工作及成果名称	成果形式	承担人
1	准备阶段 （2022.5—2022.10）	成立课题申报筹备组，提出研究方向、确定目标、梳理研究思路、拟定研究方案	开题报告	侯文生
2	初步研究阶段 （2022.11—2023.1）	（1）通过问卷调查，了解区域内教师、学生对音乐教学方式的困惑、诉求和期望，为课题研究提供准确的数据支持。 （2）选择合适的教学内容并初步开展实践研究。 （3）发现研究过程中产生的问题，在集中研究设计解决方案后继续进行实践。 （4）汇集成功案例，召开教学研讨会，总结经验，拟定下一阶段研究目标和方向	调查问卷 教学案例	黄侃夫 刘丽 晁元月 魏玉红 刘美玲

续表

主要阶段及成果				
序号	研究阶段（起止时间）	主要研究工作及成果名称	成果形式	承担人
3	全面开展研究阶段（2023.2—2024.1）	（1）在不同年级、不同学生、不同教学内容中开展实践研究。 （2）聘请专家进行专题讲座并深入课堂进行指导，精准解决实施中出现的各种问题。 （3）总结成功经验，召开教学研讨会，梳理研究经验，积累研究成果。 （4）设计问卷调查，了解课题实践研究后教师、学生在新的音乐教学方式中各项能力提升情况，在此基础上设定新的研究目标。 （5）撰写中期研究报告	教学案例 问卷调查 中期报告	侯文生 黄侃夫 刘丽 晁元月 魏玉红 刘美玲 侯文生
4	深入研究阶段（2024.2—2025.1）	（1）在全面研究取得相应研究成果的基础上，针对典型的、有针对性的问题开展相关研究，将课题研究引向深入。在专家指导下，对课题的发散性问题、拓展性问题进行深入探究。通过专题讲座、集中研讨、案例研究等方式解决研究中出现的问题，丰富成功经验。 （2）召开研讨会，展示研究成果	专题讲座 召开研讨会 形成专题论文	侯文生 黄侃夫 全体课题组成员 全体课题组成员
5	总结及结题阶段（2025.2—2025.7）	（1）召开工作总结会，梳理研究过程，归纳研究方法，总结研究经验。对课题研究进行反思，总结研究的创新点和有待提高的地方，为今后的研究提供数据、经验、案例支持。 （2）召开成果研讨会，聘请专家对研究过程、研究成果进行综合评价。 （3）向研究组织提供正式的结题报告、教学实录、课件、教学设计、问卷调查表、论文、专著和工作报告	召开研讨会 形成专题论文、专著 提交结题报告	侯文生 全体课题组成员 侯文生
最终研究成果（限报 3 项，其中之一必须为研究报告）				
序号	完成时间	最终成果名称	成果形式	承担人
1	2022.10	开题报告		
2	2025.7	研究报告		
3	2022.6—2025.7	问卷调查表，研究案例，研究课例，研究论文，研究专著		

七、完成课题的保障条件

（一）已取得相关研究成果的社会评价（引用、转载、获奖及被采纳情况）

2021 年 9 月，侯文生撰写的论文《“互联网 +”背景下信息技术助推中学音乐教学实效性的研究》获得通州区教育学会论文征集一等奖。他的多篇相关论文在国家级、省市级刊物上发表，包括《学校教育研究》《教学与研究》《颂雅风》等。2022 年 1 月，侯文生和黄侃夫在专著《核心素养下的音乐教学研究》一书中从多侧面、多层面、多角度对“互联网 + 教育”背景下的创新音乐课堂教学方式进行了系统的、全面的阐述。黄侃夫的《疫情期间音乐课线上教学研究》一文被发表在国家级期刊《音乐教育研究》中。

（二）课题负责人和主要成员完成本课题的研究能力

项目负责人侯文生，北京市特级教师，北京教育学院卓越教师工作室入室成员，北京教育学院通州区中小学音乐名师工作室实践导师，通州区“运河计划”领军人才，通州区中学音乐课改组组长，通州区初中音乐学科基地主持人，通州二中艺术教研组组长、备课组组长，曾荣获北京市学科德育先进个人、通州区名教师、通州区优秀教师、通州区中小学艺术教育优秀教师称号。他主持国家级重点课题“初中音乐视觉手段在发展性课堂教学中应用的研究”，北京市规划课题“‘体态律动’教学法提升区域初中生音乐素养的研究”，北京市教育学会课题“巧用‘体态律动’教学法提升区域初中生关键音乐能力的实践研究”等国家、市区级课题研究，具有很强的组织领导能力和研究能力，善于把研究成果转化为教育教学实践。他作为第一作者出版了《核心素养下的音乐教学研究》一书，对此课题研究的内容及标准非常熟悉。

项目组主要工作成员包括通州区教师研修中心中学音乐研修员、通州二中发展共同体学科教师、手拉手学校（师大附中、小务中学等 5 所）学科教师、通州区中小学音乐名师工作室成员、通州区中学音乐课改组成员等。项目组现有特级教师 1 人、高级教师 1 人、一级教师 4 人、市级骨干教师 1 人、区级骨干研修员 1 人，课题组成员多次参与国家、市区级课题研究及教材编写，全组教师均有较强的业务能力，教育教学成绩优异。

（三）完成本课题的经费、时间、资料、设备及研究手段

侯文生为通州区“运河计划”领军人才、通州区中学音乐课改组组长、通

州区初中音乐学科基地主持人，可以申请相关资金支持课题研究，同时，结合通州二中教科研时间、通州区中小学音乐名师工作室活动时间对课题展开集中研究。

通州二中目前已经经历了初中规范化学校的验收、初中校建设工程项目、管理教学类项目，学校积累了较为丰富的管理与策划经验，对“互联网 +”背景下创新音乐课堂教学方式的实践研究理论、理念与方法已形成比较成熟的经验、策略和方法。

通州二中基础设施完善，现代教育设备（多媒体、录课室、教学用计算机等）完备，教育教学资源（教学资源库、图书馆等）丰富，2015 年代表通州区承担义务教育均衡发展国家级检查与观摩两项任务，受到教育部专家团的一致好评。学校充足的硬件条件，为研究奠定了物质基础。目前，学校拥有多功能报告厅 5 座（学校报告厅 1500 平方米、第一多功能厅 200 平方米、第二多功能厅 150 平方米、图书馆多功能厅 100 平方米、学校会议室 100 平方米），可供学科团队开展大型交流研讨活动。学校拥有专业音乐教室 4 间，面积在 60 平方米左右，内设投影、钢琴等电教设备和中西乐器，可供开展小型教学交流研讨活动使用。学校有图书馆一座，藏书近万册，可供师生查阅相关学习资料。学校拥有计算机网络教室，可以满足师生上网学习与制作教学软件的需求。

素养导向下运用数据分析提升音乐课堂教学实效性的实践研究

在当今数字化时代，数据技术正以前所未有的深度和广度渗透到教育领域的各个层面。中学音乐教育作为素质教育的重要组成部分，也迎来了借助数据分析实现教学创新与变革的契机。通过对教学活动中产生的海量数据进行收集、整理、分析与挖掘，教师能够更精准地把握学生的学习需求、学习状态及学习成效，从而有针对性地调整教学策略、优化教学资源配置，实现从传统经验式教学向数据驱动的精准教学模式转变，为培养学生的音乐素养与综合能力开辟新路径。

一、数据分析在中学音乐教学中的应用价值

第一，借助数据分析工具，教师能够收集并分析学生在音乐学习过程中的各类数据，精准洞察学生的学习需求与兴趣。如音乐作品的浏览记录、播放时长、收藏偏好、在线学习平台的学习轨迹、作业完成情况以及课堂互动参与数据等。通过对这些数据的深度挖掘，可以精准洞察学生的音乐兴趣点、学习风格及个性化需求。例如，若数据显示某学生频繁浏览并长时间聆听某一类型或某些音乐家的作品，教师则可推断该学生对此类音乐具有浓厚兴趣，并在教学资源推荐、课堂示例选取或拓展学习任务布置时予以针对性倾斜，从而激发学生的学习热情与主动性，提高教学的契合度与有效性。

第二，在课堂教学中，对学生实时学习数据的监测与分析，为中学音乐教学过程的精细化管理与优化提供了有力支撑，便于教师依据数据优化教学过程与资源配置。如学生对知识点的理解掌握程度（通过课堂提问回答准确率、练习完成速度与正确率等数据体现）、注意力集中时长与分散节点、参与课堂互动的积极性与方式等，教师能够从中及时发现教学过程中存在的问题与不足，并根据数据反馈迅速调整教学节奏、教学方法或教学内容的呈现方式。例如，若发现大部分学生在某一音乐理论知识点上存在理解困难，教师可通过引入更多实例、采用多媒体动画演示或组织小组讨论等方式进行强化讲解，确保教学目标的顺利达成。同时，依据学生的学习数据，教师还可对教学资源进行优化配置，精准推送符合学生个体需求与学习进度的教学资料（如乐谱、音乐视频、练习题等），避免资源的盲目投放与浪费，提高教学资源的利用效率与教学效益。

第三，通过数据分析，助力学生个性化学习与成长。每个学生在音乐学习方面都具有独特的天赋、潜力与学习节奏。数据分析能够为学生的个性化学习提供全方位支持。通过构建学生个人学习档案，整合其长期积累的学习数据，包括音乐技能训练（如乐器演奏的音准、节奏稳定性、技巧熟练度等）数据、音乐创作成果（如创作作品的数量、风格、创新性评价等）数据、音乐理论知识掌握程度的动态变化数据以及参与音乐实践活动（如合唱、乐队排练、音乐比赛等）的表现数据等，为学生绘制个性化的学习画像。基于此，教师可以为学生量身定制个性化的学习方案，明确其优势与不足，设定个性化的学习目标与发展路径，并提供精准的学习建议与指导。同时，学生自身也可通过对个人

学习数据的分析，清晰地了解自己的学习状况与进步趋势，从而更加自主地规划学习计划、调整学习策略，充分发挥自身潜力，实现个性化的成长与发展。例如，对于在音乐创作方面表现出较高天赋与兴趣的学生，教师可依据其创作数据为其推荐更具深度与广度的创作课程、大师作品赏析以及创作交流平台，鼓励其进一步拓展创作思路与技巧，培养创新能力与艺术个性。

第四，通过数据分析，实现教学评价的科学化与精准化。传统的中学音乐教学评价主要依赖教师的主观经验与有限的课堂观察，评价方式较为单一，评价结果往往难以全面、客观、准确地反映学生的真实学习水平与发展状况。数据分析技术的引入彻底改变了这一局面，使教学评价迈向科学化与精准化的新阶段。通过多维度、全方位地收集学生在音乐学习全过程中的数据信息，包括学习过程数据（如课堂出勤率、学习时长、互动参与度、作业完成质量等）、阶段性学业成就数据（如单元测试成绩、期中期末考试成绩、作品创作与表演评价等）以及学习态度与情感数据（如学习兴趣调查结果、学习自信心与自我效能感评估数据等），构建起综合性的教学评价指标体系。运用数据分析算法对这些数据进行深度处理与分析，不仅能够精准衡量学生在音乐知识、技能、情感态度与价值观等方面的发展水平，还能够深入挖掘学生学习成绩背后的潜在影响因素（如学习方法的有效性、学习时间的分配合理性、家庭音乐环境的影响程度等），为教学诊断与改进提供有价值的依据。例如，若数据分析发现某学生在音乐理论知识学习方面成绩一直不理想，且学习时长较短、作业完成质量较低，同时课堂互动参与度也不高，教师则可进一步分析其学习行为数据，判断是学习态度问题还是学习方法不当导致，并据此定制干预措施，如开展个别辅导、推荐学习资源或调整教学方法等，帮助该学生提高学习效果，实现教学评价从单纯的结果评定向促进学生全面发展的过程性评价与诊断性评价转变。

二、数据分析在中学音乐教学中的具体应用实践

第一，基于数据的学情分析与教学目标设定。在每学期或每单元教学开始前，教师可利用数据分析平台收集学生过往的音乐学习数据，包括之前的考试成绩、作业完成情况、课堂表现记录以及在线学习平台的学习数据等。通过对这些数据进行综合分析，教师能够全面了解学生的音乐基础、学习能力、兴趣

偏好以及知识技能掌握的薄弱环节，从而精准确定教学起点与教学重难点。例如，若数据分析显示某班级学生在音乐节奏感知方面整体较为薄弱，但在旋律记忆方面表现较好，教师则可在设定教学目标时，将节奏训练作为重点教学内容，适当提高其教学难度与课时占比，同时对于旋律相关知识可进行适当拓展与深化，以满足学生的学习需求，确保教学目标既具有挑战性又切实可行。此外，教师还可根据学情分析结果对学生进行分层、分组，针对不同层次学生的特点定制差异化的教学目标与教学计划，为后续实施分层教学、个性化教学奠定基础。

第二，通过数据驱动的教学内容与方法优化。首先是教学内容的优化。在教学过程中，教师可根据数据分析反馈的学生学习情况实时调整教学内容。例如，通过在线学习平台监测学生对教学视频、音频资料的学习进度与理解程度，若发现大部分学生在某个知识点或某段教学内容上存在理解困难或学习进度滞后，教师可及时对教学内容进行细化讲解、补充相关案例或调整教学顺序。同时，数据分析还可帮助教师挖掘教学内容之间的内在联系与逻辑关系，为教学内容的整合与拓展提供依据。例如，若发现学生在学习某一时期音乐作品时对其历史文化背景知识关注度较高且理解较好，教师可进一步拓展相关历史时期的音乐文化专题内容，引导学生深入探究不同音乐风格与文化背景之间的相互影响与传承关系，拓宽学生的音乐文化视野，丰富教学内涵。其次，数据分析结果有助于教学方法的优化。数据分析能够为教师选择最适合学生的教学方法提供科学依据。通过分析学生在不同教学方法下的学习效果数据（如课堂活跃度、知识掌握程度、技能提升速度等），教师可以了解学生对各种教学方法的接受程度与适应性，从而灵活调整教学方法。例如，若数据显示某班级学生在小组合作学习模式下对音乐创作任务的完成质量更高、参与度更高，教师则可在后续教学中适当增加小组合作学习的比重，并根据学生的特点合理分组，明确小组任务与分工，引导学生在合作中相互学习、相互启发，培养团队协作能力与创新思维。此外，大数据分析还可助力教师创新教学方法，结合虚拟现实（VR）、增强现实（AR）等新兴技术为学生创造更加沉浸式、交互式的学习体验。例如，利用 VR 技术让学生身临其境地感受音乐演奏会现场氛围或走进音乐历史场景，通过 AR 技术在乐谱上实时展示该音符的演奏技巧与音乐表现力，增强教学的趣味性与吸引力，提高学生的学习积极性与学习效果。

三、利用数据开展个性化学习指导与干预

第一，数据分析结果有助于学生个性化学习路径规划。根据学生的个人学习数据，数据分析系统能够为每个学生生成个性化的学习路径。例如，对于音乐基础较为薄弱的学生，系统可能会推荐先从基础音乐理论知识学习入手，通过观看动画演示、完成简单练习等方式逐步巩固基础知识，然后再逐步过渡到乐器演奏或音乐创作等实践环节；而对于具有一定音乐基础且在某一领域（如声乐演唱或乐器演奏）有较高天赋与兴趣的学生，系统则会推荐更具专业性与挑战性的学习资源，如高级技巧训练课程、大师班讲座视频、参加专业比赛或演出的机会等，并根据学生的学习进度适时调整学习计划，确保学生在自己擅长与感兴趣的领域能够得到更深入、更系统的学习与发展。

第二，通过数据分析，实现学习过程实时监测与干预。在学生的个性化学习过程中，数据分析平台能够实时监测学生的学习行为与学习状态，并及时发现问题、进行干预。例如，当学生在在线学习平台上学习音乐课程时，平台可通过监测学生的学习时长、视频播放暂停次数、答题错误率等数据判断学生是否遇到学习困难或出现注意力不集中的情况。若发现学生在某个知识点上反复出错或学习时间过长且无明显进展，系统可自动弹出提示信息，为学生提供相关知识点的讲解视频、练习题或学习建议，帮助学生及时解决问题，调整学习状态。同时，教师也可通过数据分析平台实时了解学生的学习进展情况，对于需要教师干预的学生及时进行一对一辅导或组织小组讨论，确保每个学生的学习过程都能得到有效关注与支持。

四、数据支持下的教学评价与反馈

数据分析为构建多元化、全面化的中学音乐教学评价指标体系提供了丰富的数据来源与技术手段。除了传统的考试成绩、课堂表现等评价指标外，还可纳入学生在在线学习平台上的学习行为数据（如登录次数、学习时长、资源浏览与下载量、参与讨论活跃度等）、音乐作品创作与表演数据（如创作作品的数量、质量、创新性评价，表演的技巧水平、情感表达、舞台表现等）、音乐学习态度与兴趣发展数据（如学习兴趣调查问卷结果、学习目标明确性与自我驱动力评估数据等）以及音乐实践活动参与数据（如参加学校乐队、合唱团、音乐社团活动的频率、贡献度与成长记录等）。通过对这些多维度数据的综合

分析，能够更加全面、客观、准确地评价学生的音乐学习成果与综合素质发展水平，避免单一评价指标的片面性与局限性。

评价结果可视化与个性化反馈：利用数据可视化技术，教师可将复杂的评价结果以直观、易懂的图表形式（如学生的学习成绩趋势图、音乐技能雷达图、综合素质评价柱状图等）呈现给学生与家长，使他们能够清晰地了解学生在音乐学习各方面的优势与不足。同时，基于大数据分析的评价结果还可为学生提供个性化的反馈与建议。例如，对于在音乐表演方面表现出色但音乐理论知识掌握不够扎实的学生，反馈报告可建议其加强理论学习，推荐适合的学习资源与学习方法；对于在音乐创作方面有潜力但缺乏创新思维的学生，可提供一些创意启发的案例与训练方法，鼓励其大胆尝试新的创作思路与技巧。个性化的评价反馈可以帮助学生明确自己的努力方向，激发学生的学习动力与自我提升意识，促进学生在音乐学习道路上不断进步与成长。

本文系2022年度北京市教育委员会数字教育研究课题（一般课题）“‘互联网+’背景下创新音乐课堂教学方式的实践研究”（项目编号：BDEC2022120010）的研究成果

“互联网＋”背景下创新中学音乐课堂教学模式
提高中学生核心素养的实践研究

随着时代的进步与发展，现代科技在学科教学中起到了十分重要的辅助作用，“互联网+”背景下的信息技术应用在深度和广度上都取得了显著突破。2022年《义务教育艺术课程标准》颁布实施，在教学建议部分中明确指出：教师要运用网络平台和信息技术加强沟通与交流，构建学习共同体，提高艺术教学质量。这为音乐教师运用信息技术开展教学活动、创新教学模式提供了理论依据和研究指导。

当下，在中学音乐课堂教学中，授课教师大多能够结合教学实际合理运用互联网和信息技术参与教学，不仅涉及PPT、音频、视频、图片的插入与链接，还涵盖微课制作、Flash动画、希沃软件应用、现场网络应用，甚至将平板电脑、手机用于课堂现场教学互动等。通过观摩学习，我也在常态化教学和公开课教学中进行了大胆的尝试和实践，取得了很好的教学效果。信息技术手段辅助教学，实现了音乐课堂教学模式的创新，提高了教学实效性，进而促进学生核心素养的稳步提升。

一、网络音画创设情境，助力学生丰富审美感知

审美感知是学生对自然世界、社会生活和艺术作品中美的特征及其意义与作用的发现、感受、认识和反应能力。艺术源于生活，仅凭教师简单的讲解，学生很难快速把握音乐情绪，体验音乐风格、内涵。通过便捷的网络音画可以打破这一教学瓶颈，实现音画的同步共享，助力学生审美感知的丰富与提升。

如人民音乐出版社出版的高中必修教材《音乐鉴赏》第十六单元第二十八节《毕业歌》一课的教学，我首先用音频链接播放聂耳的《毕业歌》。通过聆听，引导学生思考该歌曲具有的时代特征、情感表达方式，以及它与谁的作品有神似之处，从而引出课题——人民音乐家聂耳。在师生共同分析作品之后，点击视频链接播放影片《桃李劫》的片段，通过观看视频中饱受压迫的劳苦大众、战火纷飞的危险环境、奋勇抵抗的有志青年，让学生感受视死如归的爱国热忱，仿佛身临其境，自然地将情感融入歌曲所呈现的时代背景中，深入理解聂耳在创作《毕业歌》时热血沸腾的紧迫感和爱国热忱，进一步体会歌曲中强烈的现实号召力和艺术感染力。

快速切换的网络音画教学模式极大地激发了学生的学习兴趣，刺激了学生的视听感官，拓展了学生的音乐视野和思维，让学生在便捷高清的音画感知中快速习得审美感知能力。

二、精美课件拓展思维，助力学生提升艺术表现

艺术表现是在艺术活动中创造艺术形象、表达思想感情、展现艺术美感的实践能力，是建立在专业知识技能基础上的联想与想象的发挥与外化，没有扎实的专业能力就不可能产生丰富的联想与想象。所以，要想提升学生的艺术表现能力，首先要帮助学生丰富和巩固专业知识技能，这时，教师精心制作的精美课件就成为实现这一教学目标的有效方法和手段。

如在第十单元第二十节俄罗斯作曲家穆索尔斯基作品《荒山之夜》的导入环节中，我尝试用两种方法进行教学并对比。第一种是未使用信息技术手段，

给学生聆听作品前出示标题，请学生思考："如果你是作曲家，你会选择使用怎样的乐器、音色、速度、力度、节奏等音乐要素来创作与之匹配的音响？"学生的回答大部分是用弦乐弱奏表现荒山夜晚的阴森恐怖。另一种方法是运用信息技术手段，在PPT上出示同样的问题后，播放一段用音频分离消除技术呈现的无声视频——由迪士尼根据此曲创作的动画作品，让学生仔细观看并思考动画中展现的时间、地点、人物、气氛有何特点。学生在观看视频的时候，我仔细观察学生的反应：班级非常安静，学生个个身体坐直，瞪大眼睛紧盯屏幕，唯恐自己漏掉什么细节，还有不少学生在纸上做记录。视频播放完后，在回答问题时，学生也表现得比第一种方法更加积极而活跃，特别是对脑海中构思的音响描绘明显比第一种方法要细致且富于想象。如说到可以用明亮尖锐的弦乐音区来表现紧张阴森的环境，用低沉浑厚的打击乐塑造黑暗之神的邪恶和庞大的力量，用木管乐跳跃的节奏表现各种幽灵的飘忽怪异。此时明显感受到学生在努力用自己掌握的知识来表达内心的感受，并且对作品的真实音响也充满了好奇和聆听的迫切期待。

由此不难看出，教师运用专业的信息化手段辅助教学，已经成为当下提升课堂教学质量、提高学生艺术表现能力的重要方法。

三、教学软件动态展示，助力学生拓展创意实践

创意实践是综合运用多学科知识、紧密联系现实生活，进行艺术创新和实际应用的能力，是提升学生核心素养的关键一环。创意实践能力的培养涉及多学科和生活的多个层面，在教学中教师单一的讲解很容易造成学生学习思维的狭隘和偏离。丰富的动态教学软件的使用，不但可以避免这种问题的发生，还能在有限的时间内拓展学生的学习思维，丰富学生的认知，实现学习思维的逻辑性发展，实现在有限的时间里教会学生运用有限的知识技能解决无限问题的目标。

如在第十六单元第二十八节欣赏聂耳的民乐合奏《金蛇狂舞》的教学中，教学重点之一是让学生了解民族音乐创作手法"螺蛳结顶"。我首先运用PPT自定义动画中"计时"和"延迟出现"的时间设置功能，限定旋律出现的速度和时机，使其与音频同步播放，并将一幅"螺蛳结顶"的图片与前两者同时随音响下拉展示。通过生动形象的展示，学生明白了什么是"螺蛳结顶"的旋法，

即句幅层层紧缩，情绪层层递增，充分感受民族音乐创作手法在该作品中的运用和特点。在该作品曲式“循环结构”的教学中，我再次运用自定义动画中“设计”功能，让每一段音乐出现时，PPT 中该乐段谱例边框自动闪烁，让学生能迅速、准确地找到相应的段落。《金蛇狂舞》演奏速度快，段落变化频繁，信息技术实现了直观动态的展示，让学生在掌握该知识点时高效且清晰，对教学起到了事半功倍的效果。

四、网络互通教学互补，助力学生融通文化理解

文化理解是学生对特定文化情境中艺术作品人文内涵的感悟、领会、阐释能力，对形成学生正确的价值观和必备品格至关重要。对于文化理解的横向、纵向联系和对比，既是一个教学重点，更是一个教学难点。充分、合理地利用信息化手段参与教学，成为突破这项重难点的关键。

如教学中，教师虽然尽可能让学生近距离欣赏现场演奏或演唱，但受时间、空间或技术限制，不能每次都现场进行演奏或演唱，因此，我改为运用信息技术手段来辅助教学。即使在班级没有乐器的情况下上音乐课，学生也一样可以通过观看教师录制的演奏视频来深刻记忆、牢固掌握知识点。以我教授的一堂课为例。首先，在备课时我用“常规武器”——手机来录制演奏视频，由于没有专业的录音棚和录制设备，录像中难免有噪声影响效果，因此在视频导入后，我先用“格式工厂”把录像转为音频格式，再用 Cool Edit 软件给音频文件做降噪处理，最后将处理过的音频与原视频合并导入课件。这样做的好处有以下四点。第一，教师的演奏对学生而言一定会比教师从别处获得的演奏视频更能吸引学生的注意力和兴趣。第二，可以通过特写长镜头展示我国丝竹乐器之一的扬琴演奏中常见的几种特色演奏技巧，直到学生看清为止，弥补了现场演奏示范时无法让班级里所有学生都清晰观察到的不足。同时，我还将创编的、结合以上几种演奏技法并在老曲牌“老六板”的基础上变化而成的“中花六板”视频与乐曲谱例，用课件“自定义动画”设置为同时播放，并将谱例用“延迟”及逐条“擦除”功能与视频对位，让学生不仅能在同一个屏幕上观察到演奏技法变化带来的音响、音色变化，还能清晰地“看到”音响与旋律的一一对位。从课堂上学生专注的神情中，我知道信息技术在这节音乐课中的运用已经达到了本人的预期目标。第三，音乐学家、音乐理论家钱仁康先生曾说

过：音乐是怡情悦性的艺术，学生学习音乐，无论是学习音乐知识技能，音乐欣赏，还是从事音乐表演和创作，心理活动都很活跃，音乐教师对学生学习的心理状态自当密切注意，能选择适当的教学方法和教学模式，以提高教学效率。因此，运用信息技术手段教学时，教师可以从演奏中分离出来做同步的鉴赏提示引导，做到时刻关注学生的学习反馈，及时调整引导问题的设置和教学节奏，更多地用眼神、语言与学生做交流互动，提高教学实效。第四，由于音乐学科的特点，大多数教师会在同一年级教多个班级，需要将同一课时的内容重复讲授多次，采用技术手段，教师可以变换不同教学资源，做到因材施教、融会贯通，通过丰富的信息技术手段实现丰富学习资源、加强文化融通、深化文化理解的教学目标。

丰富的信息技术参与学科教学，为学生创设了身临其境的学习情境和生动活泼的学习模式，不仅能够开拓视野、增强对知识内容的体验度和理解能力，更能激发中学生的学习兴趣。将信息技术运用在中学音乐学科教学中，虽有成效显著的成功案例，但也不乏失败的经历。有时学生的注意力看似集中，可能仅是被“很专业”的软件界面所吸引，未必在认真聆听和思考课堂内容。教师在教学中需要反复运用、多多实践，学生接触多了，见识广了，便不再容易被其他因素干扰了。同时，也只有经过反复实践，才能探索出适合本学段、本学科的行之有效甚至高效的信息技术教学手段和教学模式。因此，“互联网 +”背景下创新中学音乐课堂教学模式将是一项长期、复杂、重要的课题，等待我们去实践和研究，在这个过程中，我还将不断学习、思考和实践。

本文系 2022 年度北京市教育委员会数字教育研究课题（一般课题）：“‘互联网 +’背景下创新音乐课堂教学方式的实践研究”（项目编号：BDEC2022120010）的研究成果

第二章　美育浸润背景下的音乐教学模式研究

美育，作为教育领域中一颗璀璨的明珠，贯穿人类文明发展的长河，对塑造个体的精神世界、培养高尚情操起着无可替代的作用。在教育体系不断完善与深化改革的当下，美育的重要性越发凸显，已成为培育全面发展人才的关键一环。而音乐教育作为美育实施的重要载体，凭借其独特的艺术魅力，能够直抵人心，以灵动的音符、和谐的旋律开启人们感知美、理解美、创造美的大门。

当我们将目光投向音乐教育领域时，不难发现，传统的音乐教学模式在某些方面已难以满足新时代对美育人才培养的需求。过往，部分音乐教学过度侧重对专业技能的机械训练，学生被要求反复练习音符读写、乐器指法或是歌唱技巧，却忽略了对音乐作品中蕴含的丰富情感、文化内涵以及审美价值的深入挖掘。这使得音乐学习变成了单调乏味的技术堆砌，学生难以从中获得真正的审美体验与情感共鸣，也背离了音乐教育的初衷。

因此，美育浸润背景下的音乐教学模式研究无疑为音乐教育的发展注入了一股全新的活力。本章聚焦于美育理念与音乐教学的深度融合，通过深入剖析、系统研究，展现了一种全新的音乐教学模式。它打破了传统教学的局限，将美育贯穿于音乐教学的全过程，从教学目标的重新定位，到教学内容的精心筛选，再到教学方法的创新运用以及教学评价的多元构建，均围绕着如何提升学生的审美素养这一核心目标展开。

本章节中所阐述的教学模式，强调学生在音乐学习过程中的主体地位，鼓励他们积极主动地参与到音乐实践活动中，去亲身体验音乐之美，感受不同音乐风格所传达的情感与文化。通过引导学生对经典音乐作品进行赏析，挖掘作品背后的历史文化背景，培养学生从多个维度理解音乐作品的能力，进而提升他们的审美感知与文化理解能力。同时，注重启发学生的创造力与想象力，鼓励学生在音乐创作与表演中展现独特的个性与审美观点，让音乐成为他们表达自我、展现内心世界的重要方式。

本章内容不仅具有丰富的理论价值，更为广大音乐教育工作者提供了极具操作性的实践指导。它为音乐教学提供了新的思路与方法，帮助教师更好地理解美育在音乐教学中的重要性，并学会如何将美育理念融入日常教学中，从而提升音乐教学的质量与效果。相信无论是对于经验丰富的资深音乐教师，还是初入教育领域的新手来说，本章内容都能成为他们在音乐教学道路上的得力助手，助力他们培养出更多具有审美素养、创新精神与人文情怀的优秀人才。

希望本章节的内容能够引发音乐教育工作者的广泛关注与深入思考，共同推动美育浸润背景下的音乐教学模式在更多的课堂中得以实践与推广，让音乐教育真正成为滋养学生心灵、培育美好人格的肥沃土壤，为我国美育事业的蓬勃发展贡献一份力量。

基于核心素养的初中音乐大单元教学初探

——以“举迎风飘扬的旗，唱欢欣鼓舞的歌”单元教学设计为例

为全面贯彻落实党中央《关于全面加强和改进新时代学校美育工作的意见》和教育部《关于全面实施学校美育浸润行动的通知》的精神，深化《义务教育艺术课程标准（2022 年版）》要求，探究在音乐教学中培养中学生核心素养的策略、模式和方法，通州区初中音乐学科基地主持人侯文生在北京市特级教师工作室理论导师、首都师范大学音乐学院高洁教授的指导下开展了“基于核心素养的初中音乐大单元教学探究”专题研究，于 2023 年 11 月参加了由中国教育学会主办的音乐教育大会“基于三种文化的大单元音乐教学建构与实施”工作坊，并进行了主题发言和经验交流，得到了与会专家和教师的认可与好评。

随着社会的快速发展和变化，基础教育阶段中的低阶育人思维、策略和方法已经难以完全适应现代学生对个人未来发展和社会发展变化的需要，因此，《艺术课程标准》基于中国新时代教育发展目标，设定了具有前瞻性、高站位、战略性的高阶育人课程标准。其主要表现为：艺术课程围绕学科核心素养确立

学习目标，突出素养导向，在教学中通过突出主题化、生活化、情境化、项目式、任务驱动等新的学习理念和方式，根据具体学情和不同的学习任务，以单元的形式组织学习内容，在处理好学科逻辑和生活逻辑的关系的基础上形成有特色的组织结构；并在体现学科综合和任务驱动的理念下，通过精心设计学习任务和问题链，有效提高综合探索和学习迁移的能力，帮助学生在情境中以问题为导向开展学习，实现从学科本位、知识本位到素养本位的转型，最终使学生通过艺术课程学习，逐步形成适应个人终身发展和社会发展需要的正确价值观、必备品格和关键能力。通州区初中音乐学科基地正是基于这种艺术课程理念，对初中音乐大单元教学进行构思、梳理、统整和精心设计的。

核心素养是课程育人的集中体现，在聚焦素养导向的同时，我们还应深挖素养导向下基于“三种文化”的课程思政育人内涵。《艺术课程标准》在课程性质中指出：义务教育艺术课程以立德树人为根本任务，培育和践行社会主义核心价值观，着力加强社会主义先进文化、革命文化、中华优秀传统文化的教育。其中，社会主义先进文化是面向现代化、面向世界、面向未来的，民族的、科学的、大众的社会主义文化，具有诸多重要特点。第一是科学性，社会主义先进文化以马克思主义科学理论为指导，这使其能正确反映自然、社会和人类思维发展的客观规律，人们可以依靠这种科学的文化去认识世界、改造世界；第二是时代性，社会主义先进文化紧密结合当下时代的发展潮流和需求，与时俱进地吸纳新观念、新技术、新形式，反映当代社会经济、政治的特征，体现时代精神；第三是民族性，社会主义先进文化深深扎根于中华优秀传统文化，展现中华民族风格和精神，并不断继承和创新；第四是开放性，社会主义先进文化积极与世界其他优秀文化交流、交融，吸收和借鉴国外先进的文化成果、理念和技术；第五是大众性，社会主义先进文化服务于人民大众，是人民群众共建共享的、贴近大众生活实际的文化。社会主义先进文化在中华民族伟大复兴之路上始终发挥着积极和关键作用，在思想上引领中华儿女树立正确的历史观、民族观、国家观和文化观，在行动上带领中国人民紧密团结在中华民族共同的理想信念之下，推动社会的全面进步和人类命运共同体的构建。由此可见，立德树人根本任务之下的社会主义先进文化，对于初中生树立正确世界观、人生观和价值观具有极其重要的价值和意义。所以，在初一年级学生刚入学阶段，我们就试图通过梳理、统整全册教材中关于落实课程思政、三种文化

（主要为社会主义先进文化）的音乐作品，在学科综合、学科育人、以美育人课程理念引领下进行大单元教学设计，并紧紧抓住单元教学中的大观念、大问题、大情境、大任务、大评价这些育人手段开展大单元教学探究。下面就以人民音乐出版社 2022 年版义务教育教科书《音乐》七年级上册大单元教学设计“举迎风飘扬的旗，唱欢欣鼓舞的歌”为例进行详细阐述。

一、基于核心素养的初中音乐大单元教学探究要具备“大观念”意识

大观念，亦称大概念，是单元教学的内核，指向核心素养。大观念和新知识、新能力构成核心素养时代的“新三维目标”，在内涵上，它具有可迁移性、专家思维和概念性理解三个特征。

就可迁移性而言，大观念在教学实践中一般表现为一个有用的概念、主题、有争议的结论或观点、反论、理论、基本假设、反复出现的问题、理解或原则等。它的呈现形式多样，可以是一个词、一个短语、一个句子或者一个问题，这体现出它的本质和价值的迁移，而迁移和应用正是“真正理解”的证据；就专家思维而言，大观念体现了上位的观念、高位的抽象、核心的关联等特征，是反映专家思维方式的概念、观念或论题，具有生活价值，因此与之配套的动词是“理解”，是对一类事物本质特征的抽象概括，是反映概念与概念之间的关系的看法或观点；就概念性理解而言，大观念是理解的一种特殊形式，是一种深层次的理解，是一门课程中少而重要、强而有力、可普遍迁移的“概念性理解”。其通常由两部分构成：一是形成一门课程逻辑体系的核心概念；二是由核心概念之间的关系所形成的命题、原理或理论。每一门课程的正确价值观念是最大的概念，是不同单元主题和学习活动中蕴含的与主题和活动相适应的大观念。因此，从这一角度来看，基于大观念的教学，其本质就是概念性理解，目的在于发展每一个学生的逻辑思维、批判思维和创造思维的能力。

在进行基于核心素养的初中音乐大单元教学设计时，首先应确定好某一学习主题，并以其作为教学的总引领，在基于生活化、情境化的教学过程中设计接续式、有逻辑的教学活动，以体现这种以主题为引领的大观念核心，在环环相扣、以终为始的接续式任务驱动教学环节中不断使教学内容逻辑化、结构化。如此一来，学生学到的知识就是比较上位的、能迁移的、具有生活价值的概念，更容易形成可迁移的大观念。大单元教学“举迎风飘扬的旗，唱欢欣鼓

舞的歌”的设计是以教材第一、二、六单元的内容为依托，精选其中4首代表新中国四个不同历史时期社会主义先进文化的经典音乐作品进行有序连缀，形成指向核心素养的大单元教学设计，其大观念的核心是立德树人思想下的社会主义先进文化主题教育。

二、基于核心素养的初中音乐大单元教学探究要具备“大问题”观念

大单元教学设计在“大观念”引领下，还要把握好“大问题”这一重要要素。问题永远是推动教学深入探究的原动力。大问题，即驱动性问题，是单元教学设计中开展任务的一把“钥匙”，它让教学指向核心素养的课程育人本质。

一次，学生在演唱时提出了“春天发生了什么故事”这一问题，教师因此受到启发，产生了将中华人民共和国从“站起来了”到“富起来了”再到“强起来了”的奋斗历程编组成以“举迎风飘扬的旗，唱欢欣鼓舞的歌”为题、由4课时组成的大单元教学课程的灵感。围绕这个“大问题”，教师集体备课，整合了文学、诗歌、历史、地理、舞蹈、绘画等学科知识，并紧扣课程思政育人目标完成了这一单元教学设计。

在这个案例中，教师对大单元教学的设计思路是基于学生提出的问题而展开的，这个问题即核心问题，就是指向单元核心概念的大问题，亦称本质问题，具体来说，这样的问题从不同的维度可以划分为不同的类型。

首先，按照所对应大观念的大小划分。从这一维度来看，大问题包括学科大问题、跨学科大问题和单元大问题。学科大问题是针对学科大观念提出的，一般会贯穿在从小学到高中的所有内容之中。比如“举迎风飘扬的旗，唱欢欣鼓舞的歌”中的歌曲选择就是在这一大观念之下，将中国发展之路的线索贯穿于整个大单元教学过程之中。跨学科大问题是根据跨学科单元大观念提出的，比如“分类”这个概念会出现在不同的学科中。因此，可以提出的问题包括：什么是分类？怎么分类？为何要分类？只有学生理解了“分类”这一大观念，才能将其运用于各个学科之中。

其次，按照教学的功能划分。在教学中，大问题承担着不同的功能，因此从教学的功能这一维度来看，大问题包括导入式大问题、展开式大问题和总结式大问题。导入式大问题，旨在吸引学生投入学习，因此会具有一定的趣味性。展开式大问题，就是在学习过程中为了激活学生原有经验，挑战学生原有

的观点，使学生对一些极具“挑衅性”的问题理解得更正确、更严密，其目的在于体现支架思维，引导学生深入思考。总结式大问题，就是在一个讨论阶段、一堂课、一首音乐作品或一个单元结束时提出的问题，旨在引导学生回顾、总结和梳理，也可以引导学生展望和追问。

大单元设计中的大问题，是根据教学内容将知识点整合、串联起来，引导学生自主探究学习线索，发挥着整合、串联知识点，以及启发、引导学生的作用。因此，这样的大问题并非独立的单个问题，而是相互联系的问题链，以各种各样的形态和变式贯穿于学生学习过程的始终。

三、基于核心素养的初中音乐大单元教学探究要具备“大情境”创设

在大单元教学设计中，大情境是整个单元的情境，或者说是整个单元的教学都依托的情境，而不仅是导入新课的情境，而且这样的情境是接近真实的环境。由此可知，大情境的“大”体现在它是整个单元的情境，是基于生活的、模拟真实的场景，是学生习得知识、提升能力并运用知识的场域。在这样真实的情境中，学生协同思考进行归纳和演绎，因此学到的知识是非惰性的，是基于情境建构问题促发下的深度学习，这种基于真实生活的情境更丰富、更多样。

“举迎风飘扬的旗，唱欢欣鼓舞的歌”大单元教学中的“大情境”创设是在党的教育方针和立德树人根本任务引领下，通过对不同历史时期代表中国“社会主义先进文化”经典音乐作品的梳理凝结成的主题式单元课题，通过听、唱、写、创和编、演、赏、评等学习任务，实现对社会主义不同历史时期先进文化的认知、理解和联系，并在丰富的审美感知、审美体验、创意实践和艺术表现中，以春风化雨、润物无声的方式将社会主义先进文化的种子播撒在学生心田，促其生根发芽、迁移延展。

有了思路清晰的“大情境”框架结构设计，作品选择就成为单元教学设计的关键。“社会主义先进文化”是主题式单元教学设计的初心，我们紧紧围绕不同历史时期代表社会主义先进文化的音乐作品进行梳理，关注其思想性、艺术性、时代性、文化性——作品应该能代表时代的最强音，具有鼓舞人心、振奋精神、推动历史进步的强大文化影响力。于是，我们在原有单元教学内容的基础上进行了重组：首先选取了新中国成立初期的经典歌曲《歌唱祖国》

（1950）和20世纪80年代改革开放初期的经典歌曲《在希望的田野上》（1981）作为第二课时的主要内容，其主旨思想是在马克思列宁主义、毛泽东思想的引领下中国人民站起来了，表现了激情豪迈的社会主义先进文化和中国人民对美好未来的希望与憧憬。第三课时我们选取了改革开放历史时期的经典歌曲《春天的故事》（1992）和《走进新时代》（1997），其主旨思想表现为中国人民在邓小平理论、“三个代表”重要思想、科学发展观的思想引领下富起来了，表现了中国特色社会主义先进文化和奋发图强的中国人民建设社会主义祖国的豪情壮志。第四课时我们选取了三声部合唱歌曲《走向复兴》（2009）和二声部合唱歌曲《领航》（2021）作为我们正在经历的新时代中国特色社会主义历史时期的代表性作品，其主旨思想表现为中国人民在习近平新时代中国特色社会主义思想的引领下强起来了，表现了新时代中国特色社会主义先进文化和中国人民拥抱世界、携手未来的博大胸怀。而《青年友谊圆舞曲》则是一首深受学生喜爱、洋溢着青春激情、代表着时代希望、富于优美韵律感的经典音乐作品，在社会主义的不同历史时期不断被赋予新的生命力和文化属性，我们选择将其作为主题式单元教学第一课时的内容，并将其作为实现单元教学目标的联络线，贯穿整个教学的始终。

为更好地实现“大情境”背景下的主题式单元教学目标，我们对学生已有的综合素养和关键能力进行了细致的分析和梳理。通过数据图表我们发现，学生的合作演唱、音乐编创、即兴表演能力较音准节奏、识读乐谱、音乐分析等能力显得偏弱。所以，主题式单元教学将在关注学生整体学习能力提升的基础上，着力加强合作演唱、音乐编创、即兴表演等学习目标的实现，并将以上三项内容作为单元教学的基点，设计相关教学活动和教学任务。

当然，在大情境下还可以基于任务设计小情境，但大情境的创设是一个大学问——单元大情境的创设要具有统整性、连贯性和可操作性，同时要有趣、有意义，能激发学生的学习热情。

四、基于核心素养的初中音乐大单元教学探究要具备“大任务”引领

在大单元教学设计中，大任务是引擎，可以引领学生在真实教学情境下达成深度学习教学目标。

在“举迎风飘扬的旗，唱欢欣鼓舞的歌”大单元教学设计中，我们依据教

学背景分析，设定了可实施、可操作、可测评的单元教学目标，分别为“独唱与合作演唱”和“创意实践与文化理解”。对于“独唱与合作演唱”目标，我们试图通过层层递进、环环相扣的接续式教学，引导学生从“简单的”演唱到“与作品情绪相符合的”演唱，从“具有一定表现力的”演唱到“能较好地表达音乐内涵的”演唱，最终实现“有感染力的”演唱，实现“文化理解”的主题式单元教学目标。具体表现为：第一课时，演唱中能在情感表达的准确性方面基本达到作品要求，与音乐情绪、情感和音乐特点相符合；第二课时，演唱中能在作品的流畅性方面达到作品要求，具有一定的艺术表现力，能产生对豪迈自信精神的文化理解；第三课时，演唱中能在作品的完整性方面达到作品要求，能较好地表达自己的情感和想法，能实现对积极向上、奋发图强精神的文化理解；第四课时，能根据音乐表现需要控制力度、速度和音色，进行有感染力的演唱，并能对相关音乐文化做出一定的合理分析和评价，最终实现文化理解的单元目标。

对于“创意实践与文化理解”目标，我们尝试通过循序渐进、层层递进的任务式探究性学习，引导学生从“简单的”音乐编创到“能即兴编创”，从“有意识的编创”到“有创意的编创”，最终达到“能生动地编创”，实现社会主义先进文化正确价值观在学生精神和思想深处生根发芽的文化理解育人目标。具体表现为：第一课时，能随音乐进行即兴编创，表情、身体动作与音乐情绪、情感和特点相符，能比较准确地表现音乐情绪；第二课时，能编创较复杂的节奏、旋律，能够结合音乐作品有意识地进行即兴表演，能较深层次地理解音乐情绪和音乐内涵；第三课时，能即兴编创简单的歌曲主题旋律，能够结合音乐作品进行有创意的即兴表演，能够深层次理解音乐和音乐内涵；第四课时，通过小组合作的方式编创小型音乐剧，音乐编配与剧情具有一定关联度，表演生动自然，能准确表现剧情、表达情感，最终实现文化自信的单元目标。

由此可知，所谓大任务，就是大观念的载体，是将学习内容统整在一件事、一个问题、一项任务中。

五、基于核心素养的初中音乐大单元教学探究要具备“大评价”设计

何为大评价？所谓大评价，顾名思义，就是基于素养的综合评价，它的作用就是以评价为手段，引导学生从结果看开始，明确自己要到达之地，最终明

确自己要获得的知识和要培养的素养。在这一过程中，“大”是一种意识、是一种格局、是一种角度，其宗旨就是关注学生在学习过程中的一举一动，从大处着眼、小处雕琢，达到素养培养的目的。

如何实施大评价呢？大评价主要有嵌入式评价、过程性评价和结果性评价三种方式。嵌入式评价就是把评价有机地嵌入教学和学习的过程之中，采用“教—学—评”一体化同步设计，恰当地运用多种技术手段收集相关数据，给予及时的诊断与反馈。这样一来就体现了对过程性评价的重视，将过程性评价与结果式评价相结合进行评价（而不仅仅采用结果式评价）。过程性评价是在学生解决问题的活动中进行的，是大评价的另一种有效方式，即在学生解决问题的过程中实施评价，它可以全面、深入、及时地了解学生的学习行为、学习态度、学习效果，评估学生解决问题的能力、思维发展情况，及时地判断学生的学习质量和水平，肯定其成绩，引导其找出问题，促进学生自主学习。结果性评价是基于任务的完成情况实施的任务型评价，即让学生运用学到的知识去解决生活中的实际问题，在完成实际任务的过程中考查学生学习的效果。这种评价不是在整个任务完成之后进行，而是在任务完成过程中，在每个小任务完成时进行，以实现“教—学—评”一体化、一致性。

为实现“以评促教、以评促学、以学定教、以学评教”的“教—学—评”一体化、一致性课程目标，我们对大单元教学设计“举迎风飘扬的旗，唱欢欣鼓舞的歌”中的教学作业以及学习效果评价进行了精心设计。“主题教学作业”主要包括：第一课时，背唱歌曲，使其成为实现单元目标的“联络线”；第二课时，能编创简单的短旋律，实现迈向单元目标的第一步；第三课时，有意识地进行音乐编创，引领学生将单元目标的实现引向深入；第四课时，有创意地进行合作或小组编创，实现对单元目标的深刻理解与表现。对主题教学的学习效果评价，我们将以音乐表现、音乐编创、文化理解三项主要内容为抓手进行设计。音乐表现主要包括独唱与合作演唱，音乐编创主要包括即兴、有意识、有创意的音乐编创任务，文化理解主要包括音乐评述、音乐分析、音乐联系与音乐评价。评价方式为自评、互评，评价工具主要为钢琴。当然，我们期望通过学习效果的评价设计，实现预期的评价结果。随着单元学习活动和学习任务的有序开展，学生的音准节奏、合作演唱、音乐编创、即兴表演等诸多关键能力和素养都得到显著提升。教学设计的最后，是以“社会主义先进文化”为目标的主题式单元教学设计流程。其中，每课时都将以 4 个模块为主要载体开展教学，分别为复习导入、学习新知、拓展探究和小结作业。这主要体现的是接续式教学层层递进、环环相扣、以终为始的教学理念。

综上所述，我们在实施课程育人、学科育人的基础上，通过坚持以美育人，重视艺术体验，突出课程综合的课标理念，运用聚焦素养导向的发展眼光，对本文的实施策略、教学模式和评价方法进行深入研究，明晰了大单元教学的设计和实施路径，这对实现基于素养导向、提升中学生核心素养与关键能力的育人目标具有很好的指导和引领作用。由于我们工作能力有限，虽然取得了一些阶段性成绩，但是对标《义务教育艺术课程标准（2022 年版）》提出的具体要求还相差很远，相信在不久的将来，在各级领导及专家的大力支持和精心指导下，我们必将取得更多、更好的成绩，为北京市和城市副中心的学科建设与发展贡献全部力量。

素养导向下初中音乐跨学科与项目式学习初探

随着新课程改革的不断深化，一线教育者对于新的教育教学理念的迷思、困惑也越来越多，主要问题如："如何设计、实施富于逻辑性、知识性、趣味性的跨学科项目式教学的路径与方法？""如何理解和实施课程综合与教学实践的有机融合？""如何面对教学中既不敢大胆创新，也不敢丢了双基的困惑？""如何让高大上的教学案例落地实施？""如何把大情境和核心素养与关键能力融合成一个大任务？""如何看待教师在多年传统教学的惯性驱动下出现的穿新鞋走老路问题？"

对于这些教学困惑，我们可以尝试用二维分类法，从内容维度和方法维度，对项目式学习、学科实践、大单元教学、大概念教学、学习任务群、跨学科学习、主题式学习、综合实践活动、研究性学习等概念进行辨析。

项目式学习：项目式学习可以被理解为一种教与学的新理念、新方式——在此过程中，学生在教师的帮助下，面对来自真实世界的挑战性项目任务，开展一定周期的探究、合作学习，完成项目任务，获得知识、能力、素养的协调发展。项目式学习鼓励学生探究和解决真实的、复杂的问题，并从中获得知识和技能。项目式学习是基于学科又超越学科的综合性学习方式，是一种与真实世界和生活实际紧密联系的学习方式，是一种旨在变革人类生存、生活空间的深度学习过程。

学科实践：学科实践是新课标广泛提及的术语，但实际上早在新课标之前，语文统编教材中就提出了类似学科实践的话题，称为综合性学习，比如创编诗集等。学科实践指向的是一个大概念，只要是与学科有关的活动（如表演、调查、设计以及知识运用等），都有可能属于学科实践活动。换言之，我们可以通过多种学习方式来进行学科实践。

大单元教学：深挖“大单元”本身的定义，会发现大单元里面既包括自然单元，又包括根据主题重新提炼的自然单元的统整。所以说“大”本身是个相对的概念，有时是针对某个单元开展教学设计，有时又需要把相似的单元再统整起来形成大单元。这是针对“内容”而言的。大单元的实施可以借助哪些方法呢？项目式学习、主题式学习、英语教学中提出的任务型教学，以及我们传统的教学方式等，这些学习方法都可以运用到大单元教学中。

大概念教学：大概念对应的是大主题、大观念。大概念是教师在教学中通过学科课程引导学生能像专家一样思考，如果说核心素养体现为“做”的话，那么大概念就是大脑的“思”。只有想对了，才能做对。建构大单元的过程，实际上也是在寻找大概念、大主题、大观念。

学习任务群：学习任务群是针对“内容”而言的，它体现了大单元的概念。在新课标中提出的学习任务群可以借助哪些方法去落实呢？项目式学习就是其中的方法之一。

跨学科学习：跨学科学习是一种理念，它既不是“内容”，也不是具体的“方法”。或者说，它既是“内容”又是“方法”。现在很多学科的建立都是随着社会发展和时代进步逐步被分割出来的。当下为什么又开始提倡跨学科教学，因为我们的学科被碎片化了、割裂了，但是我们在解决问题的过程中又需要具备跨学科的素养和能力。

主题式学习：对于主题式学习，从“内容”维度来看，它强调的也是一种大概念。如“巴洛克时期音乐的典型特点”的主题案例，就是主题式学习中经常见到的。从“方法”维度来看，它与项目式学习的流程比较类似，比如设计、调查、展示等。所以，主题式学习目前已经发展成为一种既强调“内容”又强调“方法”的学习模式。

综合实践活动：很多教师对综合实践活动的概念还比较模糊。2017 年教育部颁布的《中小学综合实践活动课程指导纲要》提出：综合实践活动是从学生的真实生活和发展需要出发，从生活情境中发现问题，转化为活动主题，通过探究、服务、制作、体验等方式，培养学生综合素质的跨学科实践性课程。这里面既提到了跨学科，又提到了实践性。

研究性学习：研究性学习是中学阶段综合实践活动板块的一项内容，它包括课题研究类和项目设计类，分为小组合作研究、个人独立研究、个人研究与全班研究相结合三种组织形式。

跨学科项目式学习既能够满足跨学科实践的要求，又能够体现学生学习方式的变革，但目前面临缺少经验支持和系统学习、教师缺少深入的跨学科项目式教学经验等现实困境。在开展跨学科项目式学习实践时，可以基于跨学科概念和真实问题的解决设计项目主题，基于学科核心知识和学生现实困惑确定驱动问题，根据知识探索逻辑和学生认知发展设计活动流程，根据学生实际体验和项目实践操作提供学习支架，规划阶段成果与最终成果，实现在真实情境中“知情意行”的综合发展。

《义务教育课程方案和课程标准（2022 年版）》中明确指出：要以深化教学改革为突破，强化学科实践，推进育人方式变革。各学科课程标准均提出了跨学科学习的具体要求，注重各学科纵向衔接和横向配合，提出了“跨学科实践”的主题。

因此，项目式学习和跨学科实践成为当下教学改革推进的研究热点，但在开展跨学科项目式学习时仍然面临诸多现实困境。中小学教师如果对跨学科项目式学习的内涵理解不到位，不知如何操作，缺少经验支持和系统学习，就不能更好地在教学中通过项目式和跨学科教学实现学科育人的教学目标。

项目式学习是指学生在一段时间内对与学科或跨学科有关的驱动性问题进行深入持续的探索，在调动所有知识、能力、品质等创造性地解决问题、形成公开成果的过程中，形成对核心知识和学习历程的深刻理解，并能够在新情境中进行迁移。“跨学科实践”强调在实践探究过程中实现学科与学科之间的相互交融。因此，项目式学习是打破学科壁垒、实现学科融合、开展跨学科实践的良好载体。

跨学科项目式学习强调通过学科间不可分割的联系达到整体理解，它不是简单的多学科的主题活动。跨学科项目式学习需要汇集两个及两个以上的学科概念来解决问题、创造作品，让学生产生新知识、获得新理解——这是在单一学科中很难做到的。跨学科项目式学习，实质上就是一种基于建构主义学习理论的深度探究性学习模式。教师在设计和实施跨学科项目式学习时，需要指导学生基于复杂的真实情境，主动去搜集和分析有关的信息资料，把当前学习内容与已有知识经验建立联系，以解决学习中相对复杂的问题。

一、基于跨学科概念和真实问题的解决设计

项目主题：确定一个项目主题，需要考虑多方面的因素，如课程标准的具体要求、相关的学科核心概念、学生的认知发展和能力水平、项目的现实意义和可操作性等。教师在开展跨学科项目式学习的过程中，需要对两门及以上的学科知识、概念或理论进行辨识、评价和整合运用，以提高学生发现问题、分析问题、使用多学科知识创造性地解决项目式学习中“驱动问题”的能力。跨学科知识整合对事物整体属性的揭示和复杂性问题的创造性解决具有突出优势，因此，可以基于跨学科概念和真实的复杂问题，设计跨学科项目式学习主题。

跨学科概念是指在两门或两门以上的学科中涉及的共同概念。它们不仅是各个学科的核心（重要）概念，而且超越学科边界，在多个学科中反复出现，广泛联系各个学科的重要概念，并且对多个学科具有解释力，具有高度的归纳性和抽象性。真实的问题主要包括社会的真实需求、现实的生活议题和源自学生的好奇与困惑。找到一个好的跨学科项目式学习主题，能够有效提升学生参与学习的深度。

例如，在设计并确定“运河两岸的音乐文化”这一项目主题时，我经历了如下思考：首先，这一项目需要了解运河开凿的历史背景，然后综合运用地理学科中关于运河途经的中国各省市的历史、文化等核心知识，帮助学生深度理解“运河音乐文化”这一跨学科概念。其次，这一项目是学生生活中司空见惯却不知深层原理的事件。再次，这一项目主题可以通过走访、采风、搜集运河音乐文化相关资料，在真实情境分析中发现其背后的原理。

基于此确定的项目主题，既能充分融合多学科核心知识，又是源自学生生活的真实问题，而且有利于帮助学生建构相关跨学科概念，促进学科知识之间

的融会贯通，培养学生音乐核心素养，提高解决实际问题的能力。

二、基于学科核心知识和学生现实困惑提出

驱动问题：驱动问题是指能够驱动学生参与项目、促使项目有序开展并最终推动成果产出的问题。教师需要深刻理解和把握学科知识体系的核心知识与关键能力，才能提出高质量的驱动问题，促进学生对概念的深度理解，实现跨情境的迁移运用，使学生在新情境中创造出新知识。驱动问题往往是从本质问题中延伸出来的，或者直接来自学生感兴趣的现实问题。

提出一个优质的跨学科驱动问题的方法：首先，要深入研究学科课程标准和教材，梳理相关的学科核心知识，并找到这些知识之间的本质联系。其次，需要源于学生的现实需要或现实困惑，与学生真实生活的世界建立联系。再次，需要具有挑战性，能激发学生的高阶思维，引发学生的认知冲突或价值判断。最后，需要考虑驱动问题对项目研究的导向性和开放性，一个好的驱动问题可以带动整个项目的良性发展，串联并聚焦整个研究过程，同时能进一步引发新的问题。

例如，在确定“寻找新中国成立初期代表中国社会主义先进文化的音乐作品”这个驱动问题时，我们首先梳理这一历史时期在实践维度经历了哪些重要的历史阶段，和各阶段代表社会主义先进文化的重要音乐作品，分析作品之间的历史脉络和表现社会主义先进文化的思想内涵，通过学唱、欣赏、分析、编创等教学内容实现对新中国成立初期社会主义先进文化的深刻认知、理解和传承，为学生树立民族自信、文化自信打下坚实基础。

三、根据知识探索逻辑和学生认知发展设计

活动流程：项目式学习是在系统学习学科知识的基础上，学生综合运用多学科学习成果进行自主学习的一种综合性、活动性的教育实践形态。活动是项目式学习的载体，良好的活动设计不仅能激发学生学习的积极性，还能帮助学生发展相应的实践技能、思维能力和创新能力。具有复杂性、挑战性和综合性的驱动问题需要分解为多个子问题，每个子问题对应一个子任务，每个子任务又需要相应的活动来支撑和完成。

因此，在进行活动设计时需要考虑以下因素：不同活动的内在逻辑，可以

是层层递进的逻辑，也可以是并列统一的逻辑；与核心素养的关联性，即每个活动设计的目的应指向核心知识、关键能力和相应品格；考虑学生的认知和能力发展，既能让学生感受到挑战，又能让学生通过努力获得成功体验；学科的融合，让不同学科知识在真实情境中为解决问题而深度融合。例如，“寻找新中国成立初期代表中国社会主义先进文化的音乐作品”这个项目共设计有 5 个小活动，这些活动层层递进、相辅相成。

第一个活动是让学生根据相关资料查找新中国成立初期的整体时间段以及时间分段，结合自己的已有认识提出自己小组感兴趣的、想研究的问题，目的是让学生进入新中国成立初期中国历史的学习情境中。

第二个活动是调查在此历史阶段出现了哪些代表社会主义先进文化的音乐作品，目的是拓宽学生音乐认知，完善、修正自己对新中国成立初期社会主义先进文化的认识。

第三个活动是学唱、欣赏、分析代表新中国成立初期社会主义先进文化的音乐作品，通过对旋律、节奏、和声、调式、歌词等多方面音乐要素进行分析、体会和理解，引导中学生进一步了解代表新中国成立初期社会主义先进文化的音乐作品的艺术特点与文化内涵。

第四个活动是根据新中国成立初期代表社会主义先进文化的音乐作品创作手法，尝试编创风格相同的音乐主题动机、主题旋律、方正结构的短歌、具有曲式结构的较长歌曲，其目的是通过音乐编创的手法培养学生的创新能力和文化理解能力。

第五个活动是尝试根据相关音乐旋律编创简单的体态律动、小型戏剧、小型音乐剧等，从多维度表现自己对新中国成立初期社会主义先进文化的理解，增强中学生民族自信和文化自信，实现课程育人目标。

可以看出，这 5 个活动逐层递进，循着“发现时间—了解历史—学唱欣赏—音乐编创—艺术表现”的认识逻辑，逐渐深入地开展实践，让学生沉浸在活动中，整合运用跨学科知识探索并解决问题。

四、根据学生实际体验和项目实践操作提供

学习支架：跨学科项目式学习将不同学科内容进行整合，有利于突破学科与学科、学科与生活之间的界限，引领学生在问题情境下学会自主提出问题，

深度参与到解决问题的过程中，并开展研究性学习和动手实践，使学生的学习理解、实践应用、迁移创新能力得到培养。因此，在实施项目的过程中，为了帮助学生更好地主动实践和深度学习，教师需要根据学生的实际体验和项目实践需求，为学生提供相应的学习支架。

学习支架旨在为每一个学生踮起脚尖达成学习目标而创设条件和支持，如问题清单、调查问卷框架、访谈提纲等，以帮助学生更专注于关键的学习目标，并在项目实践中体验科学的研究方法，感悟学术的严谨性。

提供学习支架时需要考虑以下因素：一是学习支架的指向明确，具有明确的目的、任务、方法、路径；二是学习支架需要具有一定的开放性，要给学生留有自主发挥的空间，如调查问卷可以给出框架、方向，让学生自主设计；三是学习支架能够有效支撑项目研究，给学生提供的各种支架应该与项目研究高度匹配。

学习支架不仅帮助学生顺利开展项目，更是让学生在项目式学习过程中运用相应的方法解决问题，进而习得方法的关键。例如，在“新中国成立初期社会主义先进文化”这一项目中，教师设计了 3 个学习支架：调查记录单 1，让学生调查在新中国成立初期发生了哪些代表社会主义先进文化的历史事件；调查记录单 2，调查新中国成立初期出现了哪些代表社会主义先进文化的音乐作品或其他艺术作品；调查记录单 3，探究新中国成立初期代表社会主义先进文化的音乐作品的艺术风格、音乐内涵、创作手法、表现手段。这一系列的学习支架给学生提供了一个相对开放的学习“脚手架”，既能够让学生在支架的帮助下完成相应的项目任务，又能够激发学生的自主性，探究真实世界中自己感兴趣的问题。

五、规划阶段成果与最终成果

项目式学习与其他类型教学的最大区别在于，项目式学习最终要形成公开的、有质量的成果，并进行展示交流。项目结果凝结了学生的智慧与创造，是跨学科知识与技能习得结果的综合体现，成果的展示能大大增强学生参与项目的动力和积极性，促使他们高质量地完成学习项目。

从成果的价值来看，项目式学习成果需要指向驱动问题，具有思维的真实性；同时指向对核心知识的深度理解；还要指向关键能力的发展。从成果的形式来看，项目式学习成果可以是物化的实物成果，如独唱、齐唱、合唱等；也可以是舞蹈、律动、小型戏剧、小型音乐剧、小型歌舞剧等；其他形式还有设计方案、宣传文案、研究报告等。

项目式学习的成果导向不仅体现在最后的成果，其实在项目式学习的每个阶段都应该关注成果的产出，教师需要帮助学生将阶段性的成果进行及时总结和物化，进而渐进式地形成成果，并逐步提升成果的质量。

在整个项目开展过程中，每个阶段都有相应的阶段成果，最后形成完整的实体成果和记录全过程的视频成果。可以看到，整个项目实施过程中在不断地产出阶段成果，最后形成公开成果，而且还可以持续更新。

六、锚定真实情境实现素养贯通

项目式学习的一大特点就是强调情境的真实性：学习的环境是真实的，问题和挑战都是真实存在的而非模拟的；学习任务是真实的，学生的实践任务、探究活动、运用的工具等是真实的，能真实感受到在现实世界是如何解决问题的，而非想象的；项目所产生的影响是真实的，学生提出的计划、宣传口号，产出的实物产品等能够真实地呈现且对身边的人产生影响，让学生能够感受到付出的意义。

鉴于项目式学习的情境真实且复杂，学生在项目式学习过程中能够全情投入地运用知识解决问题、感悟方法、习得技能、实现思维发展，达到“知情意行”的综合发展。在运用学科核心知识解决实际问题的过程中，学生真正做到“做中学”“做中思”“做中创”，能够深入理解相应的学科概念，发展科学思维，提升探究与实践的能力，实现核心素养的全面发展。

在项目实施的整个过程中，学生沉浸在项目的探索中，潜移默化地综合运用学科核心知识和关键能力解决现实问题，并形成相应的观点和态度，且学生核心素养的发展贯穿始终。

跨学科项目式学习实现了让学生从生活经验走向学科研究，从生活概念走向学科概念，从生活判断走向学科法则。学生在项目研究中，运用多学科核心知识深入理解并建构跨学科的概念；运用观察、调查、分析、判断等研究方法，切身感受科学证据和科学思维的价值；在提炼观点的过程中，感悟学科观点或价值判断，经历分析、寻证、论证的严谨研究过程。

跨学科项目式学习为学生学习方式变革提供了一个理想的方向，也提供了一个基于学科且超越学科的学习视角，能够让学生在真实的情境中，带着问题运用多学科的核心知识和相关方法开展实践研究，通过项目带动跨学科的融合，又通过跨学科融合促进项目式学习的深入开展。

基于跨学科主题式学习模式的实践探究

数字技术的高速发展与应用带动了创新型知识社会形态的嬗变，具有复合知识结构的跨学科创新人才培养需求日益增长。学生协作探究、自主学习、创新思维等高阶学习能力的培养，成为当前教育改革的重要目标。跨学科学习倡导以多层理解为基础的知识论和以创新创造为导向的方法论，有助于学生结合已有知识和经验，在整合多学科知识体系过程中形成深度理解，因而被视为培养高阶学习能力的重要途径和手段。

跨学科学习需要跨越传统的学科边界和学习组织边界，当下已有的个体知识建构和协作知识建构模型更多强调学生在相关知识领域下的知识建构过程，较少关注在更广域知识体系下知识建构的内在机制，因而无法有效应对当前跨学科学习的实践诉求。鉴于此，本教学研究结合跨学科学习和知识建构理论，以知识建构、跨学科学习、知识创造等前沿理论为基础，探究区域学科跨学科知识建构的实施策略、实施手段和方法。

一、跨学科知识建构的理论缘起

知识建构是学习者在某种特定学习环境中互相协作、共同参与学习任务或问题解决等活动，并在集体知识的形成过程中获取新知识和实现创造性思维转变的过程。知识建构以学习者为中心，具有持续改进观点、协同共建的特点，能帮助学习者综合运用多领域知识发展高阶能力。然而，传统知识建构更多的是在探索单一学科下的建构路径和知识运行机制，较少关注跨学科场景下知识框架冲突、调节反馈学习等新的要素特征，这一局限催生了跨学科知识建构领域的产生。

（一）知识建构的研究现状

知识建构主要包括创造多元观点、深入探究观点、不断完善观点，以及总结、反思、改进等12项教学原则，用以支持学习者的协作讨论和观点建构，以及对学习过程和结果的持续反思与改进。知识建构强调打破原有课程和年级设置的割裂性和局限性，以基于问题解决的学习专题形式进行知识的深层次建构。

为更好地研究知识建构在不同学习场景中的发生机制，学者对传统知识建构进行了有意义的扩展，探索出了个体知识建构、协作知识建构等新模式。其中，个体知识建构强调个体学习者对知识的主动探索和构建，学习者自我发起、自我调控、自我负责的学习过程即个体的知识建构过程，一般适用于自主学习和个人研究的情境。协作知识建构强调学习者之间的协作与共享，旨在让学习者通过交流、合作和讨论，共同达成对知识的统一理解，形成相应的知识结构，这适用于团队合作和协作学习的情境。有研究者通过构建促进互动的群体感知信息设计框架，探讨了协作过程中群体感知信息的机制和环境工具设计，以提高协作知识建构的学习效果。

（二）知识建构面临的跨学科挑战

跨学科学习具有为棘手问题提供可持续的解决方案、优化当前研究问题、促进学科领域发展、挑战当前认知与理解以及开发新技术与新方法五项优势。因此，开展跨学科研究和教育逐渐成为培养高质量创新人才的迫切需求。然而，现有的知识建构形态难以满足跨学科学习的知识整合要求，主要体现出如下局限。

1. 缺乏广域知识整合支持

传统的知识建构以纵向单一学科为基础进行知识构建和学习，往往只关注单一学科知识的整合，忽视了其他领域的知识和观点。这种情况会导致对复杂问题的理解和解决缺乏全面视野和系统思考能力。例如，个体知识建构通常基于学习者自主的学习过程，学习者可能更倾向于选择与自己已有知识相关的信息进行建构。这种选择性地关注某一特定领域的知识，使得跨领域知识整合变得不完整或片面。协作知识建构强调学习者个体或团队将各自的专业知识、经验和观点进行交流、分享，通过互相补充、修正，实现有效的知识增量，其注重的仍是相关领域知识的整合。而广域知识整合要求学习者具备广泛的领域知识和跨学科思维能力，这在以往的知识建构模式中难以实现。

2. 难以实现多领域知识协同

原有的知识建构模式通常以个体学习者为中心，强调知识整合而非知识协同。知识整合是将不同来源、领域或形式的碎片化知识按照特定的方式组合和整理，形成新的知识结构，旨在加深个体或群体对知识的理解。知识协同是对组织群体内知识耦合过程的反映，强调提升知识协同效应，最终实现知识创新和知识增值。传统的知识建构往往强调单一学科内的知识构建，将知识看作孤立的片段，在知识传授和学习过程中缺乏系统性和整体性。严格的学科界限与划分导致了各学科领域的知识相对孤立，学习者往往只能在独立的学习环境中进行知识整合，难以与他人开展跨学科协作。当前学科专业性带来的领域特定性，可能导致学习者对其他学科领域的知识不够理解。同时，学科领域的精细化和碎片化、信息过载与选择困难、知识权威与评估等问题，都可能限制传统知识建构的实施效果。

通过上述讨论可知，知识建构模式在培养学习者创新能力方面具有巨大潜力，但往往需要在跨学科协作背景下才会有更好的效果。尽管已有研究对传统知识建构形式进行了创新，但在知识内容层面仍聚焦于整合而非协同，在元认知层面仍关注协商和监控而非调节。因此，面对跨学科学习场景呈现的新问题，探索和构建跨学科学习背景下的知识建构模型有助于推动知识建构理论不断发展，指导学习者的跨学科知识建构与高阶思维的发展。

二、跨学科知识建构的关键特征

跨学科知识建构是指汇聚多学科知识，基于知识建构的基本理论和原则进行学科之间的知识整合和新知识的生成，打破学科知识间的壁垒，促进更深层次的知识建构。由于时代和教育发展的需要，知识建构的应用场景由单一学科知识习得转化为跨学科知识整合，然而目前缺乏有关跨学科情境下知识建构的研究，本研究基于现代跨学科知识建构的发展需要，针对上述传统知识建构的局限，提出跨学科知识建构应具备的关键特征。

（一）广域跨学科知识整合

跨学科知识整合的两种基本模式为相关课程模式和广域课程模式。相关课程模式更加强调独立分科的知识组织形式，仅在教学内容和课时安排上将不同的学科知识彼此联系起来；广域课程模式则强调取消学科界限，整合所有学科内容至新的学习领域。跨学科知识建构强调引导学生深层次的知识建构，而不是低阶的知识重组，这就意味着在知识组织整合体系上要联系得更加紧密，即在跨学科知识本体上呈现出广域知识整合的特点，这更加契合第二种跨学科知识整合模式。

当不同学科领域的知识被整合到一个新的课程结构中时，原有的课程固有结构会淡化，为了保留原始学科的一些特性并设定明确的组织程序，赫施巴赫提出通过活动形式来助力实现一致的组织框架，基于此，广域跨学科知识整合的主要组织形式应从围绕学习领域的结构化组织教学，转变为专注于指导学生综合运用和建构知识的一系列活动。由此可见，广域跨学科知识整合的特性非常契合新课标倡导的跨学科主题活动。

（二）跨学科知识框架转换

跨学科知识体系具备广域的特征，整合了来自多个学科的知识，但不同学科之间的知识可能存在相似的框架转换联系。

跨学科知识框架转换是指将不同学科领域的知识结构或概念框架进行转换、整合或重新构建，以适应跨学科研究或解决复杂问题的需要。这种转换旨在克服学科领域之间的差异和限制，以创建一个更加综合的知识体系，从而更好地理解和解决复杂问题。其基本流程包括在集成多元知识体系的基础上，对不同学科之间类似的术语或功能进行翻译、解释，并将一种学科领域的知识、概念、方法等转移到另一种学科领域的现象或解决问题的过程中，最终产生新知识或者制造出新产品，即生成人工制品。

（三）反馈调节促进有效对话

跨学科知识建构仍然具备知识建构的围绕观点讨论升华、持续改进、多元对话促进建构等基本原则，但由于知识属性更加多元，跨学科知识建构共同体可能涉及关于学科边界的内容探讨或者对于学科知识的不同见解，这使共同体成员需要不断进行反馈调节，而在反馈调节的过程中可能会促进有效对话的产生。例如，有研究者通过测量学习者对涉及多领域概念的跨学科边界问题的探究情况，发现学习者进行了创造性的跨学科思考，从事知识建构的学习者可以扩展学科知识边界，并贡献有助于社区知识生成的话语线索。

在反馈调节中产生的认知冲突，需要个体学习者与跨学科共同体通过对话不断沟通协商。由于跨学科知识建构扩大了教师、学习者以及专家团队参与协作和对话的范围，跨学科组织成员间存在的差异会促使他们反思，并在多视角的背景下相互学习和强化认识。通过教师的引导和支持，小组成员间可以产生协同效应，通过建设性的争论获得更好的问题决策。跨学科团队所提供的多样化观点正是进行知识创造的优势所在，通过探讨与主题任务相关的学科知识，借助语境知识、背景知识等与主题任务非直接相关的知识进行解释，可促进团队的沟通理解和共识达成，进而促进知识创造。

三、跨学科知识建构的概念模型

（一）理论依据

国内外研究者关于知识建构已提出许多模型，从自主发展到协同建构，从线上发展到混合建构，衍生出涉及多领域的知识建构模型。其中，由斯托尔提出的包含个体知识理解和社会性知识建构的双循环知识建构过程模型，以及万海鹏等提出的连接式知识建构模型，对知识建构的基础规律有较强的概括性，且影响深远。

双循环知识建构过程模型以社会认识论为理论基础，构建了以个人预先理解、问题冲突的产生、个人信念、内涵解释、个体解释和个体认知 6 个阶段组成的个体理解过程，以及由用语言描述问题、个体陈述观点、群体其他成员陈述观点、探讨解决方案等 12 个阶段组成的社会性知识建构过程。由于跨学科知识建构不仅在个体学习者之间进行，而且群体中也往往包含来自不同学科领域的学习者，因而从个体与群体协同的视角构建的该模型，能为跨学科学习共同体的交互协同提供可借鉴的概念思路。

连接式知识建构模型的构建基础是知识社区中的知识本体、情境本体和学习资源，模型注重三个构建基础之间的语义关联，如知识与知识之间的知识连接、知识与学习者之间的认知连接，以及学习者与学习者之间的社会连接，所有这些连接最终指向社会知识网络的生成。跨学科知识建构中的知识，狭义上仅仅指多元学科的知识，实际上还包括原则性的公共知识和特定背景下的情境知识。不同学习者在相应的知识建构环节综合运用相应类型的知识，在与其他学习者的交互中，达成知识连接、认知连接及社会连接，有助于跨学科知识建构。

因此，本研究借鉴连接式知识建构模型的基本理论框架，吸纳其知识本体、情境本体等要素和多元连接的关系；同时借鉴双循环知识建构过程模型，强调个体与群体之间的协同，以及跨学科知识建构模型。

（二）模型构建

本研究在分析现有知识建构和跨学科学习模型的基础上，将二者融合，整合构建了多维度、多层次的跨学科知识建构模型。该模型以跨学科知识为底层基础支撑，以多元学习者为核心建构主体，基于社会调节支持协商流程。以该模型为基础，一方面，可以对具有跨学科背景的学习者的知识建构过程进行深入分析；另一方面，能够帮助教育工作者明确跨学科共同体开展交流合作的路径。

1. 底层知识支撑层

参考连接式知识建构模型以知识本体为基础的思路，跨学科知识建构模型的基础也围绕知识本体展开。在知识建构过程中，知识既是开展知识建构的条件，也可能是建构后的产物。跨学科知识建构所涉及的知识不局限于单一的学科知识，还包括与社会背景相关的公共知识。也就是说，需要更多的知识储备方能支撑跨学科知识建构。因此，本研究提出的跨学科知识建构模型的底层是由公共知识、学科知识和情境知识构成的知识支撑层。同时，由于跨学科的特性，此处的学科知识和情境知识并不单一，往往是由多个学科和多元情境知识共同构成的。也就是说，跨学科知识建构是在促进学科整合的基础上开展的，所涉及的知识需要打破传统的学科壁垒，以创设多元化的认知情境。值得注意的是，跨学科知识建构所涉及的学科知识要依据学科的基本概念、基本规律和基本原理形成内在联系，从学科大概念群拓展到跨学科大概念群，甚至超学科大概念群。

2. 多元交互建构层

在多元交互建构层，依据斯托尔提出的包含个体知识理解和社会性知识建构的双循环知识建构过程模型，本模型将个体学习者与学习共同体进行联结，强调个体与学习共同体的双向深层次建构。多元交互建构层主要由三个认知过程圈组成。首先，在个体学习者预先理解圈中，学习者要根据认知情境中的实际问题，对涉及的知识进行“概念理解”及“问题探究”，基于自身原有经验和对问题的初步解释，接收知识并更新对概念的理解。其次，在跨学科共同体的认知圈中，学习者在个体认知基础上参与跨学科协作，在个体学习者积极的认知过程中，可能会产生与来自不同学科的其他学习者不一致的理解，即与跨学科共同体产生认知冲突。最后，通过沟通协商、自我调节等流程，跨学科共同体的知识互动过程将对个体学习者产生多元协同反馈，这不仅能帮助学习者形成并完善个体认知，同时有助于共同体在不断的协商过程中完成知识协同。此外，跨学科学习和知识建构均强调认知制品的产生，包括概念认知制品和物理认知制品。学习共同体内的想法不断迭代改进并达成一致后，会优化制品，这反过来又会促进最初个体学习者的概念理解。这一从认知接收到认知循环的发展过程，将不断激发良性的协同认知冲突，更好地帮助学习者建构知识和发展跨界能力，即完成从个体到跨学科共同体的认知循环圈构建。

3. 教学调节反馈层

跨学科知识建构需要个体与学习共同体不断沟通协商，强调对话（乃至有效对话）的产生；但由于跨学科知识建构的学科多元性和过程中的决策多样性，沟通协商过程可能存在一定障碍。因此，学习者之间的交互建构需要有一定的社会调节反馈做保证，包括学科规范、认知调节和共同决策。学科规范是条件。跨学科知识建构涉及多个学科领域的整合，每个学科都有其独特的规范和标准。因此需要通过社会调节理论帮助学生和研究者理解并遵守不同学科的规范，以确保知识建构的质量和可信度。认知调节是过程。它涉及个体如何管理和调整自己的认知过程，以适应不同学科领域的知识和方法。学习者需要理解并遵守不同的学科规范，有效切换和整合不同学科的概念、术语和方法，以建立跨学科的理解。共同决策是结果。在建立个人认知的基础上，共同体成员通常需要共同决策关于项目方向和目标的问题。社会调节理论可以帮助共同体成员理解决策过程中的社会动态和决策因素。这种协作性决策过程有助于充分利用多学科领域的知识和资源，以更有效地解决复杂的跨学科挑战。因此，模型顶层为社会调节反馈层，用于调整反馈跨学科知识建构全流程。

四、跨学科知识建构的实施原则

（一）从单一学科建构到跨学科建构

跨学科学习的核心特征在于超越按照单一学科逻辑组织学习内容，促进知识建构的跨学科设计应贯穿于学习过程的始终。跨学科知识建构中的知识涉及公共知识、情境知识和学科知识等多个方面。实现跨学科知识建构，需要打破僵硬的单一学科知识建构和边界划定，同时要避免“大杂烩”式的跨学科拼盘，应依据学科的基本特性和基本规律等形成具有内在联系的教学框架，从单一学科大概念群演化至跨学科知识概念群。即学习者应构建对复杂学科问题的团队讨论与协商机制，而非依赖于对单一学科问题的自主建构。

例如，在跨学科研究中，可使用概念群将相关的公共知识、情境知识和学科知识进行分类。通过概念群的方式，学习者可以更容易地辨别不同概念之间的联系和差异，建立知识网络，进而促进综合思考和跨学科整合，实现从单一学科知识建构到跨学科知识建构的转变。

（二）从单向传递到多元反馈

传统的“教师讲解—学生接受”的知识单向传递过程，容易导致学习者对新知识的重复建构，不利于良性认知冲突的产生和学习效率的提升。在学科交叉融合的大背景下，要充分发挥跨学科知识建构的整体性价值，需要构建信息的多元反馈与有机调控机制，包括学习者之间的人际多元互动和学科间的知识多元融合。一方面，无论是相同学科之间的师生或生生交互，还是不同学科之间的对话交流，都可以弥补学生自主建构知识的不足。有研究表明，教师及社会力量的参与会进一步促进学习共同体的知识建构，教师通过适时引导能够促进学生认知层次及学习成效的提高。另一方面，不仅要为学习者提供表达自我想法的单向传输机会，还要通过跨学科团队的多向互动，充分保证多种学科间信息的开放融合与共享，促进学习者基于分析、比较、归纳和整合的高层次认知。同时，随着智能教育人机双向反馈体系的构建，在遵循“以学习者为中心”基本原则的基础上，应发挥智能教育平台优势，展现技术平台与表现方式的多元化。如依托人工智能的自适应技术以及借助学习分析和自然语言理解等方法，动态更新学习模型，精准刻画学习者画像，进而提供个性化学习路径等反馈信息，帮助学习者及时了解个人和集体的学习情况，并及时开展反思。

（三）从认知接收到认知循环

跨学科知识建构是一个动态的、交互式的过程，通过不断接收知识和再思考，在多元反馈和调整中不断深化学习者的认知和理解。与传统知识建构相比，跨学科知识建构更强调学习者开展多学科协作，即学习者在自主学习和组内学习的基础上完成认知接收，并在此基础上进行组间分享和讨论，通过成员间的多次协商实现认知发展，促进知识的多元分享和传递，强化知识的多轮循环。

因此，要在跨学科知识建构中实现从认知接收到认知循环，应注重学习者间的跨学科讨论和合作以及反思与调整。对话在知识建构中具有重要作用，通常具有创造性的功能。探索性对话、解释性对话和协作辩论等不同对话途径均有助于调节认知，进而改进观点。跨学科知识建构鼓励学习者首先进行个体知识理解，然后通过公开发表观点和疑惑进行跨学科讨论和合作，在小组或团队中共同探讨问题，并分享来自不同学科的视角和知识。这种交流和合作可以促进学习者之间的知识互动和认知协商，从而推动知识建构。基于协商结果，学习者需要经常反思所学知识和概念，并将其应用到具体情境中。此外，跨学科知识建构要给予学习者充分的自主性和灵活性，让他们能够不断调整和改进认知模式与学习策略。这种反思和调整的过程可以促进从认知接收到认知循环的转变。

（四）从个体学习到多元共同体参与

跨学科知识建构具备以学习者为中心的显著特征，强调形成学习共同体、发展集体知识。个体知识通过达成原则性共识发展成集体知识，学习共同体在促进集体知识增长的同时也有助于支持个体知识的增长。因此跨学科知识建构不应仅专注于单一个体发展，还应考虑知识建构的社会性特点。

学习共同体的构成主要是全体学习者和授课教师，而双师课堂等“互联网+”教学模式的出现，也为学习共同体赋予了新的内涵。在课堂学习之外，除了学习者和教师这两个基础构成，学习共同体还可能包含学科专家、家长、管理者等社会成员，他们可为团队提供较为成熟的经验性知识。例如，在基于江阴长泾老街的跨学科研学旅行活动中，除了学习者和地理等任课教师之外，还有长泾镇旅游资源办公室的主任和当地的居民爷爷参与其中——主任在长泾老街的发展历史和弄堂的发展现状等方面给予学生丰富的指导；居民爷爷则为学习者讲述弄堂名称的由来和历史变迁，并带领学习者实地体验。

随着跨学科活动的展开，任何人都可能以特定角色与其他成员交流，交往的普遍性和无限性有助于每个个体广泛参与到社会活动中，从而形成具备共同目标和共同倾向的共同体，以及推动成熟的知识建构和知识创造组织的形成。此种多元主体协同育人形式也是政策号召的体现，“双减”政策倡导家校社协同育人共同体建设，旨在实现全员、全程、全方位育人。

五、研究展望

跨学科知识建构环境的生成有利于学习者参与持续的对话与反思，进而帮助学习者在掌握跨学科基本知识和技能的过程中开展创造性学习。同时，以学习者为中心的跨学科知识建构过程，仍需要教育工作者提供多方面的策略引导并开发相关技术工具作为支持，以促进学习者主动建构知识和生成创新能力。

（一）完善引领知识创造的跨学科知识建构模型

传统的知识接收已无法满足当今世界的创新需求，实现从知识转移到知识创造的转变才是推动可持续发展和深度学习的保障。在跨学科知识建构中，跨学科团队通过不断扩大知识边界和组织边界，可以生成更为丰富全面的知识体系和善于协作、勇于创新的学习文化，这将有利于创造新知识以解决复杂的实际问题。

作为学习科学领域的核心问题之一，知识建构强调学习者在问题解决过程中共同承担集体认知责任，以建构和改进知识，为实施知识创造提供条件保障。制造认知冲突是从知识建构向知识创造转化的前提条件，通过激发问题，引领参与者讨论、反思，开展知识建构活动，为进一步的知识创造奠定基础。然而，“如何引领”以及“何时引领”认知冲突仍是目前需要思考的问题。同时，知识创造往往与深度学习紧密相连，深度学习追求知识创生和真实问题解决，注重学习者的高度投入，以高阶思维为主要认知过程内化知识，并在共同体协作互动的基础上促进人工认知制品的开发和创造。

因此，在未来的研究中，研究者可以基于实证研究数据，记录跨学科知识建构过程中共同体的知识发展水平和发展状态，基于此，分析如何引领深层次知识建构和知识创造，深入探究跨学科知识建构发生的内在机制和学习迁移效果，不断完善“学习者—教师—专家—社会人士”多元混合主体跨学科知识建构模型，以满足社会的教育需求。

（二）探索智能技术赋能的跨学科知识建构环境

在技术快速发展和时代变革下，人工智能赋能的教育数字化转型成为必由之路。新技术与新方法的有效应用可以促进跨学科知识领域的协作和整合，为构建跨学科知识建构的良好生态环境提供更多可能。

传统的“知识论坛”技术在知识建构中被广泛使用，通过在线发表观点，引用和评论共同体其他成员的观点进行想法的升华，可使内隐的知识过程变得公开透明，共同体思想得以发展。相较于传统单一学科的知识建构，跨学科知识建构涉及的内容更为复杂，因此，借助学习分析技术进行观点的整理和升华显得十分必要。例如，可以利用各类数字平台和工具促进各种形式的数据、观点和专业知识的共享和整合。机器学习等人工智能技术可以帮助识别不同学科领域之间的知识模式和关系，并提供对复杂现象的洞见，而这一点通过传统的学科方法难以获得。此外，为进一步优化跨学科知识建构环节，促进学习者的深层次知识建构，需要分析已有的跨学科知识建构数据。如通过编码课堂言语互动，将课堂交互形式灵活展现，为优化师生互动、生生互动以及知识建构课堂效果提供数据支撑。

同时，由于跨学科知识的复杂性，如果学习者在跨学科知识建构中缺乏指导，可能会出现自我调节能力低下的问题。基于大数据技术挖掘学习者的学习行为特征，构建学习者的“认知—行为”网络，将知识建构过程可视化呈现，有助于深入分析跨学科知识建构中的交互行为。而通过技术增强的智能代理平台，学习者可以获得高度学习自主权，这有助于监督预习和反思学习过程，培养自我调节能力，促进基于自主学习和深度学习的认知发展。

（三）建立发展导向的跨学科知识建构评价机制

智慧驱动下的教育数字化变革，需要设计从知识本位向能力本位转变的教学评价机制。因此，建立发展导向的跨学科知识建构评价机制，成为实现以评促学、以评促教、以评促管的理性诉求。而对跨学科知识建构的各项成果进行科学评价是保障其持续发展的关键。一般而言，知识建构过程中产生的认知制品等跨学科研究成果，具有应用性、灵活性、协作性、开放性等显著特点，在建立跨学科知识建构成果评价机制时必须相应地考虑这些特点。

跨学科知识建构不仅需要整合不同的学科，还需要整合多样化的视角、价值观和知识形式。这意味着跨学科团队不仅应包括来自不同学科的专家，还应包括来自不同背景和社区的利益相关者。因此，在评价主体层面，除设计自我评价、同伴互评、教师评价等多元评价主体外，还要充分考虑需要评估的跨学科知识建构成果所涉及的学科领域，广泛采纳多学科专家建议，并将其学科专业知识、跨学科研究评估经验、社会属性、创新精神和创造能力等都纳入考虑范围。在评价指标层面，要从我国学习者跨学科学习质量现状与特点出发，从学习者的学习动机、学习投入、学习策略与学习结果等维度收集评价信息，不断凝练和修订评价指标。在评价标准层面，要能体现学习者在跨学科问题情境下对相应问题的知识建构程度，当不同学科的质量标准发生冲突时，重点对其应用性贡献进行合理评估。在评价结果方面，对结果等级的评价要与国际跨学科评价标准紧密结合，积极打造跨学科知识建构评价样式，不断推动教育工作者和科技企业等形成合力，以发展学习者高阶思维作为评价的最终目的。

乐韵交融 共绽芳华

——素养导向下初中音乐融合式教学初探

随着时代的发展，社会对人才的需求日益多元化，不再局限于单一学科的知识掌握。教育改革也在不断强调培养学生的综合素质和创新能力，以适应未来社会的挑战。中学音乐与其他学科的融合正是在这样的背景下应运而生。

音乐，作为一种跨越语言和文化的艺术形式，具有独特的魅力和影响力。它不仅能够陶冶学生的情操、提升审美素养，还能激发学生的创造力和想象力。当音乐与其他学科融合时，能够打破学科之间的壁垒，让学生在不同学科的知识海洋中穿梭，建立起更加全面、系统的知识体系。这种融合不仅丰富了学生的学习体验，还培养了他们的综合思维能力和跨学科解决问题的能力，为学生的未来发展奠定坚实的基础。

《义务教育艺术课程标准（2022年版）》的颁布实施，为音乐教育教学培养中学生核心素养和关键能力指明了方向。素养导向下的初中音乐教学不再局限于单纯的音乐技能传授，而是更加注重学生综合音乐素养的提升，包括音乐感知、审美、表现、创造能力以及文化联系和理解等多个方面。融合式教学作为一种创新的教学理念与方法，为初中音乐教学的发展开辟了新的路径，通过整合不同学科、文化、技术等资源，构建更加丰富多元的音乐教学环境，激发学生的学习兴趣与潜能，促进其全面发展。

一、素养导向下初中音乐融合式教学的内涵

素养导向下的初中音乐融合式教学是指将音乐与其他学科（如美术、语文、历史、地理等）、生活实际、多元文化以及现代教育技术等有机结合，打破学科界限，以音乐为核心，构建多维度的教学体系。在教学过程中，注重知识的关联性与综合性，引导学生在不同领域的学习与体验中深入理解音乐，提升音乐素养，并促进其跨学科思维与综合能力的发展。

其内涵主要体现在以下五个方面。

（一）以素养为核心目标

融合式教学模式不再局限于简单的音乐知识传授和技能训练，而是着重培养学生的综合音乐素养。包括音乐感知能力，如敏锐地辨别音高、节奏、音色等基本要素；音乐审美能力，使学生能够鉴赏不同风格音乐的美；音乐表现能力，如自信地演唱、演奏等；音乐创造能力，如创作简单的旋律、歌词等；对音乐文化的理解能力，理解音乐背后蕴含的文化意义。

（二）学科融合

知识融合：将音乐与其他学科有机结合。例如，音乐和语文学科进行融合时，可以通过在音乐赏析中设计歌词创作环节，引导学生运用语文的文学知识来雕琢歌词，同时通过音乐感受文字的节奏美感；又如与美术融合时，可以设计根据绘画作品的色彩、构图等特点联想音乐的情绪和节奏，或者以音乐为灵感进行绘画创作，打通视觉艺术和听觉艺术之间的壁垒。

思维融合：通过融合式教学，促进学生运用跨学科思维。如在音乐与历史融合教学中，可以引导学生以历史的视角分析音乐作品产生的背景、风格演变的原因，也可以尝试用音乐思维去理解历史事件和文化氛围对音乐的塑造，培养学生从多维度思考问题的能力。

（三）多元文化融合

将不同国家、民族、地域的音乐文化融入教学。一方面，让学生欣赏世界各地丰富多彩的音乐，如感受非洲音乐强烈的节奏感、欧洲古典音乐严谨的结构等；另一方面，引导学生理解音乐文化与当地风俗习惯、宗教信仰、社会生活等方面的紧密联系，培养学生对多元文化的尊重和理解，提升学生的文化包容意识。

（四）与生活实际相融合

强调音乐在生活中的应用和体现。引导学生关注生活中的音乐场景，如各种场景的背景音乐、电影配乐等，分析这些音乐在营造氛围、表达情感等方面的作用。同时，鼓励学生把自己的生活体验融入音乐创作，让音乐成为表达生活情感的方式，拉近学生与音乐的距离，提高学生学习音乐的兴趣和积极性。

（五）结合现代教育技术

利用多媒体资源丰富教学内容和形式。例如，通过音频、视频展示音乐作品，让学生更直观地感受音乐表演的现场氛围、乐器的演奏细节等；利用虚拟乐器软件让学生尝试乐器演奏以拓展学习渠道；还可以借助在线学习平台和互动社区，为学生提供自主学习、交流合作的空间，使音乐学习更加灵活、高效。

二、素养导向下初中音乐融合式教学的意义

素养导向下的初中音乐融合式教学具有多方面的重要意义，主要表现为：融合式教学可以有效提升音乐学习兴趣与课堂参与度，培养学生的音乐感知、审美判断、艺术表现与创造能力。学科融合教学过程中的音乐创作活动则能锻炼学生的音乐创造力与综合表达能力，使学生深入理解音乐背后的文化内涵，提升文化素养，进而帮助学生形成系统性思维、创新能力与团队协作精神，助力其更好地适应未来社会发展需求。

（一）激发学生学习兴趣

提升学习兴趣与主动性。融合式教学将音乐与学生熟悉、感兴趣的其他领域相结合，如影视音乐、流行文化等。以影视配乐为例，当学生发现音乐能够极大地增强电影的感染力和情感共鸣时，就会对音乐在影视中的作用产生好奇，从而主动去探索音乐知识，如不同类型的音乐如何营造不同的电影氛围。这种跨领域的联系使音乐学习不再枯燥，大大提高了学生的学习兴趣和主动参与度。

提升音乐素养与审美能力。通过音乐与美术等学科的融合，学生能够在视听联觉训练中强化音乐感知能力。例如，在将绘画作品与音乐匹配的活动中，学生需要敏锐地捕捉绘画作品中的色彩、线条等视觉元素所对应的音乐情绪和

节奏，从而更加细腻地感知音乐。同时，多元文化的融合让学生接触到风格迥异的音乐，从而拓宽审美视野，提升对不同音乐文化之美的鉴赏能力。

表现与创造能力增强。音乐与语文的融合为学生提供了更多表现和创造的机会。例如在歌词创作中，学生运用语文的文字表达技巧，将自己的情感和想法融入歌词，再结合音乐知识进行旋律创作，能够有效锻炼音乐表现力与创造力。而且，融合式教学中的跨学科创作活动（如结合历史主题进行音乐创作），要求学生综合运用多种知识和技能，进一步激发创造力。

（二）提高音乐学习能力

融合式教学可以培养学生跨学科思维能力。学生需要不断在不同学科知识体系之间切换思维。例如，在创作一首带有文化主题的音乐作品时，学生要从历史角度挖掘主题文化内涵，从语文角度构思歌词，还要结合美术知识设计表演场景。这种跨学科的思考方式有助于打破学科界限，培养学生系统性、综合性的思维习惯，使他们能够从多个角度看待问题，提高解决复杂问题的能力。

增强合作与交流能力。融合式教学中的许多活动，如跨文化音乐交流、多学科联合创作等，都需要学生相互合作。在跨文化音乐交流活动中，学生要与不同文化背景的伙伴分享音乐作品、交流创作思路，学会尊重和理解他人的观点。在多学科联合创作中，学生要与具有不同学科特长的同学分工协作，发挥各自的优势，共同完成一个融合多学科元素的音乐项目。通过这些活动，学生的合作与交流能力能够得到有效锻炼。

（三）更新音乐教育理念

素养导向下的音乐融合式教学是素质教育理念在音乐学科中的具体体现。它强调培养学生的综合素养，不仅关注音乐技能，还涉及文化、思维、合作等多个方面，与素质教育所倡导的全面发展目标相契合。这种教学模式为素质教育在音乐教学领域的深入开展提供了有效的实践路径，有助于推动整个教育理念的更新和进步。

（四）拓展音乐教学模式

丰富教学模式与方法。传统音乐教学模式相对单一，而融合式教学引入了跨学科、跨文化、现代技术等多种元素，极大丰富了教学内容和教学方法。教师可以采用多样化的教学手段，如利用多媒体进行音乐作品展示、通过线上平台开展互动学习等。这些新的教学模式和方法能够更好地适应学生的学习特点和需求，为音乐教学注入新的活力。

三、初中音乐融合式教学的实施策略

（一）音乐与多学科融合

1. 音乐与语文的融合式教学

（1）主题创作。如将人民音乐出版社 2024 年版教材《艺术 · 音乐》七年级上册第四单元中维瓦尔第的《春》的单元主题与语文教学中朱自清的《春》的课文内容进行融合，布置歌词创作任务。学生在聆听《春》的音乐、体味《春》的文字后，教师引导学生以自然为主题创作《春》的歌词，可以从《春》这篇课文中获取创作灵感，在歌词编创中运用课文里的优美词语、修辞手法以及所学到的情感表达技巧，可能会出现“春风轻拂，唤醒沉睡的花朵，像母亲温柔的抚摸”这样富有诗意且融入了课文元素的句子，这既加深了学生对语文知识的理解与运用，又锻炼了他们在音乐创作中的歌词写作能力。

又如，可以选取经典古诗词，让学生先深入理解诗词的内涵、意境、情感和韵律，然后鼓励学生为其谱曲。在谱曲过程中，学生需要根据诗词的平仄、押韵、节奏等特点来确定音乐的旋律走向、节拍和节奏型。例如为《木兰诗》谱曲，学生要考虑如何用音乐体现木兰替父从军的豪迈气概以及对家乡的思念之情，通过这种方式将语文中的诗词文化与音乐创作完美融合，提升学生对古典文化的理解与音乐素养。

（2）配乐朗诵与情感共鸣。风格匹配：在语文朗诵教学中，根据不同的文学体裁和情感基调选择合适的音乐。对于古诗词朗诵，若是表达思乡之情的（如《静夜思》），可选择二胡曲《二泉映月》，其悠扬婉转、略带忧伤的旋律能够很好地烘托出诗中的思念之情；若是豪迈奔放的古诗词（如《将进酒》），则可以搭配气势磅礴的古筝曲《十面埋伏》，借助音乐的力量增强朗诵的感染力，帮助学生更深刻地体会文学作品中的情感内涵，同时也让学生感受到音乐对情感表达的辅助作用。

自主配乐：教师提供给学生多篇不同风格的课文或诗歌，让学生自主选择音乐进行配乐朗诵。在这个过程中，学生需要深入分析文学作品的情感脉络、情节发展等，然后在自己的音乐素材库中挑选与之匹配的音乐。比如对于一篇描写青春奋斗的散文，学生可能会从众多音乐中挑选出节奏明快、充满活力的现代流行音乐，在不断尝试和调整的过程中，培养学生对文学作品和音乐作品的理解能力以及两者融合的审美能力。

（3）文学作品赏析与音乐感悟。人物形象音乐塑造：在小说或戏剧作品的教学中，引导学生根据作品中的人物形象特点创作音乐主题。以《骆驼祥子》为例，对于祥子前期勤劳、怀揣梦想的形象，学生可以创作一段旋律较为明亮、节奏轻快的音乐主题；而对于祥子后期堕落、绝望的形象，则创作一段低沉、缓慢且带有压抑感的音乐主题。通过这种方式，学生从音乐角度深入剖析文学作品中的人物形象，将抽象的人物性格特征用音乐的形式具象化，提高学生对文学作品的理解深度和在音乐创作中对人物的塑造能力。

情节发展音乐解读：针对语文文学作品中的情节发展，让学生用音乐来进行解读和呈现。例如在学习《西游记》中的某个精彩情节（如“三打白骨精”）时，学生可以根据情节的开端（白骨精的出现）创作一段神秘、诡异的音乐前奏；随着孙悟空与白骨精的斗争展开，音乐节奏逐渐加快，旋律变得紧张激烈；到最后真相大白，音乐又趋于平缓，带有一种释然的感觉。这样的融合教学让学生在音乐创作中体会文学作品情节的跌宕起伏，同时也在对文学作品的分析中提升音乐的叙事性表达能力。

通过音乐与语文融合教学，将文学作品中的意境与情感通过音乐语言表达出来，提升学生的文学与音乐审美能力。

2. 音乐与美术的融合式教学

（1）视听联觉激发创意。色彩与旋律对应：在教学中，先向学生展示不同色彩的画作，如凡·高的《向日葵》，通过鲜明热烈的黄色引导学生感受其所传达的活力、温暖与希望等情感特质，然后让学生创作一段与之相匹配的音乐旋律，可以是节奏明快、音符跳跃且多采用高音区明亮音色的旋律，来体现黄色的欢快与活力。同理，对于蓝色调，如《星月夜》中深邃的蓝色，学生创作的音乐可能是节奏舒缓、旋律悠扬且带有一丝神秘感的，多运用弦乐器的揉弦技巧来营造宁静而深邃的氛围，通过这种色彩与旋律的对应，激发学生的联觉思维与创意。

线条与节奏关联：展示美术作品中的不同线条特征，如蒙德里安的“红黄蓝构图系列”中简洁的直线条。让学生体会直线条所带来的简洁、稳定、有序的感觉，并将其转化为音乐节奏，可能是均匀、规整且节拍明显的节奏型，如四二拍的节奏，以稳定的鼓点来模拟直线条的特性。而对于曲线条丰富的画作（如波洛克的抽象画），学生感受其中曲线的灵动、流畅与多变，创作的音乐节奏则可能富有弹性、节奏时长变化丰富且多采用连音线连接音符，体现曲线的柔美与灵动，从而建立起线条与节奏之间的联系，培养学生在跨学科融合中的感知与转换能力。

（2）主题创作促进融合。艺术作品改编：选取经典的美术作品或音乐作品，要求学生进行跨媒介改编。例如，以贝多芬的《月光奏鸣曲》为蓝本，让学生创作一幅绘画作品来表现音乐情感与意境。学生在聆听音乐时，要捕捉音乐中的和声变化、旋律起伏、节奏快慢等要素，将其转化为画面中的色彩明暗、线条疏密、构图布局等元素，可以用冷色调的蓝色和黑色来表现音乐中深沉、幽静的部分，用柔和的曲线来描绘旋律的婉转，通过画面的整体布局营造出音乐所传达的宁静夜晚的氛围。反之，也可以选择一幅如达·芬奇的《蒙娜丽莎》这样的绘画作品，让学生创作一段音乐来诠释画作中的神秘微笑、人物神态与背景环境，用音乐的旋律、节奏、音色等元素展现出画作的魅力与内涵，促进学生对音乐与美术两种艺术形式在主题表达上的深度融合。

文化主题创作：确定一个文化主题，如“中国传统文化中的园林艺术”。让学生先深入研究园林艺术的特点，包括其建筑布局、景观设计、植物搭配等方面所蕴含的文化内涵与美学价值，然后让学生分别从音乐和美术两个角度进行创作。在美术创作方面，绘制出具有园林特色的画作，展现园林的亭台楼阁、曲径通幽、四季景致等；在音乐创作方面，创作一首能够体现园林宁静、雅致、富有诗意氛围的乐曲，可能会运用中国传统乐器（如古筝、笛子等），采用五声音阶，以舒缓的节奏、清新的旋律来传达园林文化的独特韵味。通过这种文化主题下的音乐与美术创作，提升学生对多元文化的理解与跨学科综合创作能力。

（3）作品赏析培养审美。同步赏析引导感知：选取一些同时代或具有相似风格的音乐与美术作品进行同步赏析。如在欣赏巴洛克时期的音乐作品时，同时展示巴洛克风格的建筑与绘画作品，如巴赫的音乐与贝尔尼尼的雕塑、建筑作品。在赏析过程中，教师引导学生关注音乐中的复调结构、华丽装饰音与美术作品中的复杂装饰、对称构图之间的内在联系，让学生感受巴洛克时期艺术追求宏大、华丽、严谨和秩序的共同特征。通过视觉与听觉的双重刺激，培养学生对特定历史时期艺术风格的整体审美感知能力，使学生能够更深入地理解音乐与美术在审美层面的相通之处。

对比赏析拓展视野：选择风格差异较大的音乐与美术作品进行对比赏析，如现代派音乐与古典主义绘画作品。以斯特拉文斯基的《春之祭》与安格尔的《泉》为例，在赏析过程中，教师引导学生分析《春之祭》中强烈的节奏冲突、不和谐音程以及创新的音乐结构，与《泉》中和谐优美的人体造型、经典的构图法则之间的巨大反差，让学生思考不同艺术流派在创作理念、表现手法、审美追求等方面的差异与独特性，拓宽学生的艺术审美视野，培养学生在跨学科融合中对多元审美风格的包容与理解能力，使学生能够更加全面地认识音乐与美术艺术世界的丰富性与多样性。

视听联觉训练：展示著名绘画作品，让学生根据画面的色彩、线条、构图等元素创作与之相匹配的音乐。例如，面对凡・高的《星月夜》，学生可通过运用弦乐的悠扬、铜管乐的激昂以及特殊音效来表现画面中星空的深邃、村庄的宁静与躁动的情绪对比。反之，播放音乐作品，让学生用绘画描绘出音乐所传达的画面与情感，培养学生的通感能力与艺术想象力。

3. 音乐与历史的融合式教学

（1）以史串乐，构建音乐发展脉络。按不同历史时期（如古代、近代、现代等），分别阐述每个时期的政治、经济、文化背景对音乐风格的影响。例如在古代的欧洲，古希腊的民主政治和繁荣的文化催生了以合唱、抒情诗为特色的音乐形式，其多围绕神话故事、体育竞技等主题，旋律简洁且具有强烈的节奏感，与当时的城邦生活紧密相连。而中世纪，在基督教神权统治下，音乐主要为宗教服务，格里高利圣咏以其单声部、无伴奏的特点，传达出庄严肃穆的宗教情感，体现了当时人们对上帝的崇敬与信仰。到了近代，随着启蒙运动的兴起、资产阶级的壮大，音乐风格逐渐多样化。如巴洛克时期华丽的装饰音、复杂的复调音乐，反映了当时宫廷文化的繁荣与贵族阶层对艺术的追求；古典主义时期则更强调音乐的简洁、对称与平衡，莫扎特、海顿的作品体现了当时新兴资产阶级追求理性、秩序的审美观念。通过这样的对应讲解，学生能够清晰地了解音乐风格随历史变迁而演变的过程。

（2）借乐释史，深化历史文化理解。音乐元素剖析反映社会风貌：选取不同历史时期具有代表性的音乐作品，从旋律、节奏、歌词、乐器使用等方面进行剖析，以解读当时的社会风貌。以唐代音乐为例，从《霓裳羽衣曲》的华丽旋律、复杂节奏以及丰富的乐器配置（如琵琶、箜篌等）中，可以看出唐代盛世时期繁荣的经济、开放的文化、多元的民族融合以及宫廷生活的奢华与精致。而在民间音乐《茉莉花》中，其清新质朴的旋律、简单易懂的歌词，反映了当时普通百姓的生活情趣、审美观念以及民间文化的传承与发展。通过对音乐元素的深入分析，学生仿佛穿越时空，亲身感受不同历史时期的社会氛围与人们的生活状态。

音乐表演形式探究可以透视文化交流，研究不同地区音乐表演形式的特点及其背后的文化交流现象。如在探讨丝绸之路文化交流时，对比中国传统音乐与中亚、西亚音乐在表演形式上的差异与融合。中国传统音乐注重旋律的优美与意境的营造，中亚、西亚音乐则以独特的节奏型（如切分节奏）和乐器（如胡琴类乐器）为特色。随着丝绸之路的贸易往来与文化传播，双方音乐相互影响，在中国传统音乐中出现了新的乐器和节奏元素，中亚、西亚音乐也融入了中国传统音乐的旋律美感。通过对音乐表演形式的探究，让学生深刻理解历史上文化交流对音乐发展的重要推动作用，以及音乐在文化传播过程中的桥梁作用。

（3）史乐共创，培养综合素养能力。历史主题音乐创作活动：给定一个历史主题，如“古代文明的兴衰”，让学生分组进行音乐创作。学生首先需要深入研究与该历史主题相关的资料，包括政治、经济、文化、宗教等内容，确定音乐创作的情感基调、风格特点以及表现手法。例如，对于表现古代文明兴盛的部分，可以采用宏大、激昂的旋律，丰富的和声以及多种乐器的合奏来营造繁荣昌盛的氛围；而对于文明衰落的部分，则运用缓慢、低沉的旋律，简单的节奏和较少的乐器来传达衰败、落寞的情感。在创作过程中，学生不仅要运用音乐知识和技能，还要充分发挥历史想象力和创造力，将历史理解融入音乐创作中，从而培养综合素养和创新能力。

历史剧配乐与表演实践：尝试组织学生编排历史剧，并进行配乐与表演实践。学生根据历史剧的情节发展、人物性格、时代背景等，自主创作或选择合适的音乐进行配乐。在这个过程中，学生需要考虑音乐如何与剧情相衔接、如何烘托人物情感、如何增强表演的感染力和历史真实感。例如在编创小型戏剧

《哈姆雷特》时，为不同的场景选择或创作风格迥异的音乐，使音乐成为历史剧不可或缺的部分。通过这种实践活动，学生在音乐创作、表演能力提升的同时，也进一步加深了对历史文化的理解与感悟，提高了团队协作和综合运用知识的能力。

历史主题音乐创作：以某一历史事件或时期为主题，让学生创作音乐作品。学生需深入研究历史资料，挖掘主题内涵，确定音乐风格、节奏、旋律等元素，通过音乐创作表达对历史的理解与感悟，培养历史思维与音乐创作能力。

4. 音乐与体育的融合式教学

节奏韵律融合：音乐节奏引导体育动作节奏。在体育教学中，选择节奏感强烈且清晰的音乐（如进行曲风格的音乐），其稳定的节拍可以引导学生进行规律的跑步训练。教师可以根据音乐的节奏设计不同的跑步速度和步伐变化，例如，在快节奏的乐段进行快速冲刺跑，在慢节奏的部分进行慢跑并调整呼吸。对于跳绳项目，可采用节奏明快的“嘻哈”音乐，学生依据音乐的节奏来控制跳绳的速度和频率，使跳绳动作更具协调性和节奏感。

体育动作创编音乐节奏：让学生先进行简单的体育动作组合创编，如一套武术动作或健身操动作，然后，引导学生根据自己创编的体育动作特点来创作与之匹配的音乐节奏，可以利用打击乐器（如木鱼、响板、军鼓等）。学生通过敲击不同的乐器来模拟体育动作的力度、速度和停顿，进而形成独特的音乐节奏谱，加深对节奏的理解与掌控，同时提升创造力。

情感氛围融合：音乐营造体育教学氛围。在体育课堂的准备部分，播放轻松愉悦的音乐，如古典钢琴曲或自然音效（如鸟鸣声、流水声等）与舒缓音乐的混合音，帮助学生放松身心，缓解紧张情绪，更好地进入运动状态。在进行具有挑战性的体育项目教学时（如跳高、跳远），播放激昂振奋的音乐，如贝多芬的《命运交响曲》片段，激发学生的斗志和勇气，克服内心的恐惧。而在体育课堂的放松环节，则采用宁静柔和的音乐（如瑜伽音乐或冥想音乐），促进学生身体和心理的放松与恢复。

体育活动激发音乐情感表达：组织学生参与团队体育竞赛（如篮球比赛、足球比赛等），比赛结束后，让学生根据在比赛过程中的情感体验来创作音乐。比如，获胜方的学生可能会创作出欢快、自豪的音乐旋律，用明亮的音符和活泼的节奏来表达胜利的喜悦；失利方的学生可能会创作出较为深沉、带有反思性的音乐，通过缓慢的节奏和低沉的音调来抒发内心的失落与对未来的期望，从而提升学生对音乐情感表达的感悟与创作能力。

技能训练融合：音乐辅助体育技能记忆与协调。在教授复杂的体育技能动作时（如体操动作或舞蹈动作），将动作分解，并为每个分解动作搭配特定的音乐片段或音效。例如，在教授一个舞蹈旋转动作时，配合一段旋转的风声音效，当学生听到这个音效时，就能够联想到相应的动作，有助于记忆动作顺序和要点。同时，音乐的连贯性也有助于学生将各个分解动作连贯起来，提升动作的协调性和流畅性。

体育训练提升音乐表演表现力：对于有音乐表演特长（如乐器演奏或歌唱表演）的学生，安排他们在体育训练的场景中进行表演练习。例如，在操场的观众席上进行乐器演奏，面对空旷的场地和可能存在的外界干扰（如风声、其他同学运动的声响等），锻炼学生的专注力和适应能力，使他们在不同的环境下都能够稳定地发挥音乐表演技能。在体育训练中培养的自信、坚韧等品质也会迁移到音乐表演中，让学生在舞台上更加从容自信地展现音乐表现力。

（二）音乐与生活、文化相融合

1. 音乐与生活相融合

（1）生活场景音乐化。引导学生关注日常环境中的音乐，如商场、餐厅、公园等场所的背景音乐。组织学生进行实地考察或音频收集，然后在课堂上讨论这些音乐的风格、节奏、音量等特点对人们的情绪和行为产生的影响。例如，商场快节奏、活力感十足的音乐可能会刺激消费者的购物欲望，而餐厅舒缓、优雅的音乐旨在营造放松的用餐氛围。通过分析，让学生理解音乐在生活场景中的功能性应用，提升他们对音乐与生活关系的感知。

开展“生活音乐日记”活动，要求学生记录一周内自己在不同生活场景中听到的音乐，并写下自己的感受和理解。例如，在记录观看体育赛事时听到的激昂的加油助威音乐时，分析其如何激发运动员和观众的热情，增强比赛的紧张感和观赏性。这有助于培养学生主动观察生活中音乐元素的习惯，提高他们的音乐感悟能力和文字表达能力。

（2）生活经历融入音乐创作。鼓励学生将个人的生活经历、情感体验转化为音乐创作素材。例如，在共同经历了一次难忘的校园活动后，引导学生回忆活动中的细节、感受，然后创作一首歌曲或一段音乐来表达当时的心情。教师可以提供一些简单的音乐创作技巧指导（如旋律的构建、节奏的选择等），帮助学生将抽象的情感具象化为音乐语言，培养学生的音乐创造力和情感表达能力。

组织班级内的生活音乐分享会，学生依次展示自己创作的基于生活经历的音乐作品，并分享创作背后的故事。这不仅能增强学生的自信心和表达能力，还能促进学生之间的情感交流和音乐创作灵感的碰撞，营造积极活跃的音乐学习氛围。

2. 音乐与文化相融合

（1）本土音乐文化传承。深入挖掘本土音乐文化资源（如地方戏曲、民间歌谣等），邀请当地的民间艺人或音乐专家走进课堂，进行现场表演、讲解和教学。例如，在通州地区，可以邀请区文化馆工作人员介绍运河船夫号子的旋律、节奏、歌词、表现形式，讲解运河文化渊源、文化内涵以及在当地人们生活中的地位和作用，让学生亲身感受本土音乐文化的魅力，激发他们对家乡文化的热爱和传承意识。

组织学生参与本土音乐文化的调研活动，如走访当地的文化馆、音乐世家，收集、整理本土音乐的曲谱、歌词、故事等资料，并将其制作成音乐文化手册或电子资料集。在这个过程中，学生不仅能深入了解本土音乐文化的丰富性和多样性，还能锻炼他们的信息收集、整理和团队协作能力，增强对本土文化的认同感和归属感。

（2）多元音乐文化赏析。设计多元音乐文化赏析课程，系统介绍世界不同地区、不同民族的音乐文化。例如，在非洲音乐赏析中，展示非洲鼓乐强烈的节奏感、复杂的节奏型以及其在部落仪式、社交活动中的重要性；在印度音乐赏析中，讲解印度音乐独特的拉格体系、丰富的装饰音和与宗教文化紧密相连的特点。通过聆听音频、观看视频、讨论等多种方式，拓宽学生的音乐文化视野，培养他们对多元文化的尊重和理解。

开展多元音乐文化比较活动，选取不同文化中具有代表性的音乐作品（如中国古典音乐与西方古典音乐），从音乐的音阶、调式、旋律走向、节奏特点、乐器使用等方面进行对比分析。让学生发现不同音乐文化之间的差异与共性，深入理解音乐文化的多样性与独特性，提高学生的音乐审美能力和文化鉴别能力。

总之，素养导向下的初中音乐融合式教学的实施策略是多元且富有创新性的。通过跨学科、跨领域、跨文化以及与现代教育技术的有机融合，为学生开辟了更为广阔的音乐学习天地。在这个过程中，学生不仅能深化对音乐本体知识与技能的掌握，更能在与语文、美术、历史等学科的交融里，在与生活、多元文化的碰撞中，以及在现代教育技术的助力下，全面提升音乐感知、审美鉴赏、创意表达以及文化理解等核心素养。这一系列策略有助于打破传统音乐教学的局限，激发学生学习音乐的兴趣与热情，培养其综合运用知识解决问题的能力和创新思维品质，为学生的终身学习与全面发展奠定坚实基础，也为初中音乐教育在新时代的蓬勃发展注入强大动力，引领音乐教学迈向更具活力与内涵的新征程。

第三章　美育浸润背景下的音乐教学案例研究

美育，是贯穿学生个体成长全程、塑造灵魂、培育人文素养的核心力量。在众多美育途径里，音乐教育宛如灵动的诗篇，以其独有的旋律、节奏与和声，叩开人们感知美的大门，在学生心灵深处播撒美的种子。

回顾音乐教育的发展轨迹，传统教学模式虽在知识与技能传授上功不可没，却在美育的深度渗透上有所欠缺。往昔，音乐课堂常机械地背诵音符、反复雕琢演唱技巧，学生成了被动吸纳知识的容器，却鲜少真正触及音乐的灵魂，领会其蕴含的审美价值与文化底蕴。长此以往，音乐学习沦为枯燥的技艺操练，学生对音乐的热情被消磨，美育目标更是渐行渐远。

本章内容恰如一场及时雨后的嫩绿小草，散发着清新的幽香，吐露着朴实的芳华，为音乐教育带来了新的启示与希望。本章节立足《义务教育艺术课程标准（2022 年版）》，在美育浸润思想引领下，聚焦于美育与音乐教学深度融合的生动实践，通过大量鲜活且具有代表性的教学案例，精彩地呈现了美育浸润理念是如何在音乐课堂落地生根的。

本章节中的每个教学案例，都是教育者智慧与心血的结晶。他们以学生为中心，设计出丰富多彩的教学活动。在作品学习的各个环节中，学生不再是被动的听众，而是被引导着深入挖掘音乐背后的故事，从时代背景到作曲家的心路历程，全方位感知音乐传递的情感与文化内涵。在音乐创作实践中，学生的想象力与创造力被充分激发，他们用自己的方式诠释对美的理解，将内心的情感化为灵动的音符。

这些案例不仅是教学方法的展示，更是教育理念的革新。它们为音乐教师提供了可借鉴、可操作的教学范式，无论是课程导入的巧妙构思，还是教学过程的互动引导，乃至教学评价的多元考量，都能从中找到灵感与方法。无论是经验丰富的骨干教师，还是初登讲台的新手教师，都能从这些案例中汲取养分，提升自身教学水平，将美育切实融入音乐教学中。

由衷期望本章节中的教学案例能成为音乐教育领域的经典之作，引发广泛的讨论与实践，让美育浸润背景下的音乐教学模式惠及更多学生，让音乐课堂成为滋养心灵、培育审美能力的乐园。相信在这些教学案例的推动下，音乐教育将迎来新的篇章，为培养全面发展、富有审美素养的新时代人才贡献磅礴力量。

“歌声中成长的时代少年”教学设计

<table>
<tr><td colspan="6">教学基本信息</td></tr>
<tr><td>单元（或主题）名称</td><td colspan="5">歌声中成长的时代少年</td></tr>
<tr><td>学科</td><td>音乐</td><td>学段</td><td>初中</td><td>年级</td><td>七年级</td></tr>
<tr><td>其他相关领域或学科</td><td colspan="5">欣赏、表现、创造、联系</td></tr>
<tr><td>主要教材</td><td colspan="5">书名：义务教育教科书《音乐》七年级（上册）
出版社：人民音乐出版社（北京版） 出版日期：2015 年 1 月</td></tr>
<tr><td colspan="6">教学设计参与人员</td></tr>
<tr><td></td><td>姓名</td><td colspan="4">单位</td></tr>
<tr><td>负责人</td><td>侯文生</td><td colspan="4">北京市通州区第二中学</td></tr>
<tr><td rowspan="3">核心团队</td><td>胡楠</td><td colspan="4">北京市通州区第二中学</td></tr>
<tr><td>许婷</td><td colspan="4">北京市通州区玉桥中学</td></tr>
<tr><td>吴双</td><td colspan="4">北京市第五中学通州校区</td></tr>
<tr><td rowspan="2">指导教师</td><td>缪军</td><td colspan="4">北京市东城区教育科学研究院</td></tr>
<tr><td>黄侃夫</td><td colspan="4">北京市通州区教师研修中心</td></tr>
<tr><td colspan="6">单元（或主题）指导思想与理论依据</td></tr>
<tr><td colspan="6">一、指导思想
本单元的指导思想：以习近平新时代中国特色社会主义思想为指导，全面贯彻党的教育方针，遵循教育教学规律，落实立德树人根本任务，发展素质教育。教学设计聚焦学生核心素养，培养学生适应未来发展的正确价值观、必备品格和关键能力，引导学生明确人生方向，成长为德智体美劳全面发展的社会主义建设者和接班人，并以此作为行动指南，贯穿于教学设计、实施、评价、反思等全过程。本单元的教学设计采用“参与一体验一创造”教学方式，组织教学资源，设计实践活动；通过解决关键问题，培养学生综合运用知识的能力，从而达成提升学生音乐学科核心素养的长远目标。
二、理论依据
（1）《义务教育艺术课程标准（2022 年版）》在课程目标中指出：核心素养是课程育人的集中体现，是学生通过课程学习逐步形成的适应个人终身发展和社会发展所需要的正确价值观、必备品格和关键能力。主要包括审美感知、艺术表现、创意实践、文化理解四个方面。本单元结合听赏与评述、独唱与合作演唱、编创与展示等，培养学生对旋律的感知、记忆、想象、表现、创造和思维的能力。在此基础上培育和践行社会主义核心价值观教育，在感受美、欣赏美、表现美、创造美的艺术实践过程中实现以美育人、以美化人、以美润心的育人目标。</td></tr>
</table>

续表

单元（或主题）指导思想与理论依据

（2）接续式教学理念中指出：要明确音乐学科的核心技能就是对旋律（曲调）诸要素（主要指音高、节奏、结构）的感知、记忆、想象、表现、创造和综合分析（思维）能力，并以这些要素作为教学内容，把提高相关音乐能力作为教学目标，把教学材料和“体态律动”教学法作为实现教学目标的主要依据，提倡“概念教学要绑定具体作品”的教学原则。

（3）深度学习教学方式中指出：学生不仅要掌握知识和技能，还要深入理解知识的本质和内在联系，并能够将其迁移到新的情境中解决问题

单元（或主题）教学背景分析

一、教学内容分析及课时分配

（一）教学内容

本单元相关音乐作品主要选自人民音乐出版社出版的《音乐》教材七年级上册第一单元。

1.《义勇军进行曲》

四二拍，进行曲速度，一段体多乐句结构，由六个长短不等的乐句组成。歌曲的歌词按照音乐的规律加以处理，使得歌词生动、有力、口语化。此曲虽然每个乐句的旋律、结构都不对称，但乐句与乐句之间衔接紧密、过渡自然，唱起来跌宕起伏、浑然一体。

歌曲的前奏采用分解的大调主三和弦音（do、mi、sol）和三连音节奏构成号角式音调，具有铿锵的节奏、明亮雄伟的旋律，似在热情奔放地召唤人们奋起战斗。这一旋律音型贯穿全曲，在曲尾处多次重复，给人以坚定不移、势不可当之感，其中三连音和附点音符的妙用，更增强了歌曲的战斗气氛。可以说，这个前奏虽然短小，但却蕴含着整首歌曲情感和旋律发展的基础。

此曲调取自歌曲后半部分“我们万众一心，冒着敌人的炮火”一句，但是最后一小节在节奏上有了变化，这个改动使旋律显得更加庄严而富有号召力。同时将主音“do”移位到强拍上，也为歌曲后半拍起唱做了准备。

歌曲进入后，前两个乐句是以主和弦的分解式作为骨干音形成的，它使旋律显得坚毅而铿锵有力。

“起来，不愿做奴隶的人们！把我们的血肉，筑成我们新的长城！”这两句带有号召性的歌词，被曲作者按上行趋势处理，加之后半拍的起句，给人以紧迫之感。

续表

单元（或主题）教学背景分析

接下去第三乐句“中华民族到了最危险的时候”，曲作者在这里使用了全曲中的最强音、最高音。

“中华民族”四个字连用了四个四分音符，并都加了重音记号，使人感到坚定、有力，它代表中华民族不屈不挠的英雄气概。特别是在“到了”两个字上使用了八分音符加重音记号，更是斩钉截铁，而此后忽然出现的八分休止符，也营造了一种紧张、迫切的音乐情绪。当歌曲进行到“最危险的时候”时，音乐增强了向前冲击的气势，似在呐喊、在疾呼，每一个音都包含着号召人们快快奋起、共同挽救祖国危亡的情感和力量。

第四乐句“每个人被迫着发出最后的吼声”处的旋律，处于全曲低音区。

曲作者把这句歌词放在中低音区，并进行了密集性的处理。上行的旋律线、附点音符的运用，使音符紧凑、歌词密集，预示着中国人民发自心底的力量，表达了亿万同胞一往无前的英雄气概。人们唱着它，感到浑身酝酿着一种不可抗拒、不可阻挠的力量，终于引出了有力的吼声。

然后是由军号声组成的第五乐句，歌词中“起来！起来！起来！”的音乐，重现了由低到高的大调主三和弦分解式进行，承上启下，首尾呼应，加上渐强的力度，把全曲推向最高潮。

歌曲最后两句“我们万众一心，冒着敌人的炮火，前进！”是歌曲的中心主题。在前奏里，它已经被强调过一次。号角式前奏音调的再现，既加强了全曲的整体感，也进一步将歌曲的主题思想加以强化。

结尾部分，重复“冒着敌人的炮火”一句，后面连续三个“前进”，并且每一音符上都加有重音记号，再次表达出中华民族万众一心、团结奋进的坚定信心。

应引起注意的是这首歌的终止，本来结束句是“前进！前进！前进！”，曲作者在这三个“前进”之后又添了一个“进”字，这在语法上看似有些多余，但这正是画龙点睛之笔。曲谱“进”出现在强拍上，一方面使得歌声更具有延续性，能够反复连续地唱；另一方面加强了这首歌的终止感，同时有无限的余味，象征着中华民族生生不息、不屈不挠的精神。

续表

单元（或主题）教学背景分析
2.《少年，少年，祖国的春天》 《少年，少年，祖国的春天》是一首活泼、充满朝气并深受少年儿童喜爱的歌曲。歌曲采用明朗欢快的大调式手法，旋律流畅、上口、如队列式前进，充分表现了广大少年儿童在社会主义祖国的培育下茁壮成长和他们为建设祖国的明天而努力学习的坚定信念。 歌曲创作中较多运用附点节奏和切分节奏，其中，B 乐段句首运用了六度大跳音程进行创作，形象地描绘了少年们在面对生活和学习中遇到的困难和挫折时，不畏惧、不退缩、坚定信念、挑战自我、勇往直前的无畏精神和革命理想。 3.《中学时代》 歌词采用一问一答的形式，描绘了中学时代的美好画卷，塑造了中学生积极向上、充满理想的形象。歌曲旋律优美、节奏活泼、朗朗上口、易于学唱。歌曲为大调式，两段体结构：A 乐段 a（8）+ a'（8）+ 过渡段（4 + 4）+ B（12），整体风格轻松、活泼，充满朝气。 歌曲 A 乐段采用一问一答的形式，亲切地对中学时代的美好时光进行赞美。过渡段连贯而柔美，充满对美好时光的期待与向往。B 乐段情绪逐渐上扬，简短、有力，点出全曲的主题“系着红领巾迈进校门，戴上团徽走向未来”。 4.《本事》 这是一首“表现和平、宁静、纯朴的青梅竹马之情”的歌曲。“本事”是指“原来的事情”。此歌创作于 20 世纪 30 年代抗日战争之前。 《本事》的歌词，原是卢前先生新体诗集《春雨》中的一首小诗。黄自先生为编写中国第一本音乐教科书，选用它并为之谱曲。黄自先生 1938 年病故于上海，卢前先生 1951 年病故于南京，但他们共同创作的《本事》却穿透时光隧道，余音袅袅，长留人间。 （二）课时分配与每课主要内容 本单元分四课时进行，具体安排如下。 （1）第一课时：准确掌握三连音、弱起小节、节拍及强弱规律，能够以饱满的热情准确地背唱中华人民共和国国歌，了解《义勇军进行曲》的创作过程及其确定为国歌的历史背景。 （2）第二课时：复习演唱歌曲《少年，少年，祖国的春天》，进一步了解歌唱的基本要求、基本姿态，关注学生变声期的嗓音保护。巩固节拍、节奏、典型节奏型、旋律、旋律线、音程等音乐知识。用富于表现力的声音演唱歌曲，表现歌曲情绪和内涵。 （3）第三课时：学唱歌曲《中学时代》。初步掌握打拍子、典型节奏型、大跳音程等音乐知识，学习二拍子、四拍子的基本指挥图示。能够以正确的姿势、积极良好的歌唱状态演唱歌曲《中学时代》。 （4）第四课时：聆听、欣赏并演唱歌曲《本事》的多声部片段，关注和声的协和与声部平衡，了解合唱的相关知识以及音乐作品的情感表达方式。 二、学生情况分析 （一）前期调研数据 七年级学生逐渐从小学童年期向初中少年期过渡，心智逐渐成熟，个性独立，理性思维呈上升趋势，善于观察，思维活跃，乐于参与创造性活动，愿意并能够与同伴共同完成音乐实践。本单元授课班级的学生普遍对音乐的主动探索意识强烈，愿意参与音乐活动，善于音乐表现，歌唱及其他多种音乐学习习惯已基本形成。

续表

单元（或主题）教学背景分析

本单元的授课对象为我校七年级 7 班学生，共 40 人。经过前期的音乐学习，学生在音准、节奏、表现等音乐能力上都有不同程度的提高。

（1）音准：80% 的学生能够较准确地演唱自然调式中的一度音程、二度音程、三度音程、四度音程、五度音程，但由于男生处于变声期，高音部分会有不准确的现象。

（2）节奏：90%的学生能够较准确击打四分、八分音符及带休止符的节奏组合，75% 的学生能够准确击打带有附点四分音符的节奏组合，90% 的学生能手打稳定拍口读歌曲节奏。

（3）结构：87%的学生能够感知乐句，具有准确划分乐句、乐段的能力。

（4）音乐表现：80%的学生有过气息和声音训练的基础，知道正确的歌唱状态，能够主动模仿并积极调整，80%的学生具有演唱出完整乐句的能力。

针对本单元的教学目标，通过课堂表现性测试、纸笔测试等方式对学生的审美感知、艺术表现、创意实践、文化理解等核心素养进行学前测试，其结果如下。

维度	评价内容	评价方式
审美感知	了解歌唱的基本要求、基本姿态，初步掌握节拍、节奏、典型节奏型、旋律、旋律线、音程、大跳音程等乐理知识。能简要讲述音乐中的表现要素等内容	良好
艺术表现	了解二拍子、四拍子的基本指挥图示，感受音乐的不同情绪并简要描述	良好
创意实践	能随不同的音乐编创体态律动动作	良好
文化理解	能辨别进行曲与其他体裁、风格音乐作品的艺术表现特点	良好

（二）调研结果分析

思维认知	对于歌曲的创作背景、创作手法不了解
	理性思维呈逐步上升趋势，善于观察，思维活跃，乐于参与音乐活动
	能基本捕捉到音乐要素中的节奏、旋律、速度、力度、节拍、调式等艺术表现手法，能基本听出音高的走向，能够辨别出典型节奏型和大跳音程
	有一定的联想能力，并在此基础上有很好的创新思维意识
知识技能	学生对于节奏、典型节奏型、音高、旋律、音程、大跳音程、曲式能进行基本的判断
	有一定的创编技能，但仅限于简单的肢体律动

（三）学生思维发展点与障碍点

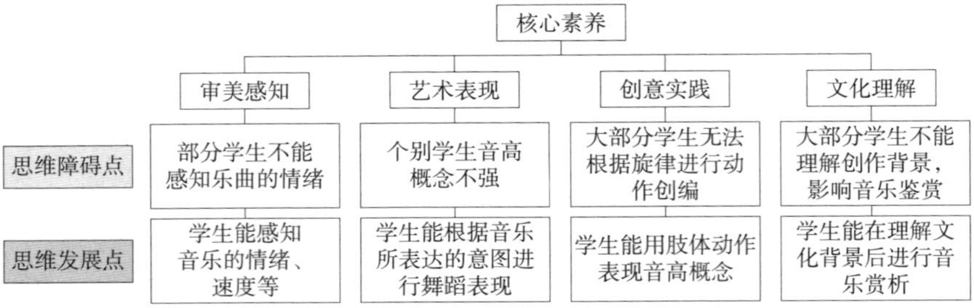

续表

单元（或主题）教学目标
一、本单元整体教学目标 （一）审美感知 能够积极主动参与演唱与欣赏等音乐实践活动，提高对旋律、节奏、调式、拍子、音程、和弦、三连音等相关音乐知识的理解与认知。了解相关作品的创作背景，了解合唱相关知识及音乐作品的情感表达方式。 （二）艺术表现 进一步了解歌唱的基本要求、基本姿态，关注学生变声期的嗓音保护。通过演唱与赏析，理解作品中蕴含的丰富艺术内涵，在多种艺术形式中表现作品的意蕴美。以正确的姿势、积极良好的歌唱状态演唱歌曲《中学时代》，以饱满的热情准确背唱《义勇军进行曲》。 （三）创意实践 学生在了解相关音乐基础知识的基础上，尝试运用已有知识进行节奏、旋律编创及音程的搭桥构唱，能进行简单的和弦创写，并根据音乐作品的情绪进行体态律动动作编创。 （四）文化理解 通过学习，培养学生积极乐观、拼搏进取、敢于创造、乐于奉献的精神和品格，在昂扬的音乐氛围中培养学生爱党、爱国情怀，帮助学生树立正确的人生观、价值观和世界观。 二、课时教学目标与单元整体目标之间的关系

单元总目标	第一课时目标	第二课时目标	第三课时目标	第四课时目标
感受不同风格和体裁的音乐作品，体会、理解丰富的音乐内涵	学唱《义勇军进行曲》，加深对旋律、节奏、拍子、调式的理解能力	感受进行曲风格特点，体会积极向上的音乐情绪，理解歌曲内在表现力	学唱歌曲《中学时代》，感受欢快活泼的音乐情绪，体会二拍子歌曲的音乐风格特点	欣赏和演唱《本事》音乐和声片段，感受三拍子歌曲的艺术特点
理解二拍子、三拍子不同的音乐表现特点；准确掌握典型节奏型和大跳音程	在丰富的音乐编创中实现对二拍子进行曲风格的准确理解和把握	理解二拍子歌曲的艺术表现形式；掌握附点和切分节奏型，初步了解大跳音程知识	理解二拍子进行曲风格特点；把握切分节奏的准确演唱；学习运用搭桥构唱的方法准确演唱六度音程	理解三拍子歌曲的艺术表现形式，尝试演唱三声部和声，体会合唱的和谐美感
运用正确的歌唱方法表现歌曲内涵	准确演唱歌曲，在丰富的音乐表现中实现对歌曲内涵的深入理解	理解歌曲的基本情绪，运用正确的歌唱方法表现歌曲内涵	理解歌曲内在情感，在准确把握基本节奏和旋律的基础上有表现力地演唱歌曲	能够运用轻声高位的方法准确表现歌曲的韵律感，体会和声之美
能够进行简单的音乐创写并尝试进行相关音乐编创	能在已有音乐基础知识的基础上按音乐编创手法进行旋律编创，分小组尝试进行小型音乐情景剧编创	能结合典型节奏型编创二拍子节奏；能结合音程知识编创简单的旋律	能结合所学音乐知识进行创写；在理解歌曲内涵的基础上进行体态律动作的编创	能够结合音程知识进行二声部短旋律和声编创；能够结合和声知识进行和声音程编写

续表

单元（或主题）教学过程设计
单元（或主题）教学过程如下图所示：

- 歌声中成长的时代少年
  - 第一课时：《义勇军进行曲》
    - 复习巩固
      - 复习歌曲中国少年先锋队队歌
      - 判断《义勇军进行曲》节拍
      - 复习歌曲《义勇军进行曲》
    - 学习新知
      - 手打稳定拍准确演唱
      - 判断歌曲结构
      - 表现歌曲的律动
      - 手指五线谱识谱
    - 拓展探索
      - 准确演唱三连音
      - 准确演唱弱起小节
      - 欣赏二拍子歌曲《老师我想你》片段
    - 小结作业
      - 总结本课主要学习内容
      - 尝试为其他熟悉的二拍子歌曲编创体态律动动作
  - 第二课时：《少年，少年，祖国的春天》
    - 复习巩固
      - 复习歌曲《义勇军进行曲》
      - 准确演唱三连音和弱起小节
    - 学习新知
      - 划分歌曲乐段、乐句
      - 找出典型节奏
      - 手打稳定拍演唱歌曲
    - 拓展探索
      - 准确演唱五度音程
      - 尝试编创简单的体态律动动作
    - 小结作业
      - 总结本课主要学习内容
      - 整理已经学习过的二拍子歌曲
  - 第三课时：《中学时代》
    - 复习巩固
      - 复习歌曲《少年，少年，祖国的春天》
      - 复习切分节奏
    - 学习新知
      - 判断歌曲节拍
      - 学唱歌曲《中学时代》
      - 手打稳定拍演唱歌曲
      - 运用搭桥构唱准确演唱六度音程
    - 拓展探索
      - 分小组进行体态律动动作编创
      - 展示并交流、评价
    - 小结作业
      - 总结本课主要学习内容
      - 配合手指五线谱唱歌曲第一乐句唱名
  - 第四课时：《本事》
    - 复习巩固
      - 复习歌曲《中学时代》
      - 准确演唱六度音程
    - 学习新知
      - 判断歌曲节拍
      - 欣赏歌曲片段
      - 手打稳定拍准确演唱
    - 拓展探索
      - 在教师指导下分小组进行三拍子的体态律动动作编创
      - 学生展示并评价
    - 小结作业
      - 总结本课主要学习内容
      - 尝试多声部演唱

续表

单元（或主题）学习效果评价及作业设计

对本单元（或主题）教学后的学生学习效果进行评价设计，包括评价目标、评价内容、评价方式及工具（可附件）、评价结果及教学质量分析等。

第一课时	评价目标	了解典型节奏型
	评价内容	典型节奏型听辨
	评价方式	表述与标记
	评价工具	学案
第二课时	评价目标	了解大跳音程
	评价内容	分析音程结构
	评价方式	练习搭桥构唱
	评价工具	学案及钢琴
第三课时	评价目标	理解典型节奏型和大跳音程的音乐表现特点
	评价内容	对比分析典型节奏型和大跳音程的音乐结构
	评价方式	音乐编创
	评价工具	学案及钢琴
第四课时	评价目标	教学拓展与展示
	评价内容	教学拓展
	评价方式	学习展示
	评价工具	钢琴

单元作业设计说明：主要作业内容、形式及与单元教学目标的关系，关注不同学段、不同学科作业的特点和要求。

第一课时	作业内容	编创典型节奏型
	作业形式	音乐创写
	目标关系	牢固掌握典型节奏型的形式
第二课时	作业内容	创写大跳音程
	作业形式	创写大跳音程的搭桥构唱形式
	目标关系	牢固掌握大跳音程
第三课时	作业内容	准确演唱典型节奏型和大跳音程
	作业形式	节奏型创写及大跳音程的演唱
	目标关系	准确演唱典型节奏型和大跳音程
第四课时	作业内容	搜集带有典型节奏型和大跳音程的相关歌曲
	作业形式	曲谱呈现
	目标关系	教学拓展

续表

本单元（或主题）教学特色分析

一、注重音乐的表现

“艺术表现”是音乐的重要部分。在教学中注重培养学生的感受、表现、演唱、综合艺术表现能力，以及在听觉基础上的读谱能力，通过一系列的实践活动促进学生以音乐形式表达自己的情感。

二、基于活动设计，注重创新思维能力的培养

通过引导，激发学生积极参与、探究、勤于动脑来提高技能，获得新知；以探究式的学习方法，通过对比聆听、演唱乐谱、创写编创、听辨主题等方式感知音乐的旋律特点；以体验式的学习方法，通过律动体验、根据小节特点接龙击掌等方法理解音乐的风格和情绪，引导学生树立正确的价值观，实现以美育人、以美化人的课程育人目标。

三、打破年级和教学内容界限

本单元依托《义勇军进行曲》《少年，少年，祖国的春天》《中学时代》《本事》四首歌曲，让学生在实践体验中感知二拍子、三拍子音乐的丰富性与多样性，了解节拍在音乐作品中的地位及其发挥的重要作用，将学习知识转化为运用知识，实现接续式教学理念，实现教学评一体化教学设计

第三课时的教学目标

一、教学目标

	已具备的知识与技能	本课时目标
音准	具备准确演唱音阶及近距离音程的能力；具备手打稳定拍视唱短旋律的能力	能准确演唱六度大跳音程；能手打稳定拍准确演唱歌曲曲谱并判断其调式
节奏	能听辨和识读全音符、二分音符、四分音符、八分音符、切分节奏组成的节奏	能听辨和识读全音符、二分音符、四分音符、八分音符、切分节奏组成的节奏短句
结构	具备划分乐段、乐句的能力	能准确划分《中学时代》的乐段与乐句
音乐表现	具备演唱整首歌曲的能力；具备听赏与初步分析音乐的能力	能准确演唱歌曲曲谱和歌词；能在准确演唱歌曲的基础上，理解歌曲所表现的音乐内涵，并用合适的速度、力度、音速和演唱形式表现歌曲的情绪和内涵

二、教学重难点

（一）教学重点

准确演唱歌曲《中学时代》，理解歌曲所表现的音乐内涵，并用合适的速度、力度、音速和演唱形式表现歌曲的情绪和内涵。

（二）教学难点

分小组进行体态律动动作编创

续表

第三课时的教学过程			
教学阶段	教师活动	学生活动	设计意图
一、师生问好	演唱《问好歌》	演唱《问好歌》	培养良好的课堂常规和二声部和声演唱能力
二、复习	指导学生运用柯尔文手势演唱 C 大调音阶	运用柯尔文手势演唱 C 大调音阶	培养准确的音程、音阶演唱概念和演唱能力，为唱好歌曲做好准备
	指导学生手打稳定拍，轻声视唱短旋律，找出旋律中的典型节奏型	演唱歌曲《少年，少年，祖国的春天》B 乐段第五乐句旋律	用旧知学新知；用熟歌学本领
三、导入	播放歌曲《中学时代》并提出问题： ①歌曲的基本情绪是什么？ ②歌曲可以分为几个乐段？ ③每个乐段有几个乐句？	①欣赏歌曲并思考问题； ②划分乐段； ③划分乐句	①了解歌曲基本情绪； ②了解歌曲曲式结构； ③知识运用，整体把握歌曲
四、新授	①找出 A 乐段旋律中切分节奏所在位置； ②演唱 A 乐段中带有切分节奏的乐句后完整演唱 A 乐段旋律及歌词； ③体会切分节奏对表现音乐情绪起到的作用	①观察乐谱回答问题； ②演唱 A 乐段旋律及歌词，分享学习心得； ③分享演唱心得	①巩固旧知； ②学唱 A 乐段，解决教学重点； ③丰富审美感知，进行过程性评价
	①找出 B 乐段旋律中切分节奏所在位置； ②演唱 B 乐段中带有切分节奏的乐句后完整演唱 B 乐段旋律及歌词； ③体会切分节奏对表现音乐情绪起到的作用	①观察、思考、分享； ②学唱 B 乐段旋律及歌词，分享学习心得	①巩固旧知； ②学唱 B 乐段，解决教学重点； ③丰富审美感知，进行过程性评价
	提出问题：两首歌曲中切分节奏为表现音乐情绪产生了哪些变化？	对比分析，分享交流	①深度学习； ②教学评一体化设计； ③引导正确价值观

续表

第三课时的教学过程			
教学阶段	教师活动	学生活动	设计意图
四、新授	①找出歌曲中六度音程所在位置； ②为六度音程进行搭桥创写； ③运用搭桥构唱的方法准确演唱六度音程； ④完整演唱B乐段旋律及歌词，正确表现音乐内涵； ⑤播放歌曲范唱	①观察乐谱回答问题； ②音程创写； ③搭桥构唱； ④有表现力地演唱歌曲； ⑤完整演唱	①拓展学习； ②知识运用； ③深度学习，教学评一体化设计； ④提升艺术表现力； ⑤树立正确价值观
五、拓展	①播放《中学时代》范唱； ②创设体态律动动作编创情境	①聆听歌曲范唱； ②分小组进行体态律动动作编创； ③展示交流	①运用多种教学法提升审美感知力； ②教学拓展
六、小结	教师小结	学生分享	巩固知识技能，教学评一体化设计
七、作业	教师布置课后作业	学生理解作业、完成作业	拓展延伸
八、师生再见	演唱《再见歌》	演唱《再见歌》	培养良好的课堂常规和二声部和声演唱能力

关键能力在体态律动中的有效提升

——以《木瓜恰恰恰》为例

教学基本信息					
单元（或主题）名称	关键能力在体态律动中的有效提升——以《木瓜恰恰恰》为例				
学科	音乐	学段	小学中段	年级	四年级
其他相关领域或学科	欣赏、表现、创造、联系				
主要教材	书名：义务教育教科书《音乐》四年级（下册） 出版社：人民音乐出版社（北京版） 出版日期：2014 年 1 月				

教学设计参与人员		
	姓　名	单　位
负责人	侯文生	北京市通州区第二中学
核心团队	顾颜行	北京市通州区第二中学
	闫昕忻	北京市通州区第二中学
	武依洋	北京学校
指导教师	赵　楚	北京教育学院体育与艺术学院
	黄侃夫	北京市通州区教师研修中心

续表

单元（或主题）指导思想与理论依据
一、指导思想 本单元的指导思想：以习近平新时代中国特色社会主义思想为指导，全面贯彻党的教育方针，遵循教育教学规律，落实立德树人根本任务，发展素质教育。教学设计聚焦学生核心素养，培养学生适应未来发展的正确价值观、必备品格和关键能力，引导学生明确人生方向，成长为德智体美劳全面发展的社会主义建设者和接班人，并以此作为行动指南，贯穿在教学设计、实施、评价、反思等全过程。本单元的教学设计采用“参与—体验—创造”的教学方式，组织教学资源，设计实践活动；通过解决关键问题，培养学生综合运用知识的能力，从而达成提升学生音乐学科核心素养的长远目标。 二、理论依据 （1）《义务教育艺术课程标准（2022 年版）》在课程目标中指出：核心素养是课程育人的集中体现，是学生通过课程学习逐步形成的适应个人终身发展和社会发展所需要的正确价值观、必备品格和关键能力。主要包括审美感知、艺术表现、创意实践、文化理解四个方面。本单元结合听赏与评述、独唱与合作演唱、编创与展示等，培养学生对旋律的感知、记忆、想象、表现、创造、思维的能力。在此基础上培育和践行社会主义核心价值观教育，在感受美、欣赏美、表现美、创造美的艺术实践过程中实现以美育人、以美化人、以美润心的育人目标。 （2）接续式教学理念中指出：要明确音乐学科的核心技能就是对旋律（曲调）诸要素（主要指音高、节奏、结构）的感知、记忆、想象、表现、创造和综合分析（思维）能力，并以这些要素作为教学内容，把提高相关音乐能力作为教学目标，把教学材料和“体态律动”教学法作为实现教学目标的主要依据和有力抓手，提倡“概念教学要绑定具体作品”的教学原则。 （3）深度学习教学方式中指出：学生不仅要掌握知识和技能，还要深入理解知识的本质和内在联系，并能够将其迁移到新的情境中解决问题
单元（或主题）教学背景分析
一、教学内容分析及课时分配 （一）教学内容 本单元相关音乐作品主要选自人民音乐出版社出版的《音乐》教材四年级下册。 1.《小小少年》 这是德国影片《英俊少年》中的一首插曲。影片描写了从小失去母亲、父亲又遭受诬害入狱的少年海因切，在女律师雷娜特的帮助下，以自己的诚实和善良感动了对父亲怀有很深成见的外公，最后外公和父亲冰释前嫌，一家重新团聚的生动故事。影片是随着《小小少年》的歌声开始的。这首歌曲为四四拍，弱起节拍，大调式，一段体结构。第一、二乐句，旋律变化重复，在句尾的变化上做了六度、七度的上下跳进，旋律坚定明朗，情绪愉快，充满孩子的朝气，一下子就把主人公的性格展现在人们的眼前。第三、四乐句以合唱形式出现，平行三度的和声进行，使音乐更为丰满，与前面乐句形成了对比，旋律同样是变化重复，曲调舒展而又起伏。在歌中少年虽然唱出了成长中的烦恼，但此时此刻他仍然表达了充满欢乐、愉快的心情，体现了其乐观向上的精神面貌。 2.《春天举行音乐会》 《春天举行音乐会》是一首曲调欢快活泼的儿童歌曲，通过跳动的节奏、流畅的旋律描绘了一幅充满生机的春色图景，通过生动形象的象声词奏响了一曲优美动听的“春天交响曲”。歌曲

续表

单元（或主题）教学背景分析
为四二拍，一段体结构。第一、二乐句分别运用了和弦分解式及模进手法，曲调欢快活泼，曲中八分休止符的巧妙运用，形象地表现了春雨唱歌、春风弹琴时的欢乐情景，充满生机和活力。第三乐句是第一乐句旋律的变化重复，第四乐句全部以八分音符构成，旋律与歌词是一字一音的结合，形象地表现了春水鼓掌时发出阵阵欢笑的形象。第五、六乐句每句为三小节，曲调的模进、十六分音符的节奏运用及六度大跳的进行使得歌曲更为热烈，富有动感，与前面形成了对比，把“春天举行音乐会”的情绪推向了高潮。紧接着第七乐句节奏又渐渐舒展，最后的乐句重复了第四乐句的旋律，歌曲在“春笋是个指挥家”的欢乐歌声中结束全曲。 3.《木瓜恰恰恰》 《木瓜恰恰恰》是印度尼西亚流传很广的一首歌曲，通过欢快活泼的旋律唱出了卖瓜人的喜悦心情。歌曲中切分节奏的运用，不仅使歌曲显得非常活泼并富有生活情趣，更使歌曲充满了异国情调。 歌曲为三段体，大调式。第一乐段四个乐句，每个乐句节奏相同，都由弱起小节开始，每个乐句在结束时都运用了“恰恰恰”这个词。第二乐段运用连续的切分节奏，与第一乐段形成对比，把欢快的情绪推向高潮。第三乐段重复了第一乐段。 歌曲的歌词非常生活化，歌词中的各种瓜果反映了热带岛国的特点，充满了生活情趣。 4.《拍手拍手》 《拍手拍手》是一首以颂扬和倡导精神文明风尚为题材的儿童歌曲。歌曲选取了少年儿童生活中的几段情景，反映了少年儿童乐观向上的精神风貌。歌曲为分节歌，由主歌和副歌构成。主歌部分包含两个平行乐句。两句旋律均自上而下作和弦分解进行，在句末的八度上行跳进，使曲调显得生气勃勃，充满活力。副歌部分也是由两个平行乐句构成的乐段。乐句的前半句是由两个四分音符在高音区形成的节奏性音调，简洁而有力，形象地表现了孩子们响亮的掌声和兴高采烈的神态；后半句富有歌唱性的旋律，唱出了他们对文明新风的热情赞美。歌曲的句中及句子之间频频穿插了伴以掌声的间奏，既突出了主题，又增添了欢乐的情趣。 （二）课时分配与每课主要内容 本单元分四课时进行，具体安排如下。 （1）第一课时：能够用正确的歌唱方法、自然流畅的声音演唱歌曲，关注关键能力音准、节奏的准确，能在简单的体态律动活动中理解和表现歌曲情绪和内涵。了解《小小少年》的故事背景和情节。 （2）第二课时：复习演唱歌曲《小小少年》。能够在正确的歌唱方法、理念的指导下用轻快、有弹性的声音演唱《春天举行音乐会》，表现对春天的赞美之情，能准确演唱歌曲中的四分休止符、八分休止符，能分小组编创简单的体态律动动作以表现对歌曲情绪的理解。 （3）第三课时：学唱歌曲《木瓜恰恰恰》。能用自然、轻快的声音演唱歌曲《木瓜恰恰恰》，准确地演唱弱起小节和切分节奏。能够随着音乐编创体态律动动作以表现音乐情绪和音乐内涵并进行简单的音乐评价，在此基础上了解印度尼西亚儿歌的创作特点与文化联系。 （4）第四课时：能够准确、有表情地演唱《拍手拍手》，能根据所学体态律动知识编创简单的音乐情景剧，用音乐、歌声、体态律动动作创造性地表现音乐内涵，树立学生积极乐观、健康向上的价值观。

续表

单元（或主题）教学背景分析
二、学生情况分析 （一）前期调研数据 四年级学生个性独立，理性思维呈上升趋势，善于观察，思维活跃，乐于参与创造性活动，愿意并能够与同伴共同完成音乐实践。本单元授课班级的学生普遍对音乐的主动探索意识强烈，愿意参与音乐活动，善于音乐表现，歌唱及其他多种音乐学习习惯已基本形成。 本单元的授课对象为我校四年级 4 班学生，共 20 人。经过前期的音乐学习，学生在音准、节奏、表现等音乐能力上都有不同程度的提高。 （1）音准：80% 的学生能够较准确地演唱自然调式中的一度音程、二度音程、三度音程、四度音程、五度音程，但由于男生处于变声期，高音部分会有不准确的现象。 （2）节奏：90%的学生能够较准确击打四分、八分音符及带休止符的节奏组合，75% 的学生能够准确击打带有附点四分音符的节奏组合，90% 的学生能手打稳定拍口读歌曲节奏，初步了解弱起小节音乐知识。 （3）结构：87%的学生能够感知乐句，具有准确划分乐句、乐段的能力。 （4）音乐表现：80%的学生有过气息和声音训练的基础，知道正确的歌唱状态，能够主动模仿并积极调整，80%的学生具有演唱出完整乐句的能力。80%的学生能够根据对音乐的理解编创简单的体态律动动作并进行展示。 （5）创意实践：90%的学生喜欢体态律动，能够根据音乐变化做出生理性体态律动动作，80%的学生能够在教师的引导下结合音乐作品进行体态律动动作编创与展示，30%的学生能在教师的指导下结合音乐和剧情要求编创简单的情景剧片段。 针对本单元的教学目标，通过课堂表现性测试、纸笔测试等方式对学生的审美感知、艺术表现、创意实践、文化理解等核心素养进行学前测试，其结果如下

维度	评价内容	评价方式
审美感知	了解歌唱的基本要求、基本姿态，初步掌握节拍、节奏、典型节奏型、旋律、旋律线、音程、大跳音程等乐理知识。简要讲述音乐中的表现要素等内容	良好
艺术表现	了解二拍子、四拍子的拍号含义、强弱规律及艺术表现，感受音乐的不同情绪并能简要描述。能通过正确的歌唱方法演唱歌曲，并通过体态律动的方式表现音乐内涵	良好
创意实践	了解体态律动编创的基本手法，能在教师的带领下随音乐进行体态律动动作表现，能根据音乐编创简单的体态律动动作表现音乐内涵，能根据音乐风格、情绪、题材集体编创体态律动动作	良好
文化理解	能辨别二拍子、四拍子对表现音乐内涵起的作用与其他体裁、风格音乐作品的艺术表现特点。能在多种艺术表现中通过多种体态律动动作的编创与表现实现对不同文化的认知与理解	良好

续表

<table>
<tr><td colspan="2">单元（或主题）教学背景分析</td></tr>
<tr><td colspan="2">（二）调研结果分析

<table>
<tr><td rowspan="4">思维认知</td><td>对于歌曲的创作背景、创作手法不了解</td></tr>
<tr><td>理性思维呈逐步上升趋势，善于观察，思维活跃，乐于参与音乐活动</td></tr>
<tr><td>能基本捕捉到音乐要素中的节奏、旋律、速度、力度、节拍、调式等艺术表现手法，能基本听出音高的走向，能够辨别出典型节奏型和大跳音程</td></tr>
<tr><td>有一定的联想能力，并在此基础上有很好的创新意识</td></tr>
<tr><td rowspan="2">知识技能</td><td>学生对于节奏、典型节奏型、音高、旋律、音程、大跳音程、曲式能进行基本的判断</td></tr>
<tr><td>有一定的创编技能，但仅限于简单的肢体律动</td></tr>
<tr><td>体态律动</td><td>学生了解体态律动编创的基本手法，能在教师的带领下随音乐进行体态律动动作表现，能根据音乐编创简单的体态律动动作表现音乐内涵，能根据音乐风格、情绪、题材集体编创体态律动动作</td></tr>
</table>
（三）学生思维点与障碍点
对于小学中段学生来讲，学生已经具备相应的音乐基础知识和基本技能，能够结合具体音乐作品和文化认知对音乐进行简单的思考与描述。可以对音乐的情绪、风格做简单描述，能用较为正确的歌唱方法进行艺术表现，能在教师的引导下进行音乐编创，能结合音乐作品进行简单的文化联系。
学生核心素养与关键能力提升的障碍点主要表现在对音乐关键能力的牢固掌握程度还需要稳步加强，在此基础上通过科学、合理、有效的教学模式和教学手段有序提升学生体验美、理解美、表现美、创造美的能力，进而实现立德树人、以美育人的教育目标</td></tr>
<tr><td colspan="2">单元（或主题）教学目标</td></tr>
<tr><td colspan="2">一、本单元整体教学目标
（一）审美感知
能够积极主动参与演唱与体态律动等音乐实践活动，提高对旋律、节奏、调式、拍子等相关音乐知识的理解与认知。了解相关作品的创作背景，了解体态律动编创与音乐作品的情感表达方式。
（二）艺术表现
进一步了解体态律动的基本要求和基本方法。通过演唱与赏析，理解作品中蕴含的丰富艺术内涵，在多种艺术形式中表现作品的意蕴美。以正确的姿势、良好的歌唱状态演唱歌曲。
（三）创意实践
能在了解相关音乐基础知识的基础上，尝试运用已有知识进行节奏、旋律编创及音程的搭桥构唱，能进行简单的和弦创写，并依据音乐作品进行体态律动动作编创。
（四）文化理解
通过学习，养成积极乐观、拼搏进取、敢于创造、乐于奉献的精神和品格，在昂扬的音乐氛围中树立正确的人生观、价值观和世界观。</td></tr>
</table>

续表

单元（或主题）教学目标				
二、课时教学目标与单元整体目标之间的关系				
单元总目标	第一课时目标	第二课时目标	第三课时目标	第四课时目标
感受不同风格和体裁的音乐作品，体会、理解音乐的丰富内涵	学唱《小小少年》，加深对旋律、节奏、拍子、调式的理解能力	感受进行曲风格特点，体会积极向上的音乐情绪，理解歌曲内在表现力	学唱歌曲《木瓜恰恰》，感受欢快活泼的音乐情绪，体会二拍子歌曲的音乐风格特点	欣赏和演唱《拍手拍手》音乐和声片段，感受四拍子歌曲艺术特点
理解二拍子、四拍子不同的音乐表现特点；准确掌握典型节奏型和近距离音程	在丰富的音乐编创中实现对二拍子进行曲风格的准确理解和把握	理解二拍子歌曲的艺术表现形式；掌握附点和切分节奏型，初步了解音程知识	理解二拍子进行曲风格特点；把握切分节奏的准确演唱；学习音程的准确演唱	理解四拍子歌曲的艺术表现形式，尝试演唱二声部和声，体会合唱的和谐美感
运用正确的歌唱方法表现歌曲内涵	准确演唱歌曲，在丰富的音乐表现中实现对歌曲内涵的深入理解	理解歌曲的基本情绪，运用正确的歌唱方法表现歌曲内涵	理解歌曲内在情感，在准确把握基本节奏和旋律的基础上有表现力地演唱歌曲	能够运用轻声高位的方法准确表现歌曲的韵律感，体会和声之美
能够进行简单的音乐创写及体态律动动作编创	能在已有音乐基础知识的基础上记写音符和简单节奏	能编创二拍子典型节奏型；能结合音乐编创简单的体态律动动作以表现歌曲情绪	能结合所学音乐知识进行两小节的节奏创写；在理解歌曲内涵的基础上进行体态律动动作编创	能够结合音程知识进行二声部和声创写；能够编创小型体态律动情景剧

续表

单元（或主题）教学过程设计

单元（或主题）教学过程如下图所示：

- 关键能力在体态律动中的有效提升
  - 第一课时：《小小少年》
    - 复习巩固
      - 复习歌曲《我是少年阿凡提》
      - 聆听歌曲《小小少年》并判断其节拍
      - 了解歌曲《小小少年》的创作背景
    - 学习新知
      - 手打稳定拍准确演唱歌曲《小小少年》
      - 判断歌曲曲式结构
      - 为歌曲编创体态律动动作
      - 手指五线谱识谱
    - 拓展探索
      - 准确演唱下滑音
      - 准确演唱弱起小节
      - 欣赏二拍子歌曲《牧羊姑娘》片段
    - 小结作业
      - 总结本课学习内容
      - 尝试为其他熟悉的二拍子歌曲编创体态律动动作
  - 第二课时：《春天举行音乐会》
    - 复习巩固
      - 复习歌曲《小小少年》
      - 聆听歌曲《春天举行音乐会》并判断其节拍
    - 学习新知
      - 划分乐段、乐句
      - 准确演唱歌曲中的四分休止符、八分休止符
      - 手打稳定拍演唱歌曲
    - 拓展探索
      - 尝试编创简单的体态律动动作
    - 小结作业
      - 总结本课学习内容
      - 整理曾经学过的二拍子歌曲
  - 第三课时：《木瓜恰恰恰》
    - 复习巩固
      - 复习以《小小少年》A乐段为基础的四拍子歌曲韵律感
      - 复习以《我是少年阿凡提》第一、二乐句为基础的二拍子歌曲韵律感
    - 学习新知
      - 聆听歌曲《木瓜恰恰恰》
      - 感受歌曲情绪
      - 学唱歌曲《木瓜恰恰恰》A乐段
    - 拓展探索
      - 分小组进行歌曲《木瓜恰恰恰》A乐段体态律动动作编创
      - 展示与交流评价
    - 小结作业
      - 总结本课学习内容
  - 第四课时：《拍手拍手》
    - 复习巩固
      - 复习歌曲《木瓜恰恰恰》
    - 学习新知
      - 为歌曲《拍手拍手》划分乐段、乐句
      - 欣赏歌曲《拍手拍手》主题旋律
      - 手打稳定拍演唱歌曲
    - 拓展探索
      - 分小组为歌曲进行体态律动动作编创
    - 小结作业
      - 展示与评价
      - 总结本课及本单元学习内容

续表

单元（或主题）学习效果评价及作业设计		
对本单元（或主题）教学后的学生学习效果评价设计，包括评价目标、评价内容、评价方式及工具（可附件）、评价结果及教学质量分析等。		
第一课时	评价目标	了解歌曲风格和情绪
	评价内容	典型节奏型听辨
	评价方式	表述与标记
	评价工具	学案
第二课时	评价目标	了解音程知识
	评价内容	准确演唱近距离音程
	评价方式	准确演唱旋律
	评价工具	学案及钢琴
第三课时	评价目标	理解典型节奏型的音乐表现特点
	评价内容	了解音乐曲式结构
	评价方式	体态律动动作编创
	评价工具	学案及钢琴
第四课时	评价目标	教学拓展与展示
	评价内容	分享与评价
	评价方式	学习展示
	评价工具	钢琴
单元作业设计说明主要作业内容、形式及与单元教学目标的关系，关注不同学段、不同学科作业的特点和要求。		
第一课时	作业内容	结合音乐，编创简单体态律动动作
	作业形式	体态律动动作编创
	目标关系	牢固掌握体态律动基本编创手法
第二课时	作业内容	结合音乐，小组合作编创简单的集体性体态律动动作
	作业形式	小组编创体态律动动作
	目标关系	牢固掌握体态律动与音乐之间的关系
第三课时	作业内容	结合音乐，小组合作编创稍复杂的集体性体态律动动作
	作业形式	小组编创体态律动动作
	目标关系	理解体态律动与音乐之间的关系
第四课时	作业内容	结合音乐，小组合作编创小型体态律动情景剧
	作业形式	小组编创体态律动动作
	目标关系	教学拓展

续表

本单元（或主题）教学特色分析及教学反思
一、注重音乐的表现 “艺术表现”是音乐的重要部分。在教学中注重培养学生的感受、表现、演唱、综合艺术表现能力，以及在听觉基础上的读谱能力，通过一系列体态律动的艺术实践活动促进学生以音乐形式表达自己情感的能力提高。 二、基于活动设计，注重创新思维能力的培养 通过体态律动教学，引导、激发学生积极参与、探究、勤于动脑来提高技能，获得新知；以探究式的学习方法，通过对比聆听、演唱乐谱、创写编创、听辨主题等方式感知音乐的旋律特点；以体验式的学习方法，通过律动体验、根据小节特点接龙击掌等方法理解音乐表现的风格和情绪，引导学生树立正确的价值观，实现以美育人、以美化人的课程育人目标。 三、打破教学思维和育人理念 本单元依托《小小少年》《春天举行音乐会》《木瓜恰恰恰》《拍手拍手》四首歌曲，让学生在实践体验中感知二拍子、四拍子音乐的丰富性与多样性，了解体态律动在表现音乐内涵上所起到的重要作用，将学习知识融入游戏和活动之中，实现接续式教学理念，实现教学评一体化教学设计。 四、单元教学思路需进一步丰富和提升 本单元在《艺术课程标准》理念下进行设计和实施，对单元教学设计的基本理念、基本方法、教学模式还需要不断进行研究、拓展和丰富，对单元教学中学生核心素养和关键音乐能力的接续性学习和提升，教师还要进行深入的思考和实践，以期能够通过环环相扣、以终为始的单元接续式教学稳步提升学生核心素养和关键能力
第三课时教学目标
一、教学目标

	已具备的知识与技能	本课时目标
音准	具备准确演唱音阶及近距离音程的能力；具备手打稳定拍视唱短旋律的能力	能准确演唱近距离音程；能手打稳定拍准确演唱歌曲曲谱并判断其调式
节奏	能听辨、识读全音符、二分音符、四分音符、八分音符、切分节奏组成的节奏	能听辨、识读全音符、二分音符、四分音符、八分音符、切分节奏组成的节奏短句
结构	具备划分乐段、乐句的能力	能准确划分《木瓜恰恰恰》的乐段与各乐句
音乐表现	具备演唱整首歌曲的能力；具备听赏与初步分析音乐的能力	能准确演唱歌曲曲谱和歌词；能在准确演唱歌曲的基础上，理解歌曲所表现的音乐内涵，并用合适的速度、力度、音速和演唱形式表现歌曲的情绪和内涵

续表

第三课时教学目标			
二、教学重难点 （一）教学重点 学唱歌曲《木瓜恰恰恰》，理解歌曲所表现的音乐内涵，并用合适的速度、力度和体态律动动作表现歌曲的情绪和内涵。 （二）教学难点 有创意的体态律动动作编创			
教学阶段	教师活动	学生活动	设计意图
一、师生问好	演唱《问好歌》	演唱《问好歌》	培养良好的课堂常规及二声部和声演唱能力
二、复习	在复习四拍子强拍律动的基础上进行拓展理解与表现	①学生跟随《小小少年》A 乐段音乐进行首拍为强拍的原地律动练习，并拓展为行走律动练习； ②学生跟随《小小少年》A 乐段音乐进行次强拍为强拍的原地律动练习，并拓展为行走律动练习； ③学生跟随《小小少年》A 乐段音乐进行四四拍、不同强拍组合的原地律动练习，拓展为行走律动练习	培养学生对拍子、节拍强弱规律、多声部节奏的音乐感知、音乐体验，为后续音乐学习奠定基础
	引导学生在《我是少年阿凡提》的音乐中进行体态律动	①学生跟随《我是少年阿凡提》第一、二乐句音乐进行体态律动复习； ②学生跟随《我是少年阿凡提》第一、二乐句音乐拓展增加舞蹈性体态律动动作以表现音乐内涵	巩固已有知识技能；为后续学习奠定基础；接续式教学的具体体现
三、导入	播放歌曲《木瓜恰恰恰》并提出问题：歌曲的基本情绪是什么？歌曲可以分为几个乐段？	①欣赏歌曲并思考问题； ②划分乐段	了解歌曲基本情绪；了解歌曲曲式结构
四、新授	学唱歌曲《木瓜恰恰恰》A 乐段旋律及歌词。 ①教唱 A 乐段旋律； ②教唱 A 乐段歌词	①学唱 A 乐段旋律； ②学唱 A 乐段歌词	解决教学重点

续表

第三课时的教学过程			
教学阶段	教师活动	学生活动	设计意图
五、拓展	创意实践： ①引导学生分组尝试编创A乐段体态律动动作； ②体态律动编创成果展示与评价； ③唱、动结合，在体态律动中完整表现歌曲A乐段的音乐情绪	①分小组编创A乐段体态律动动作并进行展示与评价； ②学生进行成果展示与评价； ③学生在唱、动结合的体态律动中完成表现歌曲A乐段音乐情绪与风格的活动	教学拓展
六、小结	教师小结	学生分享	巩固知识技能，教学评一体化设计
七、作业	教师布置课后作业	学生理解作业，完成作业	拓展延伸

五声调式描绘下的大好河山

教学基本信息					
单元（或主题）名称	五声调式描绘下的大好河山				
学科	音乐	学段	第三学段初中音乐	年级	八年级
其他相关领域或学科	欣赏、表现、创造、联系				
主要教材	书名：义务教育教科书《音乐》八年级（上册） 出版社：人民音乐出版社（北京版） 出版日期：2015年1月				

教学设计参与人员		
	姓名	单位
负责人	侯文生	北京市通州区第二中学
核心团队	黄侃夫	北京市通州区教师研修中心
	张宏	北京市通州区潞河中学
	张静怡	首都师范大学通州校区
指导者	赵灵萍	北京教育学院

单元（或主题）指导思想与理论依据
一、指导思想 本单元的指导思想：以习近平新时代中国特色社会主义思想为指导，贯彻落实习近平总书记关于教育的重要论述和全国教育大会精神，全面贯彻党的教育方针，坚持社会主义办学方向，以立德树人为根本，以社会主义核心价值观为引领，以提高学生审美和人文素养为目标，弘扬中华美育精神。响应美育浸润校园行动，积极开展丰富多彩的课内外活动，领悟中国北地民歌独特的韵味，传承中华优秀传统音乐，培养德智体美劳全面发展的社会主义建设者和接班人。

续表

单元（或主题）指导思想与理论依据
二、理论依据 《义务教育艺术课程标准（2022年版）》在“课程理念”中指出：引导学生积极参与各类艺术活动，感受美、欣赏美、表现美、创造美，丰富审美体验，学习和领会中华民族艺术精髓，增强中华民族自信心与自豪感。同时在“总目标”中指出：感受和理解我国深厚的文化底蕴和党的百年奋斗重大成就，传承和弘扬中华优秀传统文化、革命文化、社会主义先进文化，坚定文化自信，铸牢中华民族共同体意识。中共北京市委办公厅、北京市人民政府办公厅印发的《关于全面加强和改进新时代学校美育工作的行动方案》中指出：义务教育阶段要进一步丰富美育课程资源，充分发挥不同学科领域承载的美育熏陶作用，通过学校组织的课内外美育教育教学活动，激发学生的艺术兴趣和创新意识，培养学生健康向上的审美趣味。以上论证均是本单元教学设计强有力的理论依据
单元（或主题）教学背景分析
一、教学内容分析及课时分配 （一）教学内容分析 本单元选自人民音乐出版社出版的《音乐》教材七年级上册第三单元、八年级上册第二单元与八年级下册第三单元。在初中音乐教材中，出现我国民歌的单元分布如下：

民歌所在单元	民歌类型
七年级上册第三单元	蒙古族民歌
七年级下册第三单元	维吾尔族民歌
八年级上册第二单元	汉族民歌（江苏、湖北、湖南、江西、山东）
八年级上册第三单元	藏族民歌
八年级下册第三单元	西北与北方地区民歌
九年级上册第三单元	西南少数民族民歌（苗族、彝族、壮族、侗族）
九年级下册第三单元	东北地区民歌

从上表中可以看出，每册教材都有涉及我国民歌的内容，基本涵盖了我国不同地域、不同民族具有代表性的民歌作品。本单元的学习内容均为极具代表性的五声调式歌曲，旨在引导学生了解中国五声调式，感受相同调式下不同地区民歌的风格与特征，在加深对我国民歌的认识与理解的同时能够掌握判断五声调式的规律。学好本单元内容，为高年级继续学习中国民歌的体裁与分类打下基础，使学生切实感受到我国民歌风格的多样化，学习和领会中华民族艺术精髓，激发民族自信心与自豪感。

本单元学习汇集了三首不同地区的民歌，分别是《天鹅》《无锡景》《泪蛋蛋抛在沙蒿蒿林》。

1.《天鹅》

这是一首蒙古族民歌，属于“宴歌”的体裁。这首歌曲带有丰富的生活性和风俗特点，表达了热情好客的蒙古族人民对于远方客人的欢迎和友善之情。旋律具有蒙古族短调的特点，篇幅短小，节奏匀称，装饰音运用较少，由两个乐句构成，调式为五声羽调式，音乐具有叙述性。歌曲速度缓慢，旋律比较平稳，气息绵长，具有悠远、宽广的意境，将歌曲深沉的内涵和对家乡、对亲人朋友的眷恋之情表现得准确、到位。在民歌演唱中，引导学生体验蒙古语的发音特点，注意歌词的归韵，长中有短、短中有长，尽可能准确地表现出蒙古族民歌悠扬、宽广、荡气回肠的特点。

续表

单元（或主题）教学背景分析
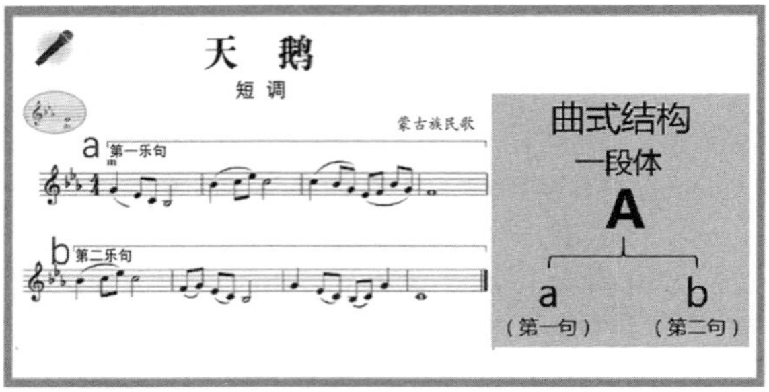 2.《无锡景》 这是一首江苏民歌，为民族五声宫调式，四二拍，一乐段分节歌，由规整的四个乐句组成。歌曲向游人们详细介绍了无锡城的历史和风景区，既给游人们助兴，又给美丽的景色增添了光彩。歌词语言形象、生动，具有很强的概括性，旋律优美、细腻，又具有说唱音乐的特点，歌词与曲调的结合特别自然，歌词中“呀”“末”等衬词的运用，使人感到非常亲切，而波音的使用也为歌曲增添了一丝江南的韵味。  3.《泪蛋蛋抛在沙蒿蒿林》 这是陕北“信天游”的代表曲目之一。歌曲曲式为上、下句单乐段结构，速度为中速稍慢，节奏自由、悠长，在调式上采用了我国民族五声羽调式。上句先扬后抑，在高音区起唱，乐句中间的长音之后采用了向上四度的甩腔；下句具有收拢性，在一个八度上行大跳后逐渐回落到主音“la”上。 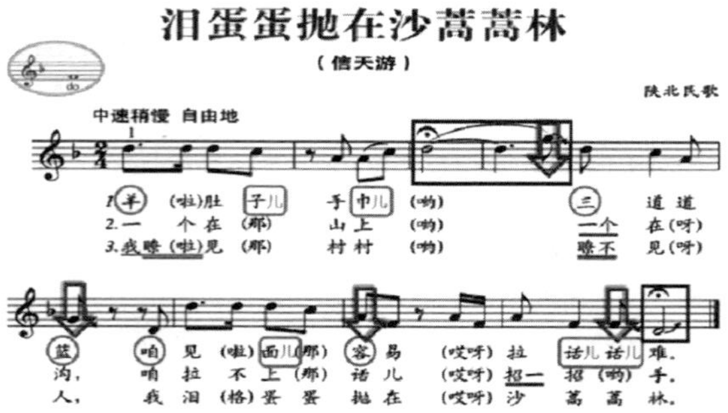

续表

单元（或主题）教学背景分析
（二）单元课时分配 本单元共三课时，具体安排如下。 第一课时：学唱《天鹅》，了解五声调式的判断。 第二课时：学唱《无锡景》，了解“花儿”的风格特征，能够分析出“花儿”和“信天游”的异同。 第三课时：学唱《泪蛋蛋抛在沙蒿蒿林》，在继续巩固判断五声调式的基础上，运用五声调式进行简单的编创。了解“信天游”在歌词、方言、唱腔和结构等方面的特点，能够运用相应的歌唱技巧表现歌曲。 二、学生情况分析 本单元的教学对象为初二年级学生，这一学段的学生通过初中阶段一年的音乐课程学习，对五线谱的基础知识有所了解，部分学生音高概念模糊、音准较差。经过小学学段对民歌的学习，在认识曲目地域的方言差异方面有一定的积累，对民歌体裁内容的音乐接触较少，学习民歌经验不多。对民歌的体裁划分及民族调式的相关知识还未学习。学生已具备的能力如下。 （1）音准：70% 的学生能够准确模唱和构唱大小二度、大小三度，模唱短小的音列，通过教师哼鸣能比较准确地说出唱名。 （2）节奏：已经学习全音符、二分音符、四分音符、八分音符、十六分音符、前八后十六音符、前十六后八音符、四分附点音符，能够手打稳定拍参与音乐学习；70% 的学生能够识读学习过的节奏型，50% 的学生可以将已学音符组成节奏型进行听记练习，85% 的学生能够用固定节奏型为歌曲伴奏。 （3）五线谱识读与记写：85% 的学生能基本准确地以“下加一线为 do”识读五线谱，50% 的学生能够按照移动 do 首调识读五线谱，15% 的学生还不能够快速掌握乐谱识读。 （4）节拍：90% 的学生能够随着音乐打出二、三、四拍稳定拍和挥拍，70% 的学生在听辨过程中能够准确识别二拍子、三拍子、四拍子。 （5）音乐结构：85% 的学生能够分析简单的一段体音乐结构，能够划分乐句，并能辨别乐句之间相同、相似、不同的关系。50% 的学生能准确划分二段体音乐结构。 （6）歌唱表现：80% 的学生能够用自然、圆润的声音演唱歌曲，但较少学生能关注到演唱的音色、表现力以及乐句呼吸的控制，整班学生的音色和谐度还不够统一。 （7）中国民族五声调式知识：大部分学生对于民族音乐知识涉猎较少，对中国民歌创作手法的认识较少。 三、本单元学习中学生的思维障碍点和发展点 （1）本单元障碍点：学生对运用“字、气、劲、味”体验歌曲的方式比较陌生，在有表现力地演唱歌曲时存在不足。 （2）本单元发展点：通过“参与—体验”式教学，引导学生认识中国民歌音乐的风格特点及各地域民歌的不同风格，理解民歌的艺术内涵和社会价值

续表

单元（或主题）教学目标
一、本单元整体教学目标 （一）审美感知 能够积极主动参与聆听和演唱等音乐实践活动，学习有关汉族民歌的知识，增进对民歌的认识与理解，喜欢并热爱民歌。通过演唱与欣赏，既了解、感受不同地域民歌的风格特征与演唱韵味，又通过民歌学习宫、商、角、徵、羽五声调式的知识。 （二）艺术表现 运用聆听、模仿、体验、对比等方法学习歌曲，感受歌曲的情绪与情感。熟悉手指五线谱的线间位置，准确、有感情地演唱《天鹅》《无锡景》《泪蛋蛋抛在沙蒿蒿林》，感受不同地域的民歌特色，分析音乐的调式调性及旋律特点。 （三）创意实践 通过学习民歌体裁，激发学生的创作灵感，进行旋律编创填空，提高学生的艺术实践能力和创造能力。 （四）文化理解 通过学习民族音乐，使学生了解和热爱祖国的音乐文化，增强民族意识和爱国主义情操。认识中国民歌的体裁特征及歌曲情感表达。 二、课时教学目标与整体目标之间的关系

	已具备能力	第一课时目标	第二课时目标	第三课时目标	单元目标
音准	具备准确演唱小调主和弦与属七和弦的能力； 具备模唱中国民族五声调式音阶的能力	能准确演唱小调主和弦与属七和弦（复习）；能准确模唱由五声音阶构成的中国民歌并判断其调式（新授）	能准确演唱小调主和弦与属七和弦（复习）；能准确模唱由五声音阶构成的中国民歌（新授）并判断歌曲调式（运用）	能准确演唱小调主和弦与属七和弦（复习）；能准确模唱由五声音阶构成的中国民歌（新授）并判断歌曲调式（运用）	能准确演唱小调主和弦与属七和弦；能准确模唱由五声音阶构成的中国民歌并判断其调式
节奏	能听辨、识读、记写二分音符、四分音符、四分附点音符、八分音符、八分附点音符、十六分附点音符、切分等节奏组成的节奏短句	能准确听辨、识读、记写二分音符、四分音符、四分附点音符、八分音符、八分附点音符、十六分附点音符、切分等节奏组成的节奏短句（复习）	能准确并较迅速地听辨、识读、记写二分音符、四分音符、四分附点音符、八分音符、八分附点音符、十六分附点音符、切分等节奏组成的节奏短句（复习）	能准确且迅速地听辨、识读、记写二分音符、四分音符、四分附点音符、八分音符、八分附点音符、十六分附点音符、切分等节奏组成的节奏短句（复习）	能准确且迅速地听辨、识读、记写二分音符、四分音符、四分附点音符、八分音符、八分附点音符、十六分附点音符、切分等节奏组成的节奏短句
结构	具备划分乐句、判断一段体结构的能力	能准确划分一段体结构、两个乐句的作品（复习）	能准确划分一段体结构、四个乐句的作品（复习）	能迅速划分一段体结构、两个乐句的作品（复习）	能迅速并准确地划分曲式结构并储备一段体歌曲素材

续表

单元（或主题）教学目标

续表

	已具备能力	第一课时目标	第二课时目标	第三课时目标	单元目标
音乐表现	具备模唱教师范唱的能力；具备听赏与分析音乐的能力；具备认知叠词、衬词、衬字等知识的能力	能模仿教师的范唱，准确表现出中国民歌《天鹅》的韵味（新授）	能模仿教师的范唱，尝试用“字、气、劲、味”的方式有韵味地演唱中国民歌《无锡景》（新授）	能模仿教师的范唱，尝试用“字、气、劲、味”的方式有韵味地演唱中国民歌《泪蛋蛋抛在沙蒿蒿林》（新授）	能够运用所学知识辨别中国不同地区的民歌并表现出其韵味

单元（或主题）教学过程设计

- 五声调式描绘下的大好河山
  - 第一课时：《天鹅》
    - 《问好歌》、一课一练
    - 复习与导入
      - 复习稳定拍
      - 复习判断乐段、乐句
    - 新授
      - 分析歌曲曲式结构
      - 学唱《天鹅》
      - 判断五声调式
      - 真假声混合演唱
      - 手指五线谱识谱
    - 拓展
      - “短短长”句式结构
      - 尝试运用“诺古拉”表现歌曲
    - 作业
      - 完整演唱《天鹅》
      - 小组合作，运用蒙古语演唱并表演
      - 拓展赏析相关内蒙古地区的民歌
    - 总结
  - 第二课时：《无锡景》
    - 《问好歌》、一课一练
    - 复习与导入
      - 判断歌曲《天鹅》的调式并背唱
      - 判断歌曲调式
    - 新授
      - 划分歌曲乐段、乐句
      - 从“字、气、劲、味”学唱歌曲
    - 拓展
      - 识读、记写第一乐句字母谱
      - 再赏新版《无锡景》
    - 作业
      - 完整记写《无锡景》字母谱
      - 尝试编创《无锡景》第二段歌词并演唱
    - 总结
  - 第三课时：《泪蛋蛋抛在沙蒿蒿林》
    - 《问好歌》、一课一练
    - 复习与导入
      - 复习五声调式
      - 复习巩固《无锡景》
    - 新授
      - 划分歌曲乐段、乐句
      - 从“字、气、劲、味”学唱歌曲
    - 拓展
      - 探究歌曲的创作手法
    - 作业
      - 完整背唱《泪蛋蛋抛在沙蒿蒿林》第一段歌词
      - 小组合作，运用“回头换尾”的创作手法编创民族五声调式旋律
    - 总结

续表

<table>
<tr><th>单元（或主题）的作业设计及学习效果评价设计</th></tr>
<tr><td>
一、作业设计
（一）第一课时
（1）完整背唱《天鹅》。
（2）小组合作，用蒙古语演唱并尝试进行综合表演。
（3）拓展欣赏相关内蒙古地区的民歌。
（二）第二课时
（1）完整记写《无锡景》字母谱。
（2）与他人合作，查找资料，结合其他相关文化知识，尝试编创《无锡景》第二段歌词并演唱。
（三）第三课时
（1）完整背唱《泪蛋蛋抛在沙蒿蒿林》第一段歌词。
（2）通过小组合作运用“同头换尾”的创作手法编创民族五声调式旋律。
二、学习效果评价设计
（一）评价方式
本单元由过程性评价和终结性评价两种方式组成。过程性评价贯穿整个学习的过程，终结性评价于课后完成。
1. 过程性评价
（1）能够通过歌曲结束音判断调式。
（2）能准确表现三首民歌的韵味。
（3）能够分析歌曲曲式结构。
（4）能够按照要求记写节奏和旋律。
2. 终结性评价
能通过小组合作进一步拓展学习内容。
（二）评价量规
评价量规——学生学习效果评价标准（每项满分 5 分）。
<table>
<tr><th rowspan="2"></th><th rowspan="2">评价内容</th><th colspan="3">评价标准</th></tr>
<tr><th>能做到</th><th>基本做到</th><th>不能做到</th></tr>
<tr><td>歌词</td><td>能够辨别歌曲中的叠词、衬词、衬字</td><td></td><td></td><td></td></tr>
<tr><td>音准</td><td>能准确模唱我国民族五声调式音阶</td><td></td><td></td><td></td></tr>
<tr><td>节奏</td><td>能够按照要求记写节奏和旋律</td><td></td><td></td><td></td></tr>
<tr><td>结构</td><td>能够划分本曲曲式结构</td><td></td><td></td><td></td></tr>
<tr><td>音乐编创</td><td>能通过小组合作，学唱蒙古语、编创歌词、运用“同头换尾”的创作手法编创民族五声调式旋律</td><td></td><td></td><td></td></tr>
<tr><td>音乐表现</td><td>能准确表现出学习歌曲的韵味</td><td></td><td></td><td></td></tr>
</table>
（三）教学质量分析
（1）学习态度：90% 的学生精神状态饱满，认真回答问题，紧跟教师的教学思路完成课上的教学活动。
（2）音乐素养能力：在课堂中，80% 的学生能够对音准、节奏、力度、音乐表现力、听辨民歌、体裁划分等掌握良好，并积极参与音乐实践活动。
</td></tr>
</table>

续表

单元（或主题）的作业设计及学习效果评价设计
（3）音乐结构：100% 的学生对乐段的划分、乐句之间的特点理解并掌握准确。 （4）音乐表现：通过律动、方言学唱等音乐实践活动提高学生音乐表现能力。在教学过程中，绝大多数学生乐于主动学习、认识、了解我国民歌音乐文化及其独特的艺术特点；绝大多数学生能够有韵味地背唱歌曲第一段歌词，并能感受中国民歌地域音乐风格特征
本单元（或主题）教学特色分析
（1）每节课都以学生为主体，根据学生已有音乐基础知识与基本技能进行教学，利用接续式教学法由浅入深地进行教学实施，使得学生始终保持对音乐学习的兴趣。熟练运用表格分析音乐作品、进行音乐评述，为学习更多经典作品并知晓“门道”奠定基础。 （2）教学素材选择体现用典型作品做例题的选材原则，每个教学环节目标明确且具有梯度性。注重学生关键音乐能力的巩固与提升，贯彻落实新课标的要求，从而把隐性的知识变成显性的、可操作的有效音乐练习。 （3）学习紧扣生活，将学生的音乐课堂学习内容与国家的大好河山紧紧联系在一起，让学生在大单元、大情境中掌握必备的关键音乐能力，引导学生传承和弘扬中华优秀传统文化，激发学生艺术兴趣和创新意识，培养学生健康向上的审美趣味。 （4）遵循歌唱艺术的感知规律，充分发挥学生学习的主动性，在学生自主探究、深度学习的同时不断提升学生的审美感知能力和审美情趣

单一课时教学设计

一、本课时内容定位

本课时是本单元（主题）教学的第二课时。

二、本课时教学目标

	已具备的知识与技能	本课时目标
音准	具备准确演唱小调主和弦与属七和弦的能力；具备准确模唱五声音阶与判断歌曲调式的能力	能准确演唱小调主和弦与属七和弦（复习）；能准确模唱由五声音阶构成的中国民歌（新授）；判断歌曲调式（运用）
节奏	能听辨、识读、记写二分音符、四分音符、四分附点音符、八分音符、切分等节奏组成的节奏短句	能听辨、识读、记写二分音符、四分音符、四分附点音符、八分音符、切分等节奏组成的节奏短句（复习）
结构	具备划分乐段和乐句的能力	能准确划分歌曲《无锡景》的乐段与乐句（运用）
音乐表现	具备模唱教师范唱的能力；具备听赏与分析音乐的能力	能模仿教师的范唱，尝试用“字、气、劲、味”的方式有韵味地演唱中国民歌《无锡景》（新授）；能在学唱富有中华优秀传统文化特色的经典民歌过程中探究歌曲韵味与文化之间的关系，增强文化自信（运用）

三、本课时为学生储备的知识、技能、方法、作品（典型音调）

音准：大小二度、大小三度、纯四度、纯五度音程的模唱。

识谱：掌握 do 的乐谱识读。

节奏：全音符、二分音符、四分音符、四分附点音符、八分音符等节奏击拍。

节拍：学习二拍子、三拍子、四拍子的歌曲律动及特点。

结构：夯实一段体、四乐句结构。

四、本课时教学过程

（一）师生问好

问好歌

设计意图：通过具备学科特色的问好方式，养成关注教师指挥和合唱训练的习惯，在提升学科核心素养的同时为学生的终身学习奠定基础。

（二）一课一练

小调主和弦与属七和弦构唱。

l，– d – m – r – t，– si，– m，–l

设计意图：通过练习，探索提高音准的有效方式，训练学生的听、唱能力。

（三）复习与导入

（1）聆听范唱，判断歌曲的歌名与调式。

（2）手打稳定拍，复习演唱歌曲。

（3）中国民族五声调式。

d　r　m　s　l

宫　商　角　徵　羽

设计意图：通过复习巩固之前学习成果，从五声调式上引导学生进入新课学习，提升关键音乐能力。

（四）新授

（1）手打稳定拍，聆听范唱，判断歌曲调式。

无 锡 景

独 唱

（2）歌曲是中国哪个地方的民歌，结构怎么划分？

设计意图：通过对调式、结构划分的检测，判断学生是否具备解决关键性问题的能力，落实学科核心素养。

（3）关注演唱中的“咬字”。

模仿教师的范读与范唱，从歌词上开展对歌曲韵味的学习。

我 有 一 段 情 呀 唱 拨 拉 诸 公 听，
ou yu ye du cing ya cang be la zu gong ting,

诸 公 各 位 静 呀 静 静 心 呀，
zu gong go wei zing ya zing zing sing ya,

让 我（末）唱 一 支 无 锡 景 呀，
niang ou me cang ye za wu xi jing ya,

细 细（那）道 道（末）唱 拨 拉 诸 公 听 呀。
xi xi na dao dao me cang be la zu gong ting ya。

（4）关注演唱中的“气口”。

聆听教师的范唱，在谱例中标识“气口”的位置。

（5）关注演唱中的“劲道”。

复习“上波音”和“前倚音”这两个音乐记号，并通过“接龙演唱”的方式巩固。

（6）关注演唱中的“味道”。

聆听教师对歌曲最后一个乐句的改编，辨识一下哪些地方出现了变化，并将答案记写下来。

设计意图：通过“字、气、劲、味”的系统性学习，让学生能够演唱具有江苏民歌韵味的《无锡景》。完成教学目标，解决重难点，掌握中国民歌学习的有效方法，落实学科核心素养。

（五）拓展

（1）记写字母谱，并在手指五线谱上展现。

l, l, s, l, r drd l, s, l, d d dl, s, l, d

设计意图：巩固运用熟歌来识谱的学习方式，强调每节课的学习收获。

（2）再赏新版《无锡景》。

设计意图：引出中国民歌具备“流变性”的特点，结合欣赏，分析和描述歌曲所具备的风格特点和文化内涵。

（六）课后作业

（1）完整记写《无锡景》字母谱。

（2）与他人合作，查找资料，结合其他相关文化知识，尝试编创《无锡景》第二段歌词并演唱。

设计意图：继续巩固本课时的学习收获，强调合作和学生学习的可持续发展。

（七）师生再见

再见歌

设计意图：首尾呼应，养成学生良好的学习习惯。

五、单元（或主题）教学反思

（一）本单元教学亮点

1. 注重学生音乐能力的提升

本单元依据学生能力水平，紧密围绕音乐核心素养，设定单元教学目标。单一课时目标从学生音乐核心能力点出发，在循序渐进的训练中有效提升学生的音乐核心能力，全面覆盖单元目标，旨在达到全面提升学生音乐核心素养的总目标。

本单元每一课时始终贯彻“聚焦核心素养设定教学目标”的原则，在每一课时的设计及实施中都体现了“用有限的课时，教有限的规律，解决无限学习问题”的特征，强调对音乐“规律、规矩”的教学。

2. 注重单元主题下课程安排的衔接

本单元的设计及实施真正做到了“每一节课都是预备课”的概念，采取以终为始的大单元接续式教学原则，合理分配单元课时，使学生在“做中学”“用中学”“创中学”，真正做到了活学活用。

3. 注重文化理解

培养并发展学生音乐学科核心素养。学生通过聆听、学唱、记写、编创等音乐实践活动，感知并演唱出中国不同地区民歌的独特韵味，了解中国民族音乐文化的博大精深，加深文化理解，坚定文化自信。

（二）不足之处及改进措施

1. 学生展示不够充分

学生积极性和参与度很高，但由于对课堂时间把握不够精准，没有让更多的学生得到展示的机会。

2. 课堂效率有待提高

在开展综合性音乐实践活动过程中，学生活动设计可以更加丰富多彩，增强层次性和难易梯度，既能兼顾整体，又能有效提高课堂效率。

感受和体验 SAB 混声三部合唱作品的艺术魅力

<table>
<tr><td colspan="6">教学基本信息</td></tr>
<tr><td>单元（或主题）名称</td><td colspan="5">感受和体验 SAB 混声三部合唱作品的艺术魅力</td></tr>
<tr><td>学科</td><td>音乐</td><td>学段</td><td>初中</td><td>年级</td><td>八年级</td></tr>
<tr><td>其他相关领域或学科</td><td colspan="5">欣赏、表现、创造、联系</td></tr>
<tr><td>主要教材</td><td colspan="5">书名：义务教育教科书《音乐》八年级（上册）
出版社：人民音乐出版社（北京版） 出版日期：2015 年 1 月</td></tr>
<tr><td colspan="6">教学设计参与人员</td></tr>
<tr><td></td><td>姓名</td><td colspan="4">工作单位</td></tr>
<tr><td>负责人</td><td>侯文生</td><td colspan="4">北京市通州区第二中学</td></tr>
<tr><td rowspan="3">核心团队</td><td>闫晶</td><td colspan="4">北京市通州区青少年活动中心</td></tr>
<tr><td>魏玉红</td><td colspan="4">北京市通州区东方小学</td></tr>
<tr><td>姜欣彤</td><td colspan="4">北京市通州区潞河中学附属小学</td></tr>
<tr><td rowspan="2">指导教师</td><td>高洁</td><td colspan="4">首都师范大学</td></tr>
<tr><td>黄侃夫</td><td colspan="4">北京市通州区教师研修中心</td></tr>
<tr><td colspan="6">单元（或主题）指导思想与理论依据</td></tr>
<tr><td colspan="6">一、指导思想
本单元的指导思想：以习近平新时代中国特色社会主义思想为指导，贯彻落实习近平总书记关于教育的重要论述和全国教育大会精神，全面贯彻党的教育方针，坚持社会主义办学方向，以立德树人为根本，以社会主义核心价值观为引领，以提高学生审美和人文素养为目标。中共中央办公厅、国务院办公厅印发的《关于全面加强和改进新时代学校美育工作的意见》和教育部发布的《关于全面实施学校美育浸润行动的通知》中都强调了要打造艺术课程活力课堂，激发学生积极性，提高参与度，展现学生的自信和风采，鼓励开展班级合唱展示活动，形成人人都参与的美育氛围。
二、理论依据
《义务教育艺术课程标准（2022 年版）》中指出：要重视并着力加强合唱教学，积极创设条件开展全员参与的班级合唱。可运用模唱、手势辅助、声部叠加、音程构唱等方法培养学生的多声部听觉感知能力和合唱能力。在合唱中培养集体意识及协调、合作能力。“独唱与合作演唱”学习任务中明确指出：对演唱保持较浓厚的兴趣，具有较好的歌唱表现能力及良好的歌唱习惯；能积极参与多种形式的合唱，感受合唱的艺术魅力，积累多声部歌曲的演唱经验，不断提高合唱能力；在演唱中能对指挥动作做出正确反应，或运用二拍子、三拍子、四拍子的基本指挥图式指挥他人演唱；具备识谱能力，能比较顺畅地识读简单乐谱。
依据《北京市中小学音乐学科教学常规及学生部分音乐能力要求及说明》中对音准、首调识谱、节拍、节奏、背唱等能力的要求</td></tr>
</table>

续表

单元（或主题）教学背景分析

一、教学内容分析及课时分配

（一）本单元的主要教学内容

1. SAB 混声三部合唱

SAB 混声三部合唱作品中的“S”代表女高音，“A”代表女中音，而“B”区别于一般混声合唱团中的 Tenore（男高音）、Baritone（男中音）或者 Bass（男低音），它就是混声三部合唱（SAB）中特有的一个声部，把这个声部解释为“Boys”更为恰当，即处于进入变声期但没有完成变声的男孩子这样一个特殊的群体。这个时期的男孩子，不再有变声期前类似 Soprano（女高音）或 Alto（女中音）的高音域，但因为变声未完成，高音又没有达到 Tenore（男高音）的音域，低音又没有达到 Baritone（男中音）或者 Bass（男低音）的音域，有着这个时期特有的音色和音域。

2.《伦敦德里小调》

这是人民音乐出版社出版的《音乐》教材七年级下册第一单元中的教学内容。《伦敦德里小调》是一首爱尔兰民歌，它是根据流传在伦敦德里的一首古老民歌改编而成的二声部合唱作品。原曲采用单二部曲式结构，C 大调，四四拍。第一乐段由两个乐句组成，旋律纯朴动人，充满了温柔平和的气氛。第二乐段合唱部分也由两个乐句组成，含有多个三度、六度和声音程，旋律走向高昂，色彩较为明亮，情感更为浓烈。整个音乐充满了热爱生活及憧憬未来的美好感情。此作品可根据张以达改编的混声三部（SAB）合唱版本进行简单编配，添加适合变声期男生音域演唱的“B”声部，让初中阶段处于变声期的男孩子也能够大胆地放声歌唱。

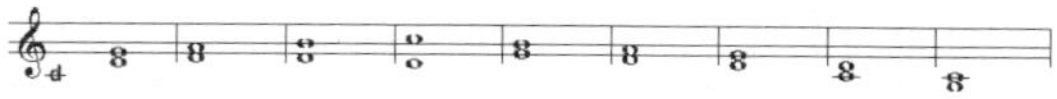

3.《彩云追月》

这是人民音乐出版社出版的《音乐》教材八年级上册第五单元中的一首二声部合唱歌曲。歌曲是刘麟根据任光作曲的民族管弦乐《彩云追月》填词而成，乐意宁静，歌词深情，描绘了作者思念远在中国台湾的亲人，盼望两岸早日统一的迫切心情。歌曲采用单二部曲式结构，D 大调，四四拍。歌曲中多次运用的切分音以及波音、倚音，使曲调委婉细腻，不仅润饰、美化了曲调，更赋予旋律独特的风格，有助于歌曲感情的深化与升华。通过演唱歌曲《彩云追月》可以体验民族器乐曲旋律的韵味。歌曲中二声部的精心编配有益于提高学生的合唱能力。根据管弦乐《彩云追月》中低音乐器的编配手法，改编添加适合变声期男生音域演唱的“B”声部，能够用歌声更立体地还原民族管弦乐的和声效果，突出变声期男生在合唱中的重要作用。

4.《美丽的村庄》

《美丽的村庄》是人民音乐出版社出版的《音乐》教材八年级上册第六单元中的合唱作品，歌曲是一首热情奔放的意大利民歌，降 E 大调，四二拍，旋律起伏流畅，节奏欢快活泼，形象生动地描绘了美丽、繁荣、幸福的村庄，展现了意大利人民热爱家乡、热爱劳动的情感与大方爽朗的性格。

教材中歌曲版本为同声三声部合唱、单三部曲式。本节课将歌曲改编为混声三部（SAB）版本，为变声期男生量身定制了“B”声部，音域控制在小字组 c 到小字一组的 c1；和声以三度、六度叠置关系为主，音程色彩和谐自然，有利于学生感受和表现 SAB 混声三部合唱的魅力。

（二）本单元的教育教学功能和价值

义务教育音乐课程标准的 2011 年版和 2022 年版中都提出要重视并着力加强合唱教学，积极创设条件开展全员参与的班级合唱，使学生感受多声部音乐的丰富表现力。在中小学开展

续表

单元（或主题）教学背景分析

多声部的音乐训练，可以丰富中小学音乐课堂教学内容，对中小学生进一步感知多声部音乐、学习和参与多种音乐类型活动有着重要的现实意义。

感受和体验 SAB 混声三部合唱训练具有很高的教学价值。首先，从声部上看，音乐教材中常见的 SA 或 SSA 合唱作品更适用于女生和未变声男生的音色和音域，但随着现在学生变声期逐渐提前，从初一开始有一半以上的男生进入变声期，出现音域变窄、高音费力、低音下不来，音色也变得低沉、浑浊等现象，生理上的变化严重影响初中男生正常歌唱。因此，有意识地渗透“变声期”的概念，让初中学生了解变声期的相关知识，能够帮助男生树立大胆演唱的信心，掌握科学的发声方法，在适合自己的音域中演唱出动听的歌声。其次，添加了男生“B”声部之后，有效解决了部分男生演唱的音准问题，能够较好地完成三声部叠置和声，或分解和弦的演唱，有很高的训练价值。另外，学生掌握了添加男生“B”声部后的三部和声，可以运用到歌曲的创作中。以上内容充分证明了 SAB 混声三部合唱训练在初中合唱学习中的特殊价值与优势。

（三）本单元课时分配及每课时的主要内容

第一课时：初识体验 SAB 混声三部合唱作品。通过歌曲《伦敦德里小调》的模仿和学唱，让学生初步了解 SAB 混声三部合唱作品的和声效果及变声期男生适合的音域，完成三声部合唱的准确歌唱。

第二课时：巩固实践 SAB 混声三部合唱作品。通过歌曲《彩云追月》的改编与学唱，进一步学习巩固 SAB 混声三部创作手法，通过观察、模仿与演唱，学会简单的音乐创作手法，感受混声三部和声的艺术魅力，总结创作的特点。

第三课时：创编提升 SAB 混声三部合唱作品。通过歌曲《美丽的村庄》的创编与学唱，继续稳固 SAB 混声三部演唱能力，通过体态律动、乐谱视唱等体验并展现 SAB 三部和声的艺术魅力。

二、学生情况分析

本单元授课对象为初中二年级学生。教师长期采用柯达伊教学法进行课堂教学，对学生进行有目的、有计划的音准、和声、节奏等基础训练。学生整体音乐基础较好（含 6 名有合唱团经历的学生），通过柯达伊教学法的训练及学习，已经具备以下能力：

音准	60% 的学生能够准确模唱和构唱大小二度、大小三度，20% 的学生能够准确构唱大小六度、纯四度、纯五度音程，但准确记写音名和连续准确构唱能力有待提高
节奏	已学习全音符、二分音符、四分音符、八分音符、前八后十六节奏、前十六后八节奏、四分附点节奏，70% 的学生能够识读学习过的音符和节奏型，50% 的学生可以将已学音符组成节奏型，并进行听记练习
节拍	80% 的学生在听辨过程中能够准确识别二拍子、三拍子、四拍子，能够随着音乐击打稳定拍；50% 的学生能够按图示基本准确挥打四二、四三和四四拍；60% 的学生基本掌握弱起拍
结构	90% 的学生能够分析一段体、二段体音乐结构，能够划分乐句，并能辨别乐句之间相同、相似、不同的关系
歌唱表现	70% 的学生能够用自然、圆润的声音演唱歌曲，但较少学生能关注到演唱的音色和表现力、逻辑重音与乐句呼吸的控制，学生的音色和谐度还不够统一
编创能力	学生有过单声部旋律的编创学习经历，并愿意参与编创活动，但是二声部旋律的编创和根据原有旋律添加低音声部（“B”声部）还没有尝试

续表

单元（或主题）教学目标				
一、单元总目标 （1）能够积极参与各项音乐实践活动，在集体歌唱展示中积累合唱经验，了解变声期的相关知识，树立演唱信心，享受合唱乐趣，提升多声部合唱，特别是混声三部（SAB）的歌唱能力。 （2）在掌握三度、六度叠置结构和声的基础上，准确而有感情地演唱混声三部（SAB）合唱歌曲《伦敦德里小调》《彩云追月》《美丽的村庄》。 （3）借助柯达伊教学法、“体态律动”教学法等先进教学方法，通过聆听、模仿、律动、视唱等活动，感受歌曲的情绪、情感，感知作品的旋律、节奏、力度、音色、和声等音乐要素在表达音乐情绪、情感方面的重要作用。 二、各课时教学目标				
	已具备的知识和技能	第一课时教学目标	第二课时教学目标	第三课时教学目标
音准	具备较准确模唱和构唱大小二度、大小三度，大小六度、纯四度、纯五度音程的能力；具备运用同音高转换的方法转调演唱音阶的能力	准确构唱三度、六度音程，识读低音谱号，准确演唱各声部旋律（复习）；了解变声期相关知识及变声期男生的演唱音域（新授）	运用柯尔文手势，解决作品中旋律音程与和声音程的准确演唱，感受“B”声部的创作方法（运用）；聆听管弦乐合奏，感受低音声部的旋律和结构（运用）	根据柯尔文手势准确演唱C大调、降E大调音阶（复习）；完成三度、六度、纯四度、纯五度的音程构唱和三声部和弦连接（运用）
节奏	能准确识读全音符、二分、四分、八分音符、前八后十六、前十六后八、四分附点节奏，能运用已学音符和节奏简单创编节奏乐句；具备运用固定音型为歌曲伴奏的能力	熟练掌握歌曲的核心节奏，及四四拍弱起拍（复习）；编创固定音型为歌曲伴奏（巩固、运用）	掌握歌曲核心节奏型——切分节奏，准确把握八分休止符的节奏特点（新授）	掌握歌曲中的两个核心节奏型，能够准确模仿、听记、朗读特殊节奏型，并通过体态律动感受和表现节奏型中的逻辑重音（新授）
结构	具备分析一段体、二段体音乐结构，划分乐句，并辨别乐句间相同、相似、不同关系的能力	分析二段体的音乐结构（运用）	为歌曲划分结构，了解二段体结构（运用）	为歌曲划分结构，了解三段体的音乐结构（运用）
音乐表现	具备运用自然、圆润的声音演唱歌曲的能力，但较少学生能关注到演唱的音色与表现力以及乐句呼吸的控制，整班学生的音色和谐度还不够统一	在实践中运用力度、速度等音乐要素变化准确表现歌曲《伦敦德里小调》的音乐情感（运用）	能够用自然、圆润的声音演唱歌曲，表达歌曲的音乐情感（运用）	用积极的歌唱状态、规范的吐字咬字方法富有感情地演唱歌曲《美丽的村庄》，提升音乐能力与核心素养（运用）
音乐创作	具有进行单声部旋律的编创的学习经历，并愿意参与编创活动	模仿作曲家创作的SAB合唱作品乐谱，编创固定音型为歌曲伴奏（运用）	通过分组创编“B”声部旋律，了解简单的音乐创作手法（运用）	运用计算机打谱软件为歌曲编配低声部旋律（新授）

续表

单元（或主题）教学过程设计

感受和体验SAB混声三部合唱作品的艺术魅力

- 核心问题：初识体验SAB混声三部合唱作品——模仿和学唱《伦敦德里小调》
  - 初识体验
- 核心问题：巩固实践SAB混声三部合唱作品——改编和学唱《彩云追月》
  - 巩固实践
- 核心问题：创编提升SAB混声三部合唱作品——创编和学唱《美丽的村庄》
  - 创编提升

遵循“接续式教学”“每节课都是预备课”的理念
强调在每节课之间培养学生音乐能力的逻辑性和关联性的教学原则

第一课时《伦敦德里小调》
①二声部师生问好；
②节奏训练；
③C大调低音谱号五线谱识读；
④音程构唱；
⑤旋律视唱；
⑥演唱第一段歌词。

第二课时《彩云追月》
① 三声部师生问好；
②音程构唱；
③节奏训练；
④简单的三声部和声训练；
⑤低音谱号旋律视唱；
⑥演唱副歌部分乐谱。

第三课时《美丽的村庄》
①模仿、听记特殊节奏型；
②体态律动感受逻辑重音；
③三部和声连接训练；
④降E大调低音谱号识读；
⑤多声部旋律视唱；
⑥加歌词演唱歌曲。

第一课时《伦敦德里小调》
- 复习巩固
  - 复习三度音程
  - 复习四四拍强弱规律
  - 复习《伦敦德里小调》主旋律
- 学习新知
  - C大调低音谱号识读
  - 手打稳定拍准确演唱
  - 三度和六度音程构唱
  - 变声期男生音色、音域等相关知识
- 拓展探究
  - 准确演唱弱起小节
  - 欣赏SAB混声三部合唱作品视频
  - 编创以固定音型为主的男声声部
- 小结作业
  - 总结本课主要学习内容
  - 两人一组构唱三度、六度音程
  - 分组合唱歌曲（每组至少有一位变声期男生参加）

续表

单元（或主题）教学过程设计

- 第二课时《彩云追月》
  - 复习巩固
    - 复习三度和六度音程
    - 复习切分节奏和四分附点节奏
    - 复习《伦敦德里小调》
  - 学习新知
    - D大调低音谱号识读
    - 手打稳定拍准确演唱
    - 聆听民族管弦乐《彩云追月》
    - 模仿管弦乐低音乐器创编男生“B”声部
    - 探讨变声期保护嗓子的方法
  - 拓展探究
    - 准确表现八分休止符
    - 对比感受加入男生“B”声部后的和声效果
  - 小结作业
    - 总结本课主要学习内容
    - 小组合作演唱《彩云追月》副歌部分

- 第三课时《美丽的村庄》
  - 复习巩固
    - 复习三度、六度、纯四度音程
    - 复习四二拍强弱规律和指挥图示
    - 复习合唱《彩云追月》
  - 学习新知
    - 降E大调低音谱号识读
    - 挥四二拍按指挥图示准确演唱
    - 听、写、唱核心节奏型
    - 分小组创编男生“B”声部节奏和旋律
  - 拓展探究
    - 体态律动感受八分附点节奏的逻辑重音
    - 探讨歌曲所表达的情感和内涵
  - 小结作业
    - 总结本课主要学习内容
    - 小组合作演唱《美丽的村庄》A、B乐段

单元（或主题）的作业设计及学习效果评价设计

一、作业设计

本单元作业设计内容以艺术实践表现为主，形式包括独立完成型与团队合作型、书面型与活动实践型、巩固练习型和创意实践型几类。

（一）第一课时课后作业

（1）两人一组构唱大调音阶中所有三度、六度音程。

（2）分小组合唱歌曲《伦敦德里小调》（每组至少有一位变声期男生参加）。

（二）第二课时课后作业

（1）挥拍演唱《彩云追月》主歌部分。

（2）小组合作演唱《彩云追月》副歌部分。

续表

<table>
<tr><th>单元（或主题）的作业设计及学习效果评价设计</th></tr>
<tr><td>（三）第三课时课后作业
（1）小组合作演唱《美丽的村庄》A、B 乐段。
（2）尝试运用三度、六度音程和伴奏音型创编方法为《美丽的村庄》C 乐段编创男生“B”声部旋律，有能力的学生用打谱软件打出来，并唱一唱。
二、学习效果评价设计
（一）评价目标
首先，音乐评价应有利于学生了解自己的学习情况。其次，评价可以增强学生音乐学习的信心和动力，有利于教师根据学生学习效果调整教学思路及教学方法，做到课堂教学提质增效。
（二）评价内容及评价方式
本单元以过程性评价、表现性评价为主。在音准、节奏训练、五线谱识读、歌唱情绪、音乐编创等表现的学习过程中，教师的定性评价贯穿整个教学过程，并且请学生进行自评、互评。定量评价主要针对学生音乐基本能力的掌握情况进行评价。
（三）评价量规
<table>
<tr><th>评价等级 / 评价内容</th><th>A（很好）</th><th>B（较好）</th><th>C（一般）</th></tr>
<tr><td>节奏的准确模仿与记写</td><td></td><td></td><td></td></tr>
<tr><td>五线谱的识读</td><td></td><td></td><td></td></tr>
<tr><td>和声音程的准确构唱</td><td></td><td></td><td></td></tr>
<tr><td>有感情地演唱</td><td></td><td></td><td></td></tr>
<tr><td>歌曲的低音声部（“B”声部）编创</td><td></td><td></td><td></td></tr>
</table>
</td></tr>
<tr><th>本单元（或主题）教学特色分析</th></tr>
<tr><td>对课程教学中的思考（课程设计亮点）：
（1）突出单元备课，构建整体框架。以探索、模仿和改编典型的 SAB 混声三部合唱作品，训练提升音准、节奏、结构、音乐表现等方面典型的音乐能力构建教学活动。
（2）遵循接续式教学原则。将每一节课都上成预备课，教学内容安排及能力提升是层层递进的关系。
（3）借鉴柯达伊教学法，提高音乐能力。借鉴柯达伊教学法实施教学，在听、唱、写、创的实践中提升核心音乐能力。
（4）发挥学生主体作用，突出音乐实践。教学活动的安排突出以学生为主体，活动内容的设计以实践展示为主</td></tr>
</table>

单一课时教学设计

一、本课时内容定位

本课时是本单元（主题）教学的第三课时。

二、本课时教学目标

	已具备的知识与技能	本课时目标
音准	具备基本准确视唱大小三度、纯四度、纯五度音程的能力；具备准确演唱C大调音阶、识读C大调乐谱、记写C大调音阶及简单曲调的能力；具备识读降E大调高音谱号乐谱的能力	根据柯尔文手势准确构唱大小三度、六度、纯四度音程（复习）；感受三度、六度音程的和谐稳定，完成三声部和弦连接（运用）；在准确演唱音阶的基础上自主识读降E大调低音谱号乐谱（新授）
节奏	具备听辨、模仿、记写由二分音符、四分音符、八分音符、附点音符、休止符等组成的节奏短句的能力；具备正确挥打四二拍、四四拍节拍及弱起节奏的能力	熟练掌握歌曲的核心节奏型（新授）；能够用特殊节奏型演唱音阶，并结合体态律动感受节奏中的逻辑重音（运用）
结构	多数学生具备分析简单的一段体、二段体音乐结构，能够划分乐句，分辨乐句的相同、相似、不同的能力	在合唱学习过程中了解、分析三段体的音乐结构（运用）
音乐表现	具备运用自然、圆润的声音有感情地演唱歌曲的能力	能够准确演唱歌曲《美丽的村庄》，表现三度、六度音程的和谐效果（新授）；在合唱实践中进一步体验和表现力度、速度等音乐基本要素，并能够运用音乐要素表现歌曲情绪（运用）

三、本课时为学生储备的知识、技能、作品

（1）准确视唱三度、六度叠置的三部和声及视唱练习曲。

（2）熟练掌握四二拍节拍特点及弱起小节，掌握两个核心节奏型，准确演唱合唱作品《美丽的村庄》。

（3）自主识读降E大调低音谱号乐谱。

四、本课时教学过程

（一）节奏练习

1. 节奏听写与朗读

节奏1：　　节奏2：

练习方法：教师用手拍击节奏型，学生听辨并记录在学案中，并用柯达伊节奏唱名、朗读核心节奏，教师邀请学生将自己的答案分享到黑板上。

2. 有节奏的音阶练习

有节奏的音阶练习 1

有节奏的音阶练习 2

练习方法：学生边做柯尔文手势边按节奏演唱音阶，关注演唱音准。

【设计意图】巩固歌曲中出现的重点节奏型，引导学生正确听写节奏并运用柯达伊节奏唱名、朗读节奏，解决节奏难点；运用“有节奏的音阶练习”巩固特殊节奏型。

（二）发声练习

1. 重音练习训练

律动：单手拍肩　　捻　指　　　　律动：单手拍肩　　捻　指

练习方法：学生边做体态律动边读出节奏，体验“逻辑重音”带来的节奏感，同时感受演唱重音时的气息运用。

2. 吐字咬字训练

练习方法：引导学生调整站姿、放松肩颈、气息下沉，将“有节奏的音阶练习 1”和“有节奏的音阶练习 2”用“la”演唱。提示：演唱“la”母音要努力张开后牙，舌尖轻点上膛，快速、轻巧且清晰地演唱十六分音符的节奏，同时注意唱出“逻辑重音”。

【设计意图】运用简单的体态律动感受逻辑重音带来的节奏感，巩固气息运用技巧；选取合唱作品中比较难掌握的“啦”字进行发声练习，为解决歌曲演唱中的难点打好基础。观察、体会自己的歌唱状态是否正确，演唱时要关注元音“吐字咬字”的正确位置。

（三）和声训练

练习方法：学生观察教师做的柯尔文手势，并根据手势按声部演唱正确音高，形成三声部和声，注意声部间相互聆听，调节音准。

【设计意图】《美丽的村庄》以三度、四度音程为主要和声，在和声练习过程中稳定三度音程的音准，并在和声练习中加入变声期男生的“B”声部（低音声部），为演唱 SAB 三部混声合唱歌曲打好基础，培养学生的和声听觉及声部之间倾听与配合的能力。

（四）视唱练习

（1）看图视唱降 E 大调音阶，熟悉线间位置。

（2）学习低音谱号中降 E 大调音阶并识读乐谱。

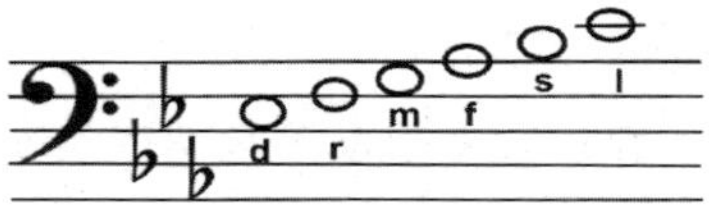

（3）运用“手指五线谱”巩固降 E 大调识读乐谱的方法。

（4）视唱练习。

视唱练习 1

练习方法：男生依次识读低音谱号乐谱，每人一个小节；女生依次识读高音谱号乐谱，每人一个小节。

视唱练习 2

练习方法：女高声部和女中声部分别与男生声部合唱准确之后，三个声部合唱视唱练习 2 乐谱。

【设计意图】运用“手指五线谱”学习并巩固低音谱号的识谱方法；视唱练习 1 测试学生识读乐谱的掌握程度，同时训练音程构唱；通过视唱练习 2 解决歌曲中的重点合唱乐句，为完成混声三部合唱打好基础。

（五）歌曲排练《美丽的村庄》

1. 重难点突破

（1）学生分声部复习歌曲《美丽的村庄》A、B 乐段乐谱。

（2）女生声部合唱 A、B 乐段，根据演唱情况及时纠正音准、和声问题。

（3）女高、女中声部在声势节奏辅助下准确演唱附点节奏、弱起拍节奏。

（4）学习男生声部乐谱，与女高声部合唱 A、B 乐段。

（5）加歌词演唱 B 乐段，关注开口音的咬字和附点节奏的逻辑重音。

2. 复习歌词

（1）分声部加歌词演唱《美丽的村庄》A、B 乐段歌词。

（2）提示学生保持“三提两放”的歌唱状态，关注歌词“啦”字的吐字咬字，寻找“打哈欠”的感觉（头腔共鸣）。

3. 完整演唱歌曲 A、B 乐段

【设计意图】在“发声练习”和“视唱练习”的基础上学习混声三部合唱歌曲《美丽的村庄》A、B 乐段，通过单声部练习突破歌曲重难点。加强声部之间、师生之间的相互配合，提高声部之间相互倾听的能力，从而提高班级合唱的整体演唱水平，同时为创编 C 乐段男生“B”声部打好基础，培养学生的审美感知和艺术表现素养。

五、教学反思

（一）关注学生身心发展规律

初中阶段是男生的变声期，是一个身心发展的特殊时期，由于声带的发育和声音变化，部分学生缺乏大声歌唱的信心。本课中，教师在了解初中生歌唱教学实际情况的基础上，特别关注了变声期男生的嗓音变化，研究变声期学生的身心发展特征，引导学生正确认识变声期的自己，特别关注变声期男生的演唱音域、歌唱方法和声带保护等相关知识，从而让变声期男生也能够运用正确的方法自信大方地演唱，并创编适合自己音域的低声部旋律，平稳度过变声期。

（二）遵循接续式教学原则

本课在第一课时和第二课时的基础上，以复习为起点，以学生为主体，在柯达伊教学法的理念指导下，将音乐理论知识和技能训练融入学生的各项音乐实践活动中，使乐理知识学习和识谱教学不再枯燥乏味，同时也使学生的学习过程变成一个动态的认知过程。三个课时的安排是层层递进的接续形式，从初识体验、巩固实践到创编提升，三个课时环环相扣，遵循了“每节课都是预备课”的接续式教学原则，运用典型的作品、有限的课时、有限的规律解决学生学习无限作品时遇到的问题。

（三）提高学生核心音乐能力

本课借鉴柯达伊教学法，循序渐进地引导学生感受和体验音乐，学生的学习一直在听、唱、写、创等音乐活动中进行，采用柯达伊节奏唱名、柯尔文手势、首调唱名法、手指五线谱等教学手段，实施节奏记写、音阶演唱、音程构唱、和声训练、多声部旋律视唱等教学内容。在学习过程中，学生对歌曲的节奏、旋律、结构、音乐表现等音乐要素进行了深入的学习，并及时得到了实践和应用，提高了学习效率，实现了从传授知识到核心音乐能力提升的转化。

六、不足之处与改进措施

（一）不足之处

（1）学生在高音演唱时比较吃力且音准不够准确，气息运用还不够到位。

（2）个别学生的歌唱状态不够投入。

（二）改进措施

（1）平时上课中多做气息训练，并在学生演唱高音时，教师运用指挥手势提醒并多做准确示范。

（2）教师须多关注个别学生的歌唱习惯及状态，加强针对性辅导。

切分节奏的复习与运用

——以歌曲《掀起你的盖头来》《青春舞曲》和《彩云追月》为例

一、教学基本信息

教学基本信息					
单元（或主题）名称	切分节奏的复习与运用 ——以歌曲《掀起你的盖头来》《青春舞曲》和《彩云追月》为例				
学科	音乐	学段	初中	年级	七年级
其他相关领域或学科	欣赏、表现				
主要教材	书名：义务教育教科书《音乐》七年级（下册）、八年级（上册） 出版社：人民音乐出版社（北京版） 出版日期：2015 年 1 月				
教学设计参与人员					
	姓名	单位			
负责人	侯文生	北京市通州区第二中学			
核心团队	曹申	北京市第五中学通州校区			
	陈庆军	北京市通州区次渠中学			
	姜明明	北京市第五中学通州校区			
指导教师	张玉榛	首都师范大学			
	黄侃夫	北京市通州区教师研修中心			

续表

<table>
<tr><td colspan="2">单元（或主题）指导思想与理论依据</td></tr>
<tr><td colspan="2">一、指导思想
本单元以习近平新时代中国特色社会主义思想为指导，全面贯彻党的教育方针，遵循教育教学规律，落实立德树人根本任务，发展素质教育。
以中国民间音乐《掀起你的盖头来》《青春舞曲》和中国创作音乐《彩云追月》为载体，在教学实践中传承和弘扬中华优秀传统文化，富有中国心、饱含中国情，全面提高审美和人文素养，增强文化自信。从“听、唱、舞、创”入手，以外化音乐表现的方式，学生能够在各环节中主动探索，达成深度学习、掌握本领。真正做到多听、多唱、多感受，不断积累音乐实践经验，养成乐于思考、勤于实践的意识和习惯，有效提升音乐实践能力。
二、理论依据
《义务教育艺术课程标准（2022 年版）》的课程总目标中强调：感受和理解我国深厚的文化底蕴和党的百年奋斗重大成就，传承和弘扬中华优秀传统文化、革命文化、社会主义先进文化，坚定文化自信，铸牢中华民族共同体意识。以音乐为审美核心、立足核心素养、弘扬民族音乐，学生通过音乐实践，理解我国传统音乐文化的人文内涵，增强民族意识和爱国主义情操</td></tr>
<tr><td colspan="2">单元学习主题分析</td></tr>
<tr><td>主题名称</td><td>切分节奏的复习与运用——以歌曲《掀起你的盖头来》《青春舞曲》和《彩云追月》为例</td></tr>
<tr><td>主题概述</td><td>本单元选用了《掀起你的盖头来》《青春舞曲》和《彩云追月》作为教学素材。通过听、唱、舞、创等实践活动学唱这三首经典的中国歌曲，结合体态律动，复习并运用切分节奏。贯彻落实新课标中“弘扬民族音乐，理解音乐文化多样性”的理念。通过学习民族音乐，学生可以了解和热爱祖国的音乐文化，增强民族意识和爱国主义情操。
本单元三个课时的教学安排及逻辑关系设计如下：
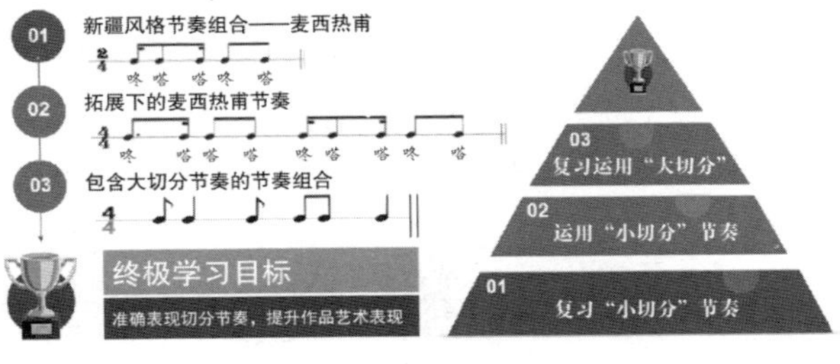

第一课时：通过视、听、唱、舞等实践活动学唱乌孜别克族民歌《掀起你的盖头来》，复习切分节奏，感受新疆麦西热甫节奏的律动特点，结合体态律动体验、感受新疆音乐的风格特点。
第二课时：通过听、唱、写等实践活动学唱维吾尔族民歌《青春舞曲》，复习切分节奏，结合节奏型的律动特点深度体验新疆音乐的风格特点。
第三课时：学唱歌曲《彩云追月》，复习切分节奏，运用重复与变化重复的旋律创作规律背唱歌曲，感受重点节奏型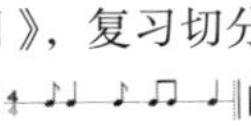的律动特点，有韵味地表现歌曲</td></tr>
</table>

续表

<table>
<tr><th colspan="2">单元学习主题分析</th></tr>
<tr><td>主题学情分析</td><td>为提升课堂实效性，对授课班级学生音乐水平做了如下分析。
（1）在音准方面，通过一个学期的学习，70% 的学生能够准确模唱自然调式音阶和简短乐句，20% 的学生能够准确辨别唱名，但需要反复练习提升听唱能力。
（2）在节奏方面，80% 的学生能够将四分音符、八分音符、十六分音符等均分节奏，以及附点节奏、切分节奏组成节奏型进行读写和表现，40% 的学生能够准确记写。
（3）在音乐结构方面，90% 的学生能够听辨出相同、相似、不同的乐句关系，需要进一步学习中国音乐作品的旋律创作手法，分析歌曲结构。
（4）在音乐表现方面，学生能够在教师引导下按乐句呼吸和轻声高位置演唱歌曲，但仍需进一步培养规范的音乐表现习惯，结合体态律动表现歌曲音乐情绪与韵味。
本单元学习结束后，分析学生的课堂展示、学案反馈以及《过程性评价量表》的数据，发现学生的各项能力都在发生递增的变化，每节课的数据都在上节课的基础上逐渐提升。说明学生已较熟练地掌握了切分节奏的表现方式，完成了本单元学习目标
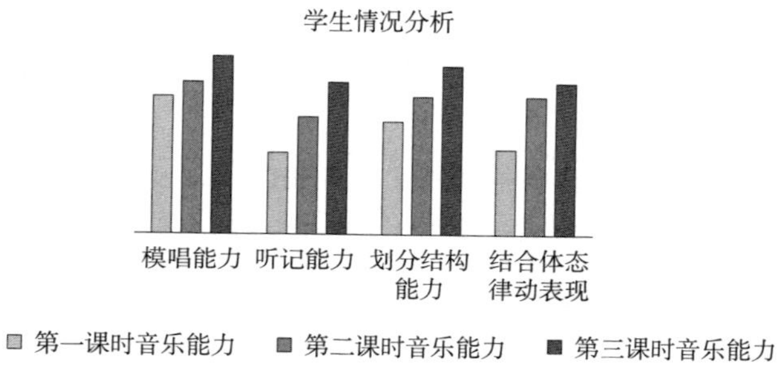
</td></tr>
<tr><td>开放性学习环境</td><td>学生上课地点为初中部音乐专用教室。教室明亮整洁，音响、多媒体等教学设备齐全，为教学提供了便利条件。因教学中设计了肢体律动、自主分组探究等环节，故将学生座椅更换为小巧的六面体凳，U 字形摆放。此外，根据本单元教学内容，教师提前准备了琵琶、新疆手鼓等特色乐器辅助教学，根据学生情况自制了教学课件与学案，对部分乐谱与音频进行了编辑，便于学生学唱与分析作品，教学实效性提升显著</td></tr>
<tr><th colspan="2">学习目标设计</th></tr>
<tr><td colspan="2">本单元的学习目标：引导学生积极参与各项音乐实践活动，以歌曲《掀起你的盖头来》和《青春舞曲》为载体，夯实切分节奏在作品中的复习与运用，感受新疆歌舞音乐的独特韵味，对学习民族音乐产生兴趣。结合以上分析和思考，我设定了本单元的课时学习目标</td></tr>
</table>

	已具备水平	第一课时目标	第二课时目标	第三课时目标
音准	准确模唱音程	五度音程的准确构唱	六度音程的准确构唱	复习构唱二、三、四、五、六度音程

续表

学习目标设计				
续表				
	已具备水平	第一课时目标	第二课时目标	第三课时目标
节奏	熟悉四分音符、八分音符、十六分音符等均分节奏，学习过附点节奏和切分节奏	能够准确拍击  并为歌曲伴奏	能够准确拍击  并为歌曲伴奏	能够准确拍击  并为歌曲伴奏
结构	一段体曲式结构	复习一段体，为歌曲划分乐句并判断乐句关系	通过学唱歌曲《青春舞曲》学习二段体结构	通过学习歌曲《彩云追月》复习二段体结构
音乐表现	能运用自然的声音演唱歌曲	能结合体态律动演唱歌曲，了解新疆歌舞音乐的风格特点	结合体态律动表现歌曲，进一步体验、感受新疆歌舞音乐的风格特点	能有韵味地演唱歌曲，尝试多声部合作，提升对作品的艺术表现力

学习活动 / 任务设计

（1）学生在自愿选择的基础上通过节奏和舞蹈两个领域进行实践拓展。分层设计学习任务，重在学生参与体验。

（2）结合学案，分析歌曲旋律、速度、力度、调式、曲式结构等音乐要素，总结作品的艺术风格。

（3）通过聆听广东音乐代表乐器“高胡”的音色与技法，体验、模仿歌曲的韵味

学习评价设计

1. 演唱音程（每项满分 5 分）

复习音程	能模唱重点音程	能准确构唱作品中的音程	能听辨和记写作品中的音程
得分			

2. 节奏（每项满分 5 分）

复习切分节奏	能准确表现小切分节奏	能准确表现大切分节奏	能准确听辨、记写切分节奏
得分			

3. 节奏编创（每项满分 5 分）

切分节奏的运用	能编创四二拍、含有小切分的节奏组合	能编创四四拍、含有小切分的节奏组合	能编创四四拍、含有大切分的节奏组合
得分			

4. 音乐表现（每项满分 5 分）

结合体态律动表现歌曲	能结合新疆舞蹈动作表现歌曲音乐特点	能在麦西热甫节奏的伴奏下表现歌曲韵味	能结合体态律动表现歌曲韵味
得分			

续表

单元作业设计
第一课时作业： 在固定节奏型的伴奏下或结合舞蹈演唱新疆民歌《掀起你的盖头来》，感受新疆音乐的风格特点。 第二课时作业： 在拍击固定节奏型的伴奏下演唱新疆民歌《青春舞曲》，进一步感受新疆音乐的风格特点。 第三课时作业： 在演唱《彩云追月》中的全音符时加入固定节奏型为歌曲做伴奏，感受切分节奏在表现音乐韵味上的重要作用
反思性教学改进
一、本次教学的成功之处和优点 （1）注重学科融合。引导学生在从属关系合作式教学模式下，通过参与各种音乐实践活动获得直接经验和情感体验、掌握必要的知识技能，在提高审美感知、文化理解的同时，增强艺术表现能力。 （2）结合自身专业和优势，将情感投入到每个教学环节中。 二、教学不足 本单元的教学还存在一些问题，比如小组活动中少数学生参与度不够，在以后的教学中应加以思考和改进。 三、教学启示 今后将更加关注学生能力培养，进一步落实分层教学，让每个学生都成为课堂教学中不可或缺的一员，争取做到以音乐人、以情动人、以美育人
单元教学结构图
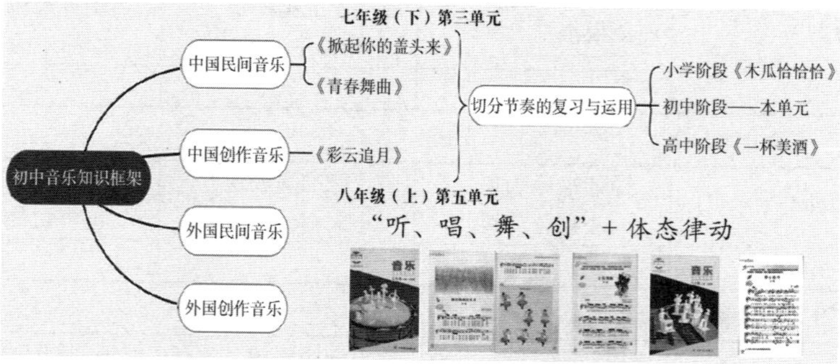

二、课时教学设计

第一课时教学设计	
课题	学唱乌孜别克族民歌《掀起你的盖头来》
课型	新授课☑　章 / 单元复习课□　专题复习课□ 习题 / 试卷讲评课□　学科实践活动课□　其他□

续表

教学内容分析

乌孜别克族民歌《掀起你的盖头来》经过王洛宾重新填词后在我国广泛流传。歌曲为 G 大调，四二拍，一段体，四个乐句，共 12 小节。音域只有五度，节奏简洁，以前八后十六节奏型为主，辅以八分附点节奏，旋律是级进与跳进相结合，音乐欢快而活泼。这首歌曲难度适中，是适合中学生演唱的经典民族歌曲

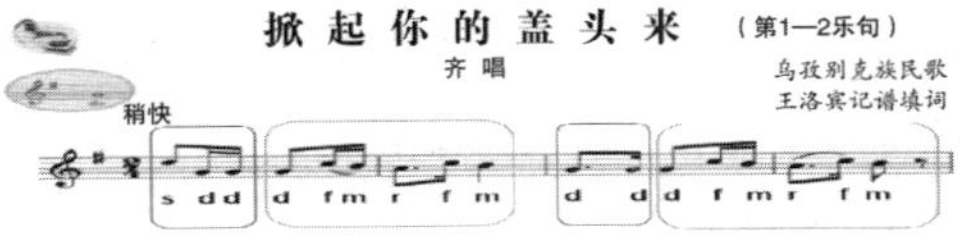

作品小结

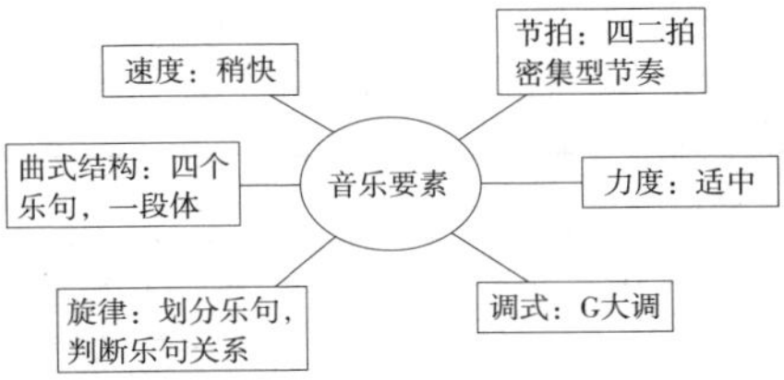

学习者分析

本课教学对象为我校初一 6 班学生，全班 38 人。通过前期学习，学生概况如下。

模唱能力：70% 的学生能够准确模唱自然调式音阶和简短的乐句；20% 的学生能够准确辨识唱名，音高不够稳定；10% 的学生不能准确模唱。

听记能力：40% 的学生能够将已学的四分音符、八分音符、十六分音符、大小切分节奏组成节奏型进行读写和听记；40% 的学生能够准确听记四分附点节奏和八分附点节奏；但仍有 35% 的学生不熟练，可能出错。

划分结构的能力：60% 的学生能够划分乐句，分辨乐句间相同、相似与不同的关系。

结合体态律动的艺术表现能力：85% 的学生能用自然的声音直声歌唱；50% 的学生能够按乐句换气；50% 的学生能结合体态律动较完整地演唱歌曲

续表

学习目标确定

	已有能力	本节课目标
音程	能够准确构唱二度、三度音程，能准确模唱四度和五度音程	能准确地演唱歌曲中的音程（新授、复习）
首调识谱	能运用移动 do 识读乐谱	用移动 do 的方法识读歌曲《掀起你的盖头来》第一、二乐句（复习、运用）
节奏	学习了四分音符、四分符点音符、八分音符、八分附点音符、大小切分等节奏	创编一条含有小切分的固定节奏型为歌曲伴奏（运用）
曲式结构	了解一段体，能划分乐句	分析歌曲曲式结构，划分歌曲乐句并判断乐句关系（复习、运用）
歌唱表现	能够运用自然的声音演唱歌曲	能结合体态律动演唱歌曲，了解、感受新疆音乐的风格特点（新授、运用）

学习重点难点

教学重点：

通过视、听、唱、舞等实践活动学唱新疆民歌《掀起你的盖头来》，感受新疆麦西热甫节奏的律动特点，体验新疆音乐的风格特点。

教学难点：

复习切分节奏，感受新疆麦西热甫节奏的律动特点，结合手鼓或舞蹈演唱《掀起你的盖头来》，体验新疆歌舞的艺术风格

学习评价设计

1. 演唱音程（每项满分 5 分）

复习音程	能模唱重点音程	能准确构唱作品中的音程	能听辨和记写作品中的音程
得分			

2. 节奏（每项满分 5 分）

复习切分节奏	能准确表现小切分节奏	能准确表现大切分节奏	能准确听辨、记写切分节奏
得分			

3. 节奏编创（每项满分 5 分）

切分节奏的运用	能编创四二拍、含有小切分的节奏组合	能编创四四拍、含有小切分的节奏组合	能编创四四拍、含有大切分的节奏组合
得分			

4. 音乐表现（每项满分 5 分）

结合体态律动表现歌曲	能结合新疆舞蹈动作表现歌曲音乐特点	能在麦西热甫节奏的伴奏下表现歌曲韵味	能结合体态律动表现歌曲韵味
得分			

续表

学习活动设计

教师活动	学生活动
环节一：课堂导入	
教师活动 1 （1）组织教学。 （2）示范演唱乌孜别克族民歌《掀起你的盖头来》，感受麦西热普节奏型	学生活动 1 （1）课前准备。 （2）手打稳定拍，欣赏教师范唱，感受麦西热甫节奏型
活动意图说明：教师通过示范演唱拉近作品与学生的距离，突出教学重点，激发学生学习兴趣。	
环节二：新授——歌曲分析	
教师活动 2 引导学生分析歌曲的音乐要素	学生活动 2 逐层分析歌曲音乐要素： （1）曲式结构。 （2）节拍、节奏。 （3）速度。 （4）调式。 （5）力度
活动意图说明：通过设计提问、对比探究等师生互动，展开对作品音乐要素的分析，注重培养学生的音乐能力	
环节三：新授——歌曲学唱	
教师活动 3 教唱歌曲： （1）分析第一、二乐句。 ①引导学生运用手指五线谱练习视唱乐谱； ②引导学生判断第一、二乐句关系。 （2）学唱第三、四乐句。 ①引导学生运用手指五线谱练习视唱乐谱； ②引导学生判断第三、四乐句关系。 （3）引导学生背唱乐谱。 （4）为学生演唱第一段歌词弹伴奏	学生活动 3 学唱歌曲： （1）学唱第一、二乐句； ①视唱乐谱； ②判断乐句关系。 （2）学唱第三、四乐句。 ①视唱乐谱； ②判断乐句关系。 （3）尝试运用相似乐句的音乐规律背唱乐谱。 （4）演唱第一段歌词
活动意图说明：根据作品曲式结构特点分乐句学唱歌曲，通过判断乐句关系理解中国传统音乐作品中常见的旋律特点，引导学生根据乐句关系的规律背唱乐谱，并用民族乐器为学生演唱做伴奏，帮助学生揣摩歌曲韵味	

续表

<table>
<tr><th colspan="2">学习活动设计</th></tr>
<tr><td colspan="2">续表</td></tr>
<tr><td colspan="2">环节四：深度体验</td></tr>
<tr><td>教师活动 4
（1）引导学生编创一条包含切分节奏的节奏型为歌曲伴奏。
（2）体验新疆音乐的律动。
①上下手位移颈；
②托帽手</td><td>学生活动 4
（1）尝试用新疆麦西热甫节奏型为歌曲伴奏。
（2）体验新疆音乐的律动
</td></tr>
<tr><td colspan="2">活动意图说明：邀请舞蹈教师进行合作式分层教学，帮助对手鼓与舞蹈有不同体验需求的学生进一步感受新疆歌舞的表演风格</td></tr>
<tr><td colspan="2">环节五：艺术表现</td></tr>
<tr><td>教师活动 5
（1）带领学生跟随伴奏音乐表演乌孜别克族民歌《掀起你的盖头来》。
（2）教师点评</td><td>学生活动 5
（1）跟随伴奏音乐，以拍击麦西热甫节奏、打手鼓或舞蹈等伴奏形式演唱歌曲。
（2）自评与互评</td></tr>
<tr><td colspan="2">活动意图说明：在能够演唱的基础上进一步开展艺术实践，并进行成果展示与课堂评价</td></tr>
<tr><td colspan="2">环节六：课堂小结</td></tr>
<tr><td>教师活动 6
（1）引导学生归纳本课知识要点。
课堂小结
01 学唱新疆民歌《掀起你的盖头来》
02 分析歌曲的音乐要素
一段体：G大调
03 体验新疆舞蹈的基本动作
三步一抬、进退步；托帽手……
04 体验麦西热甫节奏型

（2）引导学生完成学案，及时总结</td><td>学生活动 6
（1）自主归纳本课知识要点。
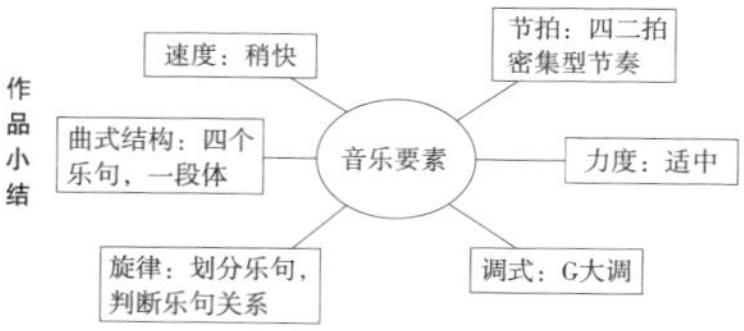
（2）完成学案</td></tr>
<tr><td colspan="2">活动意图说明：回顾、梳理本课重点知识技能，通过学案培养学生自主学习、及时记录的习惯，注重学生实际收获</td></tr>
<tr><th colspan="2">板书设计</th></tr>
<tr><td colspan="2">新疆民歌《掀起你的盖头来》
王洛宾记谱填词
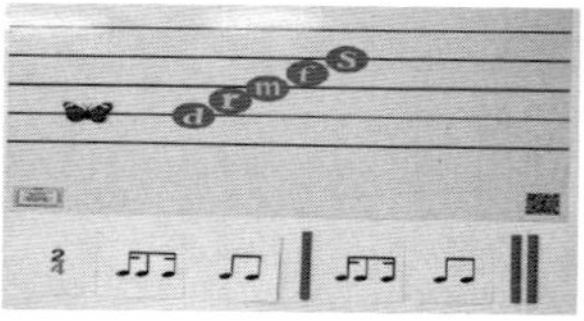</td></tr>
</table>

续表

作业与拓展学习设计
本课作业： 用麦西热甫节奏型为歌曲伴奏
特色学习资源分析、技术手段应用说明
由于本课教学内容为我国乌孜别克族民歌《掀起你的盖头来》，为帮助学生更好地理解和表现作品，教师特意选用中国民族乐器——琵琶和新疆手鼓为歌曲伴奏，身着民族服饰做歌舞范唱，这极大地激发了学生的学习兴趣，学唱环节径情直遂，教学效果令人满意。 此外，在制作教学课件时，选择了贴近本课内容的世界名画《塔吉克新娘》作为课件封面。在体验新疆音乐风格的环节中，还邀请校舞蹈教师一起参与合作教学，将艺术学科合理联合、融会贯通，提升了本课的文化与艺术价值
教学反思与改进
本课的成功之处： （1）注重音乐实践。从音响本体和音乐表现要素（旋律、节奏节拍、速度、力度、曲式结构等）中体验音乐的美，在音乐实践的过程中感知作品表达的情绪、情感、意境、意志，并产生共鸣。学生通过参与各种音乐实践活动学唱新疆民歌，获得直接经验和情感体验，掌握必要的知识技能，在提高审美感知、文化理解的同时，也增强了艺术表现能力。 （2）注重学科融合。在本单元的教学过程中，结合本校师资和学情，设计了与姊妹艺术——舞蹈之间的融合。音乐艺术本身就是学科融合的课程，讲中国的民歌必然要融入历史、人文、社会科学等方面的学科知识。在中华民族民间艺术中，能够最淋漓尽致地表达劳动人民情感的形式就是“载歌载舞”，如演唱乌孜别克族民歌《掀起你的盖头来》时与舞蹈和手鼓演奏相结合的实践活动，就充分调动了孩子们的学习热情。 不足之处： 学生演唱可以再充分些，演唱形式亦可以再多样些，如分组唱、接龙唱等。进一步培养、提升学生唱的能力和音乐表现力

第二课时教学设计	
课题	学唱维吾尔族民歌《青春舞曲》
课型	新授课☑　章 / 单元复习课□　专题复习课□ 习题 / 试卷讲评课□　学科实践活动课□　其他□
教学内容分析	
《青春舞曲》选自人民教育出版社出版的《音乐》教材七年级下册第三单元，是由王洛宾搜集整理的一首新疆维吾尔族民歌。歌曲短小精致、富有哲理，它告诉年轻人：青春正像鸟儿一样，飞去后再也不回来，要珍惜大好的青春时光。 歌曲为 e 小调，四二拍。全曲共 9 小节，可分为两个部分。第 1—5 小节为第一部分：大小二度音程的多次出现，对形成这首歌曲的风格韵味起到了一定的作用；节奏以十六分音符为主。第 6—9 小节为第二部分：附点节奏的出现增强了歌曲的动力，使整首歌曲形成高度统一。原词中“别的那呀呦”是维吾尔语的汉语译音，具有“小鸟呦”的意思，是这首歌曲的衬词，增添了新疆音乐独有的风格与韵味	

续表

学习者分析

通过前期学习，学生学习的概况如下。

模唱能力：75% 的学生能够准确模唱自然调式音阶和简短的乐句；25% 的学生能够准确辨识唱名，音高不够稳定；9% 的学生不能准确模唱。

听记能力：65% 的学生能够将已学的四分音符、八分音符、十六分音符、大小切分节奏组成节奏型进行读写和听记；45% 的学生能够准确听记四分附点节奏和八分附点节奏；但仍有 35% 的学生不熟练，可能出错。

划分结构的能力：70% 的学生能够划分乐句，分辨乐句间相同、相似与不同的关系。

结合体态律动的艺术表现能力：90% 的学生能用自然的声音直声歌唱；55% 的学生能够按乐句换气；70% 的学生能结合体态律动较完整地演唱歌曲

学习目标确定

	已有能力	本节课目标
音程	能够准确构唱二度、三度、四度音程，能准确模唱五度音程	能准确地演唱歌曲中的音程（新授、复习）
首调识谱	能运用移动 do 识读乐谱	用移动 do 的方法识读歌曲《青春舞曲》第一、二乐句（复习、运用）
节奏	学习了四分音符、八分音符、八分附点音符、十六分音符、大小切分音等节奏	能够准确拍击  节奏型，并为歌曲伴奏（新授）
旋律创作手法	了解重复与变化重复的旋律创作手法	分析歌曲《青春舞曲》的旋律发展手法，运用规律背唱歌曲（复习、运用）
曲式结构	了解一段体和二段体结构，能为歌曲划分乐句	分析歌曲的曲式结构，划分乐句并判断乐句关系（复习、运用）
艺术表现	能够运用自然的声音演唱歌曲	能结合体态律动演唱歌曲《青春舞曲》，进一步体验、感受新疆音乐的风格特点（复习、运用）

学习重点难点

教学重点：

学唱新疆民歌《青春舞曲》，通过听、唱、记写等实践活动，感受新疆音乐的风格特点。

教学难点：

在新疆风格节奏型 

的伴奏下演唱维吾尔族民歌《青春舞曲》，体验新疆音乐的艺术特点与风格

学习评价设计

1. 演唱音程（每项满分 5 分）

复习音程	能模唱重点音程	能准确构唱作品中的音程	能听辨和记写作品中的音程
得分			

续表

学习评价设计			

2. 节奏（每项满分 5 分）

复习切分节奏	能准确表现小切分节奏	能准确表现大切分节奏	能准确听辨、记写切分节奏
得分			

3. 节奏编创（每项满分 5 分）

切分节奏的运用	能编创四二拍、含有小切分的节奏组合	能编创四四拍、含有小切分的节奏组合	能编创四四拍、含有大切分的节奏组合
得分			

4. 音乐表现（每项满分 5 分）

结合体态律动表现歌曲	能结合新疆舞蹈动作表现歌曲音乐特点	能在麦西热甫节奏的伴奏下表现歌曲韵味	能结合体态律动表现歌曲韵味
得分			

学习活动设计

教师活动	学生活动
环节一：复习导入	
教师活动 1 组织学生进行课前复习： （1）复习麦西热甫节奏型。 （2）复习演唱《掀起你的盖头来》	学生活动 1 （1）回顾、总结小切分的节奏特点。 （2）背唱乌孜别克族民歌《掀起你的盖头来》
活动意图说明：通过复习演唱歌曲及小切分节奏为本课的学习做铺垫，温故知新	
环节二：学习新疆风格的节奏型	
教师活动 2 （1）教师示范。  （2）提问：这条节奏型共有几个拍点？ （3）将全班分为 4 组，引导学生接龙表现这条节奏型。 （4）引导学生分为两组、按音色表现这条节奏型。 （5）引导学生利用身边的物品模仿拍击“咚”和“嗒”的音色，手拍口读这条节奏型	学生活动 2 （1）欣赏、观察教师示范。 （2）思考并回答。 （3）全班分为 4 组，接龙表现这条节奏型。 （4）模仿教师，按音色表现这条节奏型。 （5）利用身边的物品模仿拍击“咚”和“嗒”的音色，手拍口读这条节奏型
活动意图说明：将本课的重难点后置，结合学生认知发展规律，设计由简至难的课堂实践活动，落实重点节奏型的学习，引导学生体验新疆风格节奏型的特点	

续表

<table>
<tr><th colspan="2">学习活动设计</th></tr>
<tr><td colspan="2">续表</td></tr>
<tr><td colspan="2">环节三：学唱《青春舞曲》A 段</td></tr>
<tr><td>教师活动 3
1. 教师范唱歌曲
2. 教唱第一乐句
（1）演唱第一乐句歌词。
（2）引导学生听记节奏并接龙表现节奏。
（3）引导学生在学案上听记缺失的音并接龙演唱乐谱。

（4）为学生演唱歌词弹伴奏。
3. 教唱第二乐句
（1）演唱第二乐句歌词。
（2）引导学生听记节奏并接龙表现节奏。
（3）引导学生在学案上听记缺失的音并接龙演唱乐谱。

（4）为学生演唱第二乐句歌词弹伴奏。
（5）引导学生判断第一、二乐句的关系。
4. 教唱第三乐句
（1）演唱第三乐句歌词。
（2）引导学生听记节奏并接龙表现节奏。
（3）引导学生在学案上听记缺失的音并演唱乐谱，重点体验 m–l 的四度音程。

（4）为学生演唱第三乐句歌词弹伴奏。</td><td>学生活动 3
1. 为教师范唱做伴奏
2. 学唱歌曲第一乐句
（1）手打稳定拍，欣赏教师范唱。
（2）听记节奏并接龙表现节奏。

（3）在学案上听记缺失的音并接龙演唱乐谱。

（4）演唱第一乐句歌词。

3. 学唱歌曲第二乐句
（1）手打稳定拍，欣赏教师范唱。
（2）听记节奏并接龙表现节奏。

（3）在学案上听记缺失的音并接龙演唱乐谱。

（4）演唱第二乐句歌词。

（5）判断第一、二乐句的关系。
4. 学唱第三乐句
（1）手打稳定拍，欣赏教师范唱。
（2）听记节奏并接龙表现节奏。

（3）在学案上听记缺失的音并集体演唱乐谱。

（4）演唱第三乐句歌词。

</td></tr>
</table>

续表

<table>
<tr><td colspan="2">学习活动设计</td></tr>
<tr><td colspan="2">续表</td></tr>
<tr><td>5. 教唱第四乐句
（1）演唱第四乐句歌词。
（2）引导学生听记节奏并接龙表现节奏。
（3）引导学生在学案上听记缺失的音并接龙演唱乐谱。

（4）为学生演唱第四乐句歌词弹伴奏。
6. 教唱第五乐句
（1）演唱第五乐句歌词。
（2）引导学生听记节奏并接龙表现节奏。
（3）引导学生在学案上听记缺失的音并接龙演唱乐谱。

（4）为学生演唱第五乐句歌词弹伴奏。
（5）引导学生判断 A 段中五个乐句的关系，为学生演唱 A 段旋律弹伴奏</td>
<td>5. 学唱第四乐句
（1）手打稳定拍，欣赏教师范唱。
（2）听记节奏并接龙表现节奏。

（3）在学案上听记缺失的音并集体演唱乐谱，判断它与第一乐句的关系。

（4）演唱第四乐句歌词。

6. 学唱第五乐句
（1）手打稳定拍，欣赏教师范唱。
（2）听记节奏并接龙表现节奏。

（3）在学案上听记缺失的音并集体演唱乐谱，判断它与第二乐句的关系。

（4）演唱第五乐句歌词。

（5）判断 A 段中五个乐句的关系。
7. 完整演唱歌曲 A 段乐谱
</td></tr>
<tr><td colspan="2">活动意图说明：在听、唱、记写等实践活动中，让学生直奔主题，关注歌曲（A 段）的音乐特点，解决本课部分教学重点与难点</td></tr>
<tr><td colspan="2">环节四：准确演唱歌曲《青春舞曲》</td></tr>
<tr><td>教师活动 4
（1）播放范唱，引导学生感受歌曲的音乐要素。
（2）组织学生完整演唱歌曲，指导学生解决演唱难点</td>
<td>学生活动 4
（1）手打稳定拍，欣赏范唱，感受歌曲的音乐要素。
（2）轻声高位地演唱歌曲，解决歌曲的演唱难点</td></tr>
</table>

续表

<table>
<tr><th colspan="2">学习活动设计</th></tr>
<tr><td colspan="2">续表</td></tr>
<tr><td colspan="2">活动意图说明：落实教学目标——在准确演唱的基础上，引导学生准确把握歌曲的风格、特点</td></tr>
<tr><td colspan="2">环节五：拓展提升</td></tr>
<tr><td>教师活动 5
1. 组织、指导学生完成分组练习
2. 组织小组展示并点评</td><td>学生活动 5
1. 分组练习
1—2人负责拍击“咚”的节奏，1—2人负责拍击“嗒”的节奏，1—2人演唱歌曲《青春舞曲》。
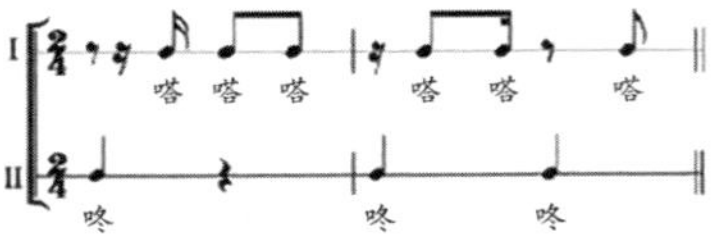
2. 小组展示并互评</td></tr>
<tr><td colspan="2">活动意图说明：在准确演唱的基础上进行节奏与声乐的多声部练习，解决本课教学难点，在分组练习与展示中调动学生的想象力、创造力</td></tr>
<tr><td colspan="2">环节六：课堂小结</td></tr>
<tr><td>教师活动 6
1. 引导学生归纳本课知识要点
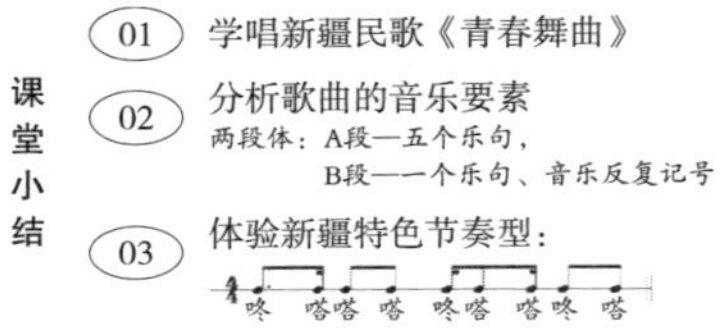
2. 师生探讨本课的收获</td><td>学生活动 6
1. 自主归纳本课知识要点
（1）切分节奏。
（2）背唱维吾尔族民歌《青春舞曲》。
（3）分析歌曲结构。
（4）用固定节奏型为演唱伴奏。
2. 交流提升</td></tr>
<tr><td colspan="2">活动意图说明：引导学生归纳本课的知识要点，注重学生实际获得，落实教学目标</td></tr>
<tr><th colspan="2">板书设计</th></tr>
<tr><td colspan="2">《青春舞曲》
维吾尔族民歌
王洛宾搜集整理
</td></tr>
</table>

续表

作业与拓展学习设计
试着自己边唱《青春舞曲》边拍击固定节奏型 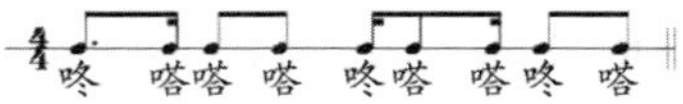
特色学习资源分析、技术手段应用说明
1. 从节奏练习直奔主题 本课融入节奏练习，依托麦西热甫节奏设计了由简至难的节奏练习，直奔主题，为学生感受新疆音乐的风格特点做足准备，顺其自然地解决了教学重点与难点。 2. 注重音乐能力的培养 在平时的音乐教学中注重对学生的歌唱能力和识谱能力的培养。在听、唱、记写等实践活动中，关注歌曲的音乐特点，解决本课的教学重点与难点
10. 教学反思与改进
1. 本课的成功之处 （1）注重音乐实践。从音响本体和音乐表现要素（旋律、节奏节拍、速度、力度、曲式结构等）中体验音乐的美，在音乐实践的过程中感知作品表达的情绪、情感、意境、意志，并产生共鸣。学生通过参与各种音乐实践活动学唱新疆民歌，获得直接经验和情感体验，掌握必要的知识技能，在提高审美感知、文化理解的同时，增强艺术表现能力。 （2）注重对学生音乐能力的培养与积累。在听记节奏与缺失音的练习中，教师将全班分为4个组进行，并且换“写”为“贴”，再以接龙的形式表现节奏或演唱旋律。这样不仅降低了难度，还节省了大量时间，学生参与度高、积极性强，课堂实效性提升显著。 2. 不足之处 学生的课堂实践环节可以再充分些，如增加歌曲演唱，可以采取独唱、分组唱、接龙唱等形式；在分组练习环节可以鼓励学生大胆创新并实践，进一步提升学生听的能力、唱的能力、编创能力和合作表现的能力

第三课时教学设计	
课题	学唱歌曲《彩云追月》
课型	新授课☑　　章 / 单元复习课☐　　专题复习课☐ 习题 / 试卷讲评课☐　　学科实践活动课☐　　其他☐
教学内容分析	
《彩云追月》选自人民教育出版社出版的《音乐》教材八年级上册第五单元，是一首由中国民族管弦乐改编填词的合唱曲，四四拍，慢速，二段体结构。歌曲由任光作曲、刘麟填词。 歌曲的A段具有浓郁的民族风格，多二度级进和三度小跳音程，由短、长、长三个乐句组成，第二、三乐句中出现“重复”的写作手法，并巧妙地运用切分♪♩♪节奏，配以“照着树林，照着山峰，照着小河水淙淙”的童真歌词描绘出月夜的幽静与美好。B段是在A段的基础上派生出来的，除保留切分节奏外，还运用了♩.♪、𝄾等节奏。旋律也更加婉转动人，此乐段出现五度、六度、七度等大跳音程，在合唱的形式下更添加了月夜的神秘感，令人遐想	

续表

学习者分析

通过前期学习，学生学习的概况如下。

模唱能力：85% 的学生能够准确模唱自然调式音阶和简短的乐句；30% 的学生能够准确辨识唱名，音高不够稳定；8% 的学生不能准确模唱。

听记能力：75% 的学生能够将已学的四分音符、八分音符、十六分音符、大小切分节奏组成节奏型进行读写和听记；50% 的学生能够准确听记四分附点节奏和八分附点节奏；但仍有30% 的学生不熟练，可能出错。

划分结构的能力：80% 的学生能够划分乐句，分辨乐句间相同、相似与不同的关系。

结合体态律动的艺术表现能力：90% 的学生能用自然的声音直声歌唱；65% 的学生能够按乐句换气；75% 的学生能结合体态律动较完整地演唱歌曲

学习目标确定

	已有能力	本节课目标
音程	能够准确构唱二度、三度、四度、五度、六度音程，能准确模唱七度音程	能准确地演唱歌曲中的音程（新授、复习）
首调识谱	能运用移动 do 识读乐谱	用移动 do 的方法识读歌曲《彩云追月》第一乐句（复习、运用）
节奏	学习了四分音符、八分音符、八分附点音符、十六分音符、大小切分音等节奏	能够准确拍击节奏型，并为歌曲伴奏（新授）
旋律创作手法	了解重复与变化重复的旋律创作手法	分析歌曲《彩云追月》的旋律发展手法，运用规律背唱歌曲（复习、运用）
曲式结构	了解一段体和二段体结构，能为歌曲划分乐句	分析歌曲的曲式结构，划分乐句并判断乐句关系（复习、运用）
艺术表现	能够运用自然的声音演唱歌曲	能有韵味地演唱歌曲，尝试多声部合作提升对作品的艺术表现力（复习、运用）

学习重点难点

教学重点：

学唱歌曲《彩云追月》，能够通过听、唱、写等方式学习节奏、旋律、创作手法等音乐基本要素，在熟练演唱歌曲的基础上准确表达作品意境。

教学难点：

复习切分节奏，感受重点节奏型的韵律特点，并运用它为演唱伴奏

学习评价设计

1. 演唱音程（每项满分 5 分）

复习音程	能模唱重点音程	能准确构唱作品中的音程	能听辨和记写作品中的音程
得分			

续表

学习评价设计

2. 节奏（每项满分 5 分）

复习切分节奏	能准确表现 小切分节奏	能准确表现 大切分节奏	能准确听辨、 记写切分节奏
得分			

3. 节奏编创（每项满分 5 分）

切分节奏的运用	能编创四二拍、含有 小切分的节奏组合	能编创四四拍、含有 小切分的节奏组合	能编创四四拍、含有 大切分的节奏组合
得分			

4. 音乐表现（每项满分 5 分）

结合体态律动 表现歌曲	能结合新疆舞蹈动作 表现歌曲音乐特点	能在麦西热甫节奏的 伴奏下表现歌曲韵味	能结合体态律动 表现歌曲韵味
得分			

学习活动设计

<table>
<tr><th>教师活动</th><th>学生活动</th></tr>
<tr><td colspan="2">环节一：复习导入</td></tr>
<tr><td>教师活动 1
组织学生进行课前复习</td><td>学生活动 1
课前复习：
（1）在麦西热甫节奏型的伴奏下复习演唱新疆民歌。
（2）节奏练习：小切分与大切分</td></tr>
<tr><td colspan="2">活动意图说明：温故知新。通过复习演唱与节奏练习，自然而然地过渡到本课的学习，为后续体验重点节奏型做铺垫</td></tr>
<tr><td colspan="2">环节二：学习重点节奏型</td></tr>
<tr><td>教师活动 2
（1）播放歌曲《彩云追月》A 段，引导学生找出典型节奏型。
（2）示范演唱重点部分旋律。
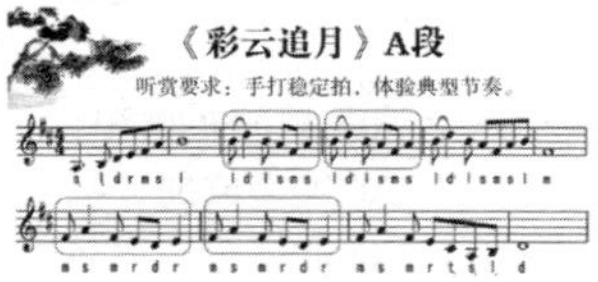

（3）师生接龙演唱 A 段，引导学生感受切分部分表现出的独特韵味</td><td>学生活动 2
（1）欣赏歌曲，感受作品的音乐要素，并找到作品中反复出现的节奏型。

（2）手打稳定拍模仿教师演唱。
（3）师生接龙演唱 A 段旋律，感受切分部分表现出的独特韵味</td></tr>
<tr><td colspan="2">活动意图说明：结合学生认知发展规律，设计由简至难的课堂实践活动，落实重点节奏型的学习，引导学生感受切分部分表现出的独特韵味</td></tr>
</table>

续表

<table>
<tr><td colspan="2">6. 学习活动设计</td></tr>
<tr><td colspan="2">续表</td></tr>
<tr><td colspan="2">环节三：学习旋律创作手法——重复</td></tr>
<tr><td>教师活动 3
（1）引导学生划分乐句，并判断乐句间的关系。
（2）新授作品的旋律创作手法——重复。
（3）引导学生背唱乐谱
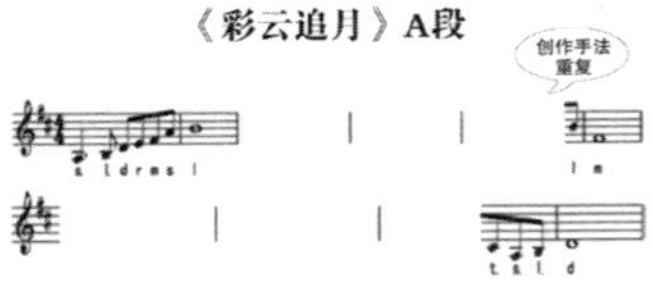
</td><td>学生活动 3
（1）为 A 段划分乐句，并判断三个乐句间的关系。
（2）遮盖 A 段部分乐谱，感受旋律创作手法——重复。

（3）运用重复的创作规律背唱乐谱</td></tr>
<tr><td colspan="2">活动意图说明：通过自制课件引导学生自主发现旋律创作规律，学生能够运用重复的规律快速背唱乐谱，事半功倍地解决了本课的教学重点与难点。可见，教师只需点拨，要把发现规律并能根据规律解决问题的机会留给学生</td></tr>
<tr><td colspan="2">环节四：准确演唱歌曲《彩云追月》</td></tr>
<tr><td>教师活动 4
（1）播放歌曲 B 段，引导学生观察并模仿切分节奏的运用。
（2）口传心授，辅以乐器教唱 B 段旋律，引导学生感受切分节奏的韵味。
（3）为学生完整演唱歌曲弹伴奏，并提出演唱要求，提示学生准确表现出歌曲的音乐要素。
（4）指导学生解决演唱难点。
（5）引导学生能够在熟练演唱歌曲的基础上准确表达歌曲的意境</td><td>学生活动 4
（1）手打稳定拍欣赏歌曲 B 段，观察并模仿切分节奏的运用。
（2）视唱 B 段乐谱，感受切分节奏表现出的特殊韵味。
（3）根据演唱提示与教师要求、手打稳定拍、轻声高位地演唱歌曲。
（4）交流探讨歌曲的演唱难点。
（5）再唱《彩云追月》，尝试在熟练演唱歌曲的基础上准确表现歌曲的意境</td></tr>
<tr><td colspan="2">活动意图说明：落实教学目标——准确表达歌曲的音乐要素，准确表现歌曲的意境</td></tr>
<tr><td colspan="2">环节五：拓展提升</td></tr>
<tr><td>教师活动 5
（1）播放高胡《彩云追月》片段，引导学生听辨高胡的音色，进一步感受切分部分的独特韵味。
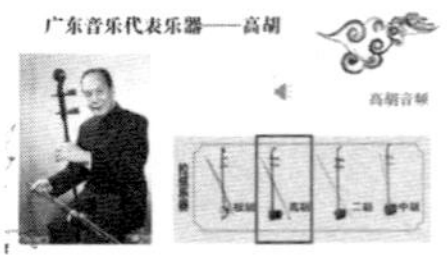

（2）简要赏析中国民族管弦乐曲《彩云追月》A 段主题。
（3）带领学生体验在固定节奏型的伴奏下有韵味地演唱歌曲《彩云追月》</td><td>学生活动 5
（1）欣赏器乐演绎的《彩云追月》主题，感受、听辨高胡的音色，进一步感受切分部分的独特韵味。
（2）了解本课学唱的歌曲是由中国民族管弦乐曲《彩云追月》改编而成的合唱曲。
（3）有韵味地演唱歌曲《彩云追月》，并在所有全音符处拍击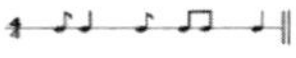节奏型为演唱伴奏</td></tr>
</table>

续表

学习活动设计

续表

活动意图说明：以学生为中心，紧紧围绕重点节奏型的体验展开教学，尊重学生认知发展规律，循循善诱地引导学生在准确歌唱的基础上感受切分节奏的独特韵味，以及对音乐意境的表达起到的重要作用

环节六：课堂小结

教师活动 6	学生活动 6
1. 引导学生归纳本课知识要点 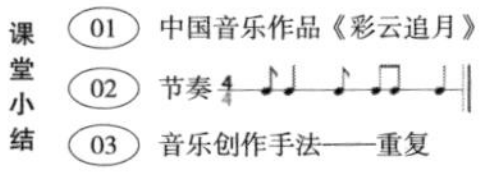 2. 师生探讨本课的收获	1. 自主归纳本课知识要点 2. 交流、探讨与相互提升

活动意图说明：引导学生归纳本课的知识要点，注重学生实际收获，落实教学目标

板书设计

任光　曲
刘麟　填词

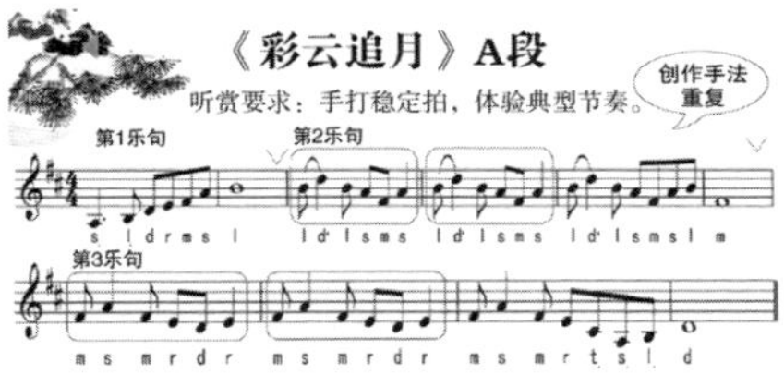

作业与拓展学习设计

作业：有韵味地背唱歌曲。

特色学习资源分析、技术手段应用说明

1. 从节奏练习直奔主题

本课依托重点节奏型 ‖，开门见山地设计了节奏练习，直奔主题，为学生进一步感受切分节奏对音乐表现的重要作用做了充分的铺垫。

2. 注重音乐能力的培养

教师根据对歌曲各音乐要素的分析，将乐谱和音频提前进行了编辑制作，在自制课件的辅助下，学生自主地发现了作品旋律创作手法的规律，并运用旋律重复的规律快速背唱了 A 段乐谱，轻巧地解决了本课的教学重点与难点

续表

教学反思与改进
1. 本课的成功之处 （1）注重音乐实践。从音响本体和音乐表现要素（旋律、节奏节拍、速度、力度、曲式结构等）中体验音乐的美，在音乐实践的过程中感知作品表达的情绪、情感、意境、意志，并产生共鸣。学生通过参与各种音乐实践活动学唱歌曲，获得直接经验和情感体验，掌握必要的知识技能，在提高审美感知和文化理解的同时，增强艺术表现能力。 （2）充分体现课堂以学生为主体。通过自制课件引导学生自主发现旋律创作规律，学生能够运用重复的规律快速背唱乐谱，事半功倍地解决了本课的教学重点与难点。可见，教师只需点拨，要把发现规律并能根据规律解决问题的机会留给学生。 2. 不足之处 学生的拓展实践环节可以展开得再充分一些，小组活动中少数学生参与度不够，这将在以后的教学中加以改进。 今后将更加关注学生能力培养，进一步落实分层教学，让每个学生都成为课堂教学中不可或缺的一员

第四章　美育浸润背景下的音乐教学评价研究

美育，是教育蓝图中浓墨重彩的一笔，它关乎个体的心灵滋养、人格塑造与精神成长。音乐，作为美育的重要媒介，以其独有的韵律、节奏与和声，编织出一个个充满情感与想象的艺术世界，引领人们穿梭其中，感受美、领悟美、创造美。在追求全面发展的教育征程中，音乐教育的价值不言而喻，科学、合理的音乐教学评价则是确保音乐教育质量、实现美育目标的关键环节。

回顾音乐教学评价的发展历程，传统的评价模式多侧重于对学生音乐知识与技能的考核，诸如乐理知识的笔试成绩、演唱演奏技巧的熟练程度等。这种评价方式虽在一定程度上能反映学生在特定方面的学习成果，但存在明显的局限性。它往往忽视了音乐教育中最为核心的美育要素，即学生在音乐学习过程中的审美体验、情感表达以及创造力的发展。在这样的评价体系下，学生的音乐学习可能会沦为机械的技能训练，而导致学生忽略音乐作品深层次的情感共鸣与审美理解，难以真正实现美育的育人价值。

在时代对美育人才迫切需求的背景下，“美育浸润背景下的音乐教学评价研究”一章紧扣“美育”这一核心，聚焦“教—学—评”一体化、一致性，深入探讨音乐教学评价的新思路、新方法，为构建科学、全面且富有美育内涵的教学评价体系进行了深入的探究。

本章节中，作者从多个维度对音乐教学评价进行了剖析与创新。在评价理念上，强调以学生的审美素养发展为导向，将学生对音乐美的感知、理解、欣赏与创造能力纳入评价的核心范畴，打破了以往单纯以知识技能为中心的评价定式。在评价内容方面，不仅涵盖了传统的音乐知识与技能，还着重关注学生在音乐欣赏过程中的情感反应、对音乐作品文化背景的理解深度以及在音乐创作与表演中展现出的创新思维与个性表达。这种全面而细致的评价内容设置，能够更准确地反映学生在音乐学习中的综合收获，确保美育目标在教学评价中得以充分体现。

此外，本章节在评价方法与工具的选择上也独具匠心。倡导采用多元化的评价方式，如形成性评价与终结性评价相结合、定性评价与定量评价相补充、自我评价与他人评价相融合等，全方位、动态地记录学生的音乐学习过程与成长轨迹。同时，引入现代教育技术手段，尝试运用一系列具有创新性的评价工具，为音乐教学评价提供了更加科学、便捷且精准的支持。

对于广大音乐教育工作者而言，本章节无疑为教师提供了清晰的美育浸润背景下音乐教学评价范例，更通过丰富的评价案例分析与实践指导，帮助教师将这些先进的评价理念与方法应用到实际教学中，为优化自己的教学评价策略，提升音乐教学质量，真正实现以评价促教、以评促学，有效促进学生美育核心素养的全面提升提供了新的研究路径和研究思路。

衷心希望本研究能够推动美育浸润背景下音乐教学评价体系的不断完善与发展。让我们携手共进，借助科学合理的教学评价，引导学生在音乐的海洋中畅游，感受音乐之美，收获心灵的滋养与成长，为培养具有高尚审美情操、创新精神与人文素养的新时代人才贡献力量。

基于“教—学—评”一致性的初中音乐表现性评价策略探究

——以人民音乐出版社教材《艺术·音乐》七年级上册为例

《义务教育艺术课程标准（2022年版）》主要变化之一是强化课程育人导向，注重实现“教—学—评”一致性，在详尽的接续性“学业质量”标准指导下，实现学科素养与关键能力的稳步提升。同时，在评价建议中也指出：评价是检验、提升教学质量的重要方式和手段，要充分发挥评价的诊断、激励和改善功能，促进学生发展。而艺术表现则是学生音乐知识、技能学习、运用乃至艺术创造最直接而具体的表现，可以直接反映出教师的教学目标、教授手段和教学模式的恰适性、科学性和准确性。由此，基于“教—学—评”一致性的知识综合运用、问题解决、创意实践、文化理解等艺术表现性考查与评价，设计接续递进、可测可评、有趣有效的学业质量评价策略和方法，对体现评价促进教学、促进核心素养与关键能力提升显得非常重要、迫切。

一、基于“教—学—评”一致性的初中音乐表现性评价问题审视

“教—学—评”一致性是《艺术课程标准》为实现育人目标而设计的重要理念，它强调教学、学习和评价应以共同的学习目标为导向，确保所有教学活动都与这些目标一致。在初中音乐教学中，这一理念有助于确保学生的学习体验与教师的教学策略和评价方法相协调，从而提高学习效果和育人功能。在日常教学中，对于学生的表现性评价会经常出现以下几个问题。以教师随机、口头主观评价为主导的方式占据评价大多数。这种评价方式将学生主体位置挤压殆尽，让学生处于被动、被评价的一方，学生的被尊重感和学习积极性受压制，导致学习内驱力不足。在以教师评价为主导的思想指导下，评价内容、评价标准、评价形式的确立与设定基本全部由教师主观完成，少有师生协商而定，造成评价的单一和主观化，导致学生主体意识不强，参评内驱力不足。欠缺目标明确、逻辑清晰的过程性评价。在增量记录不全面乃至缺失的前提下，这种评价方式会导致评价效能不足，缺乏接续性研究依据和持续性教学抓手，造成教学的无序与弥散性学习现象。由于缺乏过程性增量评价的数据支撑，评价更关注单一课时的横向对比结果，缺乏对学生某种核心素养或关键能力进步的增量纵向比对，致使学生缺少学习成就感，形成评价效能的不足与不连贯性。表现性评价内容单调、单向、单一，缺乏引导学生综合运用知识技能解决问题的明确指向性，由此导致相关知识和技能迁移能力难以养成。问卷检测或以演唱（奏）为主的技能考评，侧重于对学生的某项能力测评，并不能全面展现学生的综合音乐能力及音乐素养，致使学生难以形成运用知识技能发现问题、解决问题的能力，进而缺少知识、技能的迁移运用能力和锻炼实践机会。

二、基于“教—学—评”一致性的初中音乐表现性评价概念理解

初中音乐表现性评价是指学生在某种特定的真实或模拟的音乐学习交流情境中，运用已有知识和技能完成某项任务或解决某些问题的评价。通过科学合理的表现性评价活动，能提高艺术活动创造艺术形象、表达思想感情、展示艺术美感的实践能力。同时，恰切的表现性评价可以考查学生知识与技能的掌握

程度，以及解决问题、交流合作和批判性思考等多种音乐素养的发展状况。其接续性数据调研可以直接反映教师教学目标、方法、过程的准确性、科学性与实效性，有效助力“教—学—评”一致性育人目标的稳步实现。表现性评价主要包括演唱、演奏、编创、综合性艺术表演和识读乐谱等内容，是学生在真实教学情境中运用已获得的知识与技能完成具体音乐学习任务过程中的综合评价形式。根据表现性评价的真实性、综合性、全面性、动态性、过程性和激励性等特点，应注重对学生知识与技能的掌握程度，以及在音乐场景或情境中主动思考、转化、迁移应用、创新实践的高阶能力的评价。

初中音乐表现性评价的设计策略和方法要基于《义务教育艺术课程标准（2022 年版）》，立足真实学情和教材，通过主题化、生活化、情境化、项目式、任务驱动等学习理念和方式，在严谨的过程追踪调研中，实现综合实践评价的有效策略，在科学合理的创设评价环境过程中，准确把握评价时机，进而提升评价效能，体现“教—学—评”一致性，激发学生学习兴趣，增强学生学习内驱力，实现从学科本位到素养本位的转型，实现以评促学、以评促教、优化课堂实践、提高学习效能的目标。其研究价值具体体现为以下几点。重视表现性评价设计：学生在特定情境中以音乐学习任务为中心，以问题为导向，结合循序渐进的问题链，运用学习资源进行自主探索和协作学习。在评价过程中，由师生共同协商、确立和确定评价目标、评价内容、评价量规等，增强学生的主体意识，提高学生学习与评价的内在动力。关注评价数据的过程性变化：记录学生一课、单元、学期、学年的学前检测和学后检测情况，通过动态观察、跟踪学习、了解变化等过程性评价数据，梳理学生素养与能力成长轨迹，分析学前能力起点及学后能力增值，进行累计积分的循迹评价。学生看到学习进步与增量，即可获得成就感与自信心。创设评价的真实情境：围绕学生艺术学习实践性、体验性、创造性特点，将评价与各类真实情境（如班级音乐会、学校传统节庆、校园艺术展演活动等）相结合，开展阶段性综合评价，考查学生迁移运用所学知识技能解决问题的能力。

三、初中音乐表现性评价的策略探究

初中音乐表现性评价的策略，应以“教—学—评”一致性为指导，合理创设课堂学习情境、课外合作情境、综合展演情境等评价场域，以独唱（奏）、合唱（奏）、音乐编创、小型音乐剧（戏剧）、设计班级音乐会方案、音乐会海报、音乐活动方案等为检测形式，开发核查表、等级量表、能力卡等评价量规，实施“任务驱动、过程追踪、综合实践”评价策略，促进学生艺术素养的有效提升。

（一）设计科学合理的表现性评价学评任务

1. 设计评价任务，激发学评兴趣

通过设计科学、合理的表现性评价任务，参照表现性评价“目标—任务—量规”模型，围绕“审美感知、艺术表现、创意实践、文化理解”音乐核心素养，确立表现性评价目标，设计表现性学习任务，围绕表现性学习任务确定匹配的评价量规，激发学生学评兴趣，驱动学生自主参与学习评价活动。

以《艺术·音乐》七年级上册第一单元《拉起手》一课为例。根据单元目标“了解歌唱发声基本要求，建立音乐课基本规范”，围绕学段目标“能用声势、语言、动作等模仿或表现包含简单和稍复杂节奏型的节奏谱（含多声部节奏），能跟随琴声或录音视唱简单乐谱”，设计核心任务“感受歌曲的音乐情绪”，并细分为“手打稳定拍演唱歌谱”“与同学进行二声部合唱”“运用体态律动法为歌曲编创简单的体态律动动作”3个子任务，以核查表（量规）核查知识点或表象信息，引导学生积极参与、自主探究（表1）。

表1　《拉起手》学习任务核查表

《拉起手》核心任务：感受歌曲的音乐情绪											
子任务1： 手打稳定拍演唱歌谱				子任务2： 与同学进行二声部合唱				子任务3： 编创简单的体态律动动作			
拍子的稳定性	非常稳定	比较稳定	不稳定	一人与一人	非常准确	比较准确	不准确	单独编创	非常恰切	比较恰切	不恰切
音准的准确性	非常准确	比较准确	不准确	一人与多人	非常准确	比较准确	不准确	集体编创	非常恰切	比较恰切	不恰切

在不同的学习情境和学习任务中巧妙融入表现性评价，设置结构化的学习活动，以学习任务完成后的表现性评价反馈学习水平，有效促进学生个体或团队参评积极性，检查教学实效性的达成度，对提升教师教学质量和学生核心素

养起到关键性指导作用。

2. 了解评价标准，提升自我认知

在真实的教学情境中，学生了解具体学习任务之后，师生共同确定项目式学习任务和表现性评价标准，学生在学习过程中依据表现性评价标准对自己的学习目标、学习能力做出客观的自我评价，对准确地认知自己的音乐能力和努力方向起到事半功倍的效果。以《艺术·音乐》七年级上册第三单元《多彩民歌》一课为例（表2）。

表2 《多彩民歌》单元“学习任务与评价标准”列表（以审美感知、艺术表现为例）

素养目标	评价目标	学习任务	表现性评价标准	评价等级
审美感知	通过律动或语言描述，自信表达对民歌的感知、发现、体验和欣赏，情绪、情感表达符合意境	通过聆听及学唱，体验和欣赏根据民歌改编或以民歌音调为创作素材的作品，感知、发现音乐要素的变化及规律	自信表达对音乐作品的感知、发现、体验和欣赏，情绪、情感表达符合意境	优秀
			参与对音乐作品的感知、发现、体验和欣赏，情绪、情感表达基本符合意境	良好
			参与对部分音乐作品的感知、发现、体验和欣赏	合格
艺术表现	乐于参与演唱、演奏、识读乐谱、随乐表演等活动，选择合适的方式自信、完整地展示	演唱本单元歌曲；哼唱或自选乐器演奏作品的主题旋律；准确识读乐谱；选其中一个声部与同伴合作演唱	乐于参与各项活动，自信完整地展示音乐作品	优秀
			能够参与各项活动，基本完整展示	良好
			能够参与其中一项艺术表现活动	合格

在某单元或某一课的学习中，通过“任务创设、任务提出、任务分配、任务实施”，引导学生的积极行为，依标导学，自我核审，语言描述，清晰规划，反馈调整，实现“教—学—评”一致性的以评促教、以评促学目标。还以《艺术·音乐》七年级上册第三单元《多彩民歌》一课为例（表3）。

表3 《多彩民歌》单元学生音乐展评能力核查表

表现性评价内容	是	否	不确定
自主表演：能乐于尝试用演唱、演奏等合适的方式展示或编创音乐主题			
随乐表演：能随音乐自主或与同伴合作编创体态律动动作或个性化表演			
乐谱识读：能准确识读乐谱中的音符、节奏及音乐记号等			

续表

表现性评价内容	是	否	不确定
音乐编创：能为某首歌曲旋律片段编创简单的二声部和声并尝试演唱			
他评能力：能客观评价说出优点，提出建议，并遵守表演次序			
自评能力：能努力提高表演质量，接受评价意见和建议，提升自身能力			

在真实的学习实践过程中，合理设计任务驱动并跟踪学生实践表现，通过表现性评价反馈学生知识技能的掌握程度，及时捕捉学生音乐表现情况并对照评价标准检验教学效果，将所得结果应用于学生知识指导，促进教师及时评估教学成效，调整教学策略，实现"教—学—评"一致性目标。

（二）通过表现性评价过程数据比对，优化表现性评价学评内容

1. 关注学习过程性艺术表现层级，不断提升学科素养

表现性评价内容要关注学生的过程性学习表现，通过测评数据比对学生课前、课后及学期等不同阶段的素养、能力提升水平，实现聚焦学生音乐表现（演唱、演奏、识读乐谱、随乐编创与即兴表演）的5项可具体量化评价的基本内容，通过这些表现性评价内容考查学生最基本的、必备的音乐表现能力，以此作为接续提升学生素养和能力的有力抓手。学前测主要考查学生在本单元或本课学习中原有的知识储备及能力起点，以便掌握学生的最近发展区。学后测则为考查学生学习之后的知识技能增量，教师可依此分析学生学习成效，评估学生能力增量，并思考教学方法的适切性（表4、图1），以便合理调整教学策略、方法、手段，稳步实现教学目标。

表4　表现性评价过程，追踪等级量表设计——以《春游》《雪花》中的"和弦""调式"学前测、学后测为例

学前测指标	评价形式	评价内容	学后测指标	评价形式
优秀：准确了解大、小三和弦知识，能准确辨别不同三和弦的色彩 良好：基本了解大、小三和弦知识，能辨别不同三和弦的色彩 合格：了解大、小三和弦知识	1. 教师评价 2. 学生互评	1. 构写大、小三度音程并准确演唱 2. 构写大、小三和弦并准确演唱 3. 和弦听辨 4. 结合音乐作品进行辨识	优秀：理解音程及大、小三和弦的构成原理，能根据已学知识判断歌曲调式 良好：了解音程及大、小三和弦的构成原理，能根据已学知识判断简单歌曲调式 合格：了解音程及大、小三和弦的构成原理	1. 理论讲解 2. 作品辨识 3. 教师评价 4. 学生互评

续表

学前测指标	评价形式	评价内容	学后测指标	评价形式
优秀：准确了解 3 种小调的关系构成，能准确辨别不同的小调式 良好：基本了解 3 种小调的关系构成，能辨别不同的小调式 合格：了解 3 种小调的关系构成	1. 教师评价 2. 学生互评	1. 准确标出 3 种小调式音阶关系并能准确演唱 2. 调式听辨 3. 结合音乐作品进行辨识	优秀：能够演唱或哼唱 3 种不同的小调式音阶，能够举例说出已学过的歌曲中的不同小调式歌曲 良好：能够演唱或哼唱 3 种不同的小调式音阶 合格：能够举例说出已学过的歌曲中的不同小调式歌曲	1. 理论讲解 2. 作品辨识 3. 教师评价 4. 学生互评

由图 1 可知，学生相关音乐要素的学前测和学后测数据相差不大，说明学生对音程、和弦、调式知识具有相对紧密的连续性认知和理解，需通过后续接续性学习继续提升。在音程、和弦、调式学后测中，学生能力增量较明显，说明音程、和弦、调式有效听辨与音乐创写的学习是比较有效的。

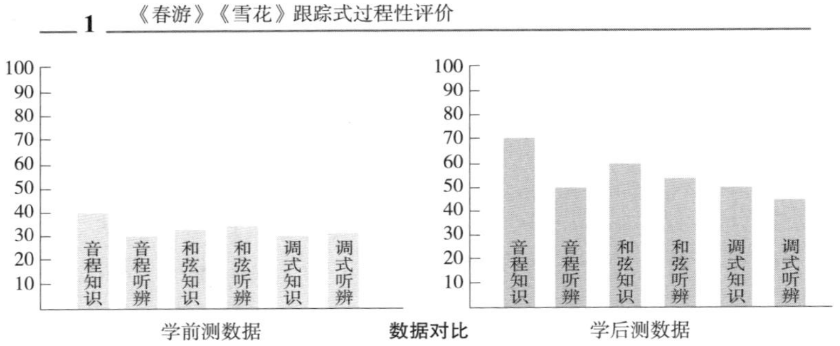

图 1 《春游》《雪花》跟踪式过程性评价学前、后测数据对比

2. 科学设置评价内容与评价量规，关注学生关键能力增量变化

科学设置表现性评价内容与评价量规，通过表现性评价等级量表关注学生关键能力发展水平及表现程度变化，记录学生在艺术实践及音乐生活中素养与能力的变化过程，在多种教学模式和教学方法的引领下追踪学生各类音乐成就，完善表现性评价中学生自评、同伴互评、师评及家长评价等多主体评价机制，更好地诠释“教—学—评”一致性发展的表现性评价内涵（表 5）。

表 5　七年级上册音乐表现性评价等级量表

评价场域	评价内容	评价目标	评价形式	评价标准
课内学习	演唱：音准节奏准确度 演奏：技能技巧准确度 识读乐谱：准确识读乐谱速度 即兴表演：表现音乐形象和音乐情绪恰切度	互享共进 激发兴趣	教师评价 生生互评 小组评价	优秀：音准准确、技能准确，音乐表现富有创意 良好：能较完整地展现演唱（奏）技能运用及创意 合格：音乐表现性能力一般
课外学习	完成项目学习任务：设计会场、设计音乐、设计舞台 尝试音乐编创：旋律编创、歌曲编创、戏剧编创、音乐剧编创	彰显个性 课后实践 知识运用 素养提升	生生互评 家校互评	优秀：结合所学知识和技能进行音乐设计，编创富有创意 良好：能结合所学知识和技能进行音乐设计，编创较富有创意 合格：能结合所学知识和技能进行音乐设计
综合展示	学校音乐展演：校园艺术节、重大节日 社会音乐表演：社区音乐会、社会艺术测试 综合音乐实践：参与音乐展会、参加音乐社团	参与社会 服务社会 创造价值	生生评价 学校互评 社会评价	优秀：积极参加音乐综合展演，在活动中能根据自己角色定位了解国家、社会和自我，表现优秀 良好：能参加音乐综合展演，了解国家、社会和自我 合格：能参加音乐综合展演

通过课内学习、课外学习和综合展示 3 种表现性评价的内容，实现表现性评价的过程追踪和表现性评价的全面构建，在此基础上对照学习目标的达成度，帮助学生查漏补缺，促进学生积极体验、自我评估和自觉反思，同时也帮助教师适时调整教学目标、教学方法和教学策略，促进“教—学—评”一致性目标的实现。

（三）创设表现性评价学评情境，提高综合实践能力

1. 创设合作创意表演情境，促进知识、技能的合理迁移与运用

表现性评价的特点是基于表现性学评情境的创设，基于学生生活经验与具体音乐学习主题的有效结合，在此基础上设计具有合理性、创意性、综合性的艺术表现性活动，为学生搭建自我展示、同伴合作的交流平台，进而提升学生迁移、运用知识技能的能力，充分发挥学生学习的主观能动性和艺术创造性（表 6）。

表 6　创意表现综合性评价——以《森吉德玛》为例

<table>
<tr><td>班级</td><td></td><td>姓名</td><td></td><td>备注</td></tr>
<tr><td>评价要点</td><td colspan="3">师生共同设定</td><td rowspan="8">请根据学生的创意表演，运用已有的表现性评价方法，客观评价同伴的表演，并写出评价建议</td></tr>
<tr><td>评价方式</td><td colspan="3">师生共同设定</td></tr>
<tr><td>评价内容</td><td colspan="3">师生共同设定</td></tr>
<tr><td rowspan="4">评价等级</td><td colspan="3">□　优秀：全员合作参演，有创意、有美感、能够体现作品特色</td></tr>
<tr><td colspan="3">□　良好：全员参演，有创意，基本能够体现作品特色</td></tr>
<tr><td colspan="3">□　合格：有组员参演，创意、美感及作品特色不够明显</td></tr>
<tr><td colspan="3">备注：请用“√”勾选出评价等级</td></tr>
<tr><td>评价建议</td><td colspan="3"></td></tr>
</table>

2. 拓展表现性创意实践空间，发展学生艺术表现高阶能力

表现性创意实践空间无处不在，我们要善于发现和创设机会，为学生艺术表现搭建舞台。如“校园艺展”“期末汇演”“线上舞台”等，拓展学生音乐表现的实践空间，具体表现性内容可由学生集体商定或自主选定，通过不同学习场景促进学生的艺术交流，不断提升音乐表现、音乐创作、音乐思维的能力，在充分调动学生表现愿望和热情的基础上，通过小组合作、班班联动、层层竞赛等，评定出班级、年级、校级的“歌唱之星”“舞动之星”“器乐之星”“识谱之星”“合作之星”等，并参加年级或校级音乐风采展示。在评价过程中不断提升学生自评、互评技能及同伴间的交互合作能力，共同获得成长与发展。

表现性评价的策略实施，还可围绕单元或项目式学习任务及阶段学习后对学生技能持续跟踪、观测与评定结果进行精心设计，主要指向学生音乐素养与关键能力的形成、发展与提升。依据不同阶段评价任务配置不同功能的评价量规，通过使用不同的评价工具和评价方法观测自我及同伴的成长，促进“教—学—评”一致性发展，保障教学评价的质量和效果，促进教学的优化，最终促进学生音乐素养和能力的提升。

综上所述，基于“教—学—评”一致性的初中音乐表现性评价策略要依据《义务教育艺术课程标准（2022 年版）》进行精心设计，坚持目标导向、问题导向和创新导向，根据教学实际不断优化和调整评价量规。所有表现性评价要在“教—学—评”一致性原则下，指向学生音乐素养与关键能力的提升与发展，并以此优化教学环节及各评价环节量规，引导学生朝着育人目标付出努力。在进行表现性评价过程中，应坚持“以学生为主体”和“师生双主体”原则，虽

然评价主体主要是针对学生，但也要关注对教师教学质量的评价。在评价过程中，要准确把握学生能力起点，设置科学合理的表现性学习任务，持续激发学生的学习兴趣，发挥其主观能动性。在共评、自评、互评的过程中，让学生更多参与评价标准设定，了解评价任务及内容，进而激发学生的参与愿望，展现真实艺术水平。同时，在表现性评价设计、实施过程中，还要加强数据记录、汇总、分析和反馈，通过数据变化发现学习规律和教学经验。单元（项目）学习结束后，要分类搜集、整理相关表现性评价量表，及时分析评估，反思教学问题，调整教学方法和策略，切实将音乐课中的“教—学—评”一致性原则落到实处。

基于“教—学—评”一致性的初中音乐多主体评价策略探究

《义务教育艺术课程标准（2022 年版）》较之《义务教育音乐课程标准（2011 年版）》发生了很大变化，其中在关于课程标准的第四条中明确指出：注重实现“教—学—评”一致性。同时，在第七部分课程实施的第二部分“评价建议”中提出了“坚持多主体评价”原则。这些纲领性文件为开展初中音乐多主体评价实施策略研究提供了坚实的理论基础和有力的研究依据。

一、基于“教—学—评”一致性的初中音乐多主体评价研究背景

当今教育领域，“教—学—评”一致性研究逐渐受到广泛关注，这一研究趋势的出现有着深刻的时代背景和教育发展的内在需求。一方面，随着社会的快速发展和科技的日新月异，对人才的素质和能力提出了更高的要求。传统的教育模式注重知识的传授，而相对忽视了对学生综合能力和素养的培养。在这样的社会背景下，教育需要进行深度变革，以培养适应新时代需求的创新型、实践型和高综合素养的人才。“教—学—评”一致性理念强调教学、学习与评价的有机整合，旨在促进学生全面、深入地发展，更好地满足社会对人才的期望。另一方面，教育理论和实践的不断发展也为“教—学—评”一致性研究提供了基础和动力。长期以来，教育研究在教学方法、学习理论和评价方式等方面取得了丰富的成果，但这些方面在实践中往往缺乏有效的整合与协同。例如，教学目标与实际教学活动可能存在脱节，评价方式与教学目标和学习过程

不匹配等。为了解决这些问题，提高教育教学的质量和效果，需要深入研究“教—学—评”一致性，构建更加科学、合理的教育体系。

此外，国际教育改革的浪潮也对我国的教育产生了重要影响。许多发达国家和地区已经在教育实践中积极探索和应用“教—学—评”一致性的理念，并取得了一定的成效。在教育国际化的大趋势下，我国教育需要与国际接轨，借鉴国际先进经验，开展相关研究，以提升我国教育的国际竞争力。同时，教育政策的导向也推动了“教—学—评”一致性的研究。国家出台的一系列教育政策强调以学生为中心，注重培养学生的核心素养和关键能力，要求教育教学要实现目标、过程和评价的一致性。这些政策为“教—学—评”一致性的研究提供了政策支持和引导，促使教育研究者和实践者更加关注这一领域。

二、基于“教—学—评”一致性的初中音乐多主体评价研究的意义

第一，坚持多主体评价有助于提供全面、客观的评价视角。教师、学生、家长等不同主体在教育过程中所处的位置和观察角度各不相同。教师能够从专业教学的角度评估学生的学习成果和进步；学生通过自评能增强自我认知和自我管理能力，清楚自己的优势与不足；同学互评则能促进相互学习和交流，培养合作精神与批判性思维；家长的评价能反映学生在家庭环境中的学习表现和习惯养成。多主体参与评价可以避免单一评价主体的局限性和片面性，从而更全面、客观地反映学生的学习状况。

第二，坚持多主体评价能促进学生的主动参与和自我发展。当学生参与到评价过程中，他们不再是被动接受评价的对象，而是成为评价的积极参与者。这有助于激发学生的学习内驱力，提高学生学习的积极性和主动性。学生在自我评价和同学互评中，能够学会反思自己的学习过程，明确自己的学习目标，从而更好地调整学习策略，实现自我提升和发展。

第三，坚持多主体评价增强教育合力。多主体评价将学校教育与家庭教育紧密联系起来。家长参与使他们更加了解孩子在学校的学习情况，能够更好地与教师合作，共同支持学生的学习。这种家校之间的密切沟通与协作，能够形成强大的教育合力，为学生创造更有利的学习环境。

第四，坚持多主体评价有利于促进教学改进。不同主体的评价反馈为教师提供了丰富的信息，帮助教师更全面地了解教学效果，发现教学中存在的问

题。教师可以根据这些反馈及时调整教学策略和方法，优化教学设计，提高教学质量，使教学更加符合学生的需求和特点，从而更好地实现“教—学—评”一致性。

第五，坚持多主体评价可以培养学生的社会交往能力和团队合作精神。在同学互评的过程中，学生需要学会倾听他人的意见，尊重不同的观点，进行有效的沟通和交流。这有助于培养学生的社会交往能力和团队合作精神，为他们未来适应社会生活奠定基础。在“教—学—评”一致性研究中坚持多主体评价，对于促进学生全面发展、提高教学质量、增强教育合力具有不可忽视的重要性。

三、基于“教—学—评”一致性的初中音乐多主体评价研究中存在的问题

在初中音乐教学过程中坚持多主体评价，对提升中学生核心素养与关键能力而言是十分重要和必要的，但是在设计和实施多主体评价的过程中，还有很多问题需要教师、学生和家长从理论层面、在实践过程中进行提前调研、精心设计、及时调整、合理安排，以期实现多主体评价对学生综合素养提升的最大化助力。以下就是在实施多主体评价过程中比较常见的、影响评价实施的问题分析。

（一）评价标准不一致

不同的评价主体（如教师、学生、家长），可能由于各自的背景、经验和期望存在差异，导致对学生音乐学习的评价标准不同。这可能使评价结果缺乏一致性和可比性，影响评价的准确性和公正性。

（二）评价主体缺乏专业培训

学生和家长可能缺乏音乐评价的专业知识和技能，难以做出科学、客观的评价。他们可能更多基于主观感受或非专业的标准评价，从而影响评价的质量。

（三）主体间沟通与协作不足

在多主体评价中，教师、学生和家长之间可能缺乏有效的沟通和协作机制。这可能导致评价信息传递不畅、反馈不及时，无法形成良好的教育合力，影响学生音乐学习的改进和发展。

（四）学生自我评价的客观性问题

初中学生在进行自我评价时，可能因自我认知不够成熟或自尊心等因素的影响，对自己的评价不够客观、准确，要么过于自信，要么过于自卑，从而影响自我评价的有效性。

（五）家长评价的局限性

家长对学生在学校音乐学习的具体情况了解有限，其评价可能更多侧重于学生在家中的音乐表现或个人兴趣，而难以全面反映学生在课堂教学中的学习成果和问题。

（六）评价结果的整合与运用有困难

由于多主体评价产生了大量的评价数据和信息，如何有效地整合这些来自不同主体的评价结果，并将其合理运用到教学改进和学生发展中，是一个具有挑战性的问题。

（七）时间和精力投入较大

实施多主体评价需要各主体投入较多的时间和精力。教师需要组织和协调评价工作，学生和家长需要参与评价过程，这可能在一定程度上增加了各方的负担，导致评价工作难以持续有效开展。

四、基于“教—学—评”一致性的初中音乐多主体评价的主体构成及特点

（1）教师评价：教师在教学中占据主导地位和评价优势。教师评价的内容和方式包括课堂表现、技能考核等。

（2）学生自评：具有培养学生自主学习和自我反思能力的重要性。学生自评的方法和工具包括学习日志、自我评价表等。

（3）学生互评：具有促进学生合作学习和交流的作用。组织学生互评的原则和注意事项包括公平公正、尊重差异等。

（4）家长评价：反映了家长在学生音乐学习中的参与程度和观察角度。家长评价的途径和内容包括家庭音乐活动、课外学习支持等。

五、基于“教—学—评”一致性的初中音乐多主体评价研究和实施策略

（1）确立清晰的教学目标：依据《义务教育艺术课程标准（2022年版）》中音乐学业质量描述中的“学段目标”，结合学生的实际情况，设计适合教学实际的、具体的、可衡量和可达成的多主体评价教学目标，确保教学目标涵盖学段学业质量描述所包括的所有具体内容和要求。

（2）设计与学业质量学段目标相匹配的教学活动：集体设计、规划多样化的教学活动，如音乐欣赏、演唱演奏、创作实践、小组合作等。教学活动应紧密围绕教学目标，有效促进学生对音乐的理解和技能的掌握。

（3）设计多主体评价方案：确定教师、学生、家长等不同主体在评价中的角色和权重；设计涵盖课堂表现、作业完成、艺术实践、学习态度等方面的评价指标。

（4）教师评价策略：进行课堂观察，及时给予学生有针对性的反馈和指导。对学生的作品和表演进行细致评价，指出优点和改进方向。

（5）建立科学的评价标准和指标体系：针对不同评价主体和教学内容设计详细的评价标准，以及评价指标的权重分配和综合运用规则。

（6）灵活运用多种评价方法：将形成性评价与终结性评价相结合（如课堂提问、作业反馈、阶段性测试等），定性评价与定量评价相结合（如评语、等级评定、分数统计等）。

（7）学生自我评价策略：引导学生设定个人学习目标，并定期对照目标进行自我评价。

（8）提供自我评价模板和工具：帮助学生学会客观分析自己的学习过程和成果。

（9）学生互评策略：组织小组活动，引导学生在小组内相互评价，培养学生合作与交流能力。

（10）设定互评规则和标准，确保多主体评价的公正性和有建设性。

（11）家长评价策略：与家长保持密切沟通，让家长了解教学目标和评价标准。邀请家长参与学校的音乐活动，观察孩子的表现并给予评价。

（12）评价结果的整合与运用：综合各主体的评价结果，形成全面、客观的学生音乐学习画像。根据评价结果调整教学策略，为学生提供个性化的学习

支持。

（13）持续的反思与改进：定期对“教—学—评”一致性的实施情况进行反思和总结。收集教师、学生和家长的反馈意见，不断优化教学与评价方案。

（14）加强评价结果的反馈与应用：及时向各评价主体反馈评价结果，促进教学改进和学习调整，并将评价结果应用于学生综合素质评价、教学质量评估。

六、基于“教—学—评”一致性的初中音乐多主体评价实施策略案例分析

初中音乐教学中坚持多主体评价设计需要结合具体的教学实际进行科学、合理、有效的设计，所有的多主体评价任务都需要基于素养导向，切合学生认知实际且具有逻辑性、接续性、趣味性、可操作性等特点，这样，才能有效指导教师、学生和家长协同进行多主体评价和实施，进而促进学生核心素养和关键能力的稳步提升。下面，以《艺术·音乐》七年级上册第六单元《青年友谊圆舞曲》一课为例进行分析和说明。

教师评价表中的内容主要集中在对学生艺术表现的评价。通过使用评价表中的评价量规，可以帮助教师快速有效地了解学生的基本与关键音乐能力和水平，对教师设定下一步教学目标、教学计划，设计教学方法和教学环节起到很好的数据支撑作用，也为单元整体育人目标的实现奠定坚实基础。当然，这一评价表中的内容只是多主体评价的基础，可以随着单元目标的稳步推进不断调整，但总体目标是朝着学生核心素养的稳步提升而合理设计。在关键能力稳步提升的基础上，关注审美感知、艺术表现、创意实践、文化理解层面素养的提升变化（表 1）。

表 1 《青年友谊圆舞曲》多主体评价表（教师评价表）

	全部准确百分比	80%准确百分比	60%准确百分比	40%准确百分比	20%准确百分比
音准					
节奏					
歌词					
姿势					

教师对学生核心素养和关键能力的稳步提升固然重要，但是，学生对于自己知识、技能、能力、素养的真实水平的了解更是提升核心素养和关键能力的重要依据。学生只有对自己的能力有清晰、正确的了解，才能知道自己努力的方向和目标：是需要强化自己的学科优势，还是要弥补自己的学科弱势。只有学生在明确并认可自己的学习目标后，才能激发自主意识和主观能动性，进而真正实现个人核心素养和关键能力的提升，以上自评表就是让学生对自己的演唱学习有比较清晰的认知，对助力学生后续接续性学习发展起到很好的支持作用（表2）。

表2 《青年友谊圆舞曲》多主体评价表（学生自评表）

	全部准确百分比	80%准确百分比	60%准确百分比	40%准确百分比	20%准确百分比
音程					
音阶					
音量	音量洪亮	音量自然	音量较小	声音虚弱	羞于演唱
音色	音色明亮甜美	音色明亮	音色甜美	音色晦暗	音色沙哑

同学间的认可是对学生自我认可的合理、有效补充。学生认为自己很优秀的方面，在同学们的评价中得到有效的回应和验证。当然，能得到同学们的评价也是准确定位自己团队角色的最佳途径，可以更好地激发学生充分发挥个人优势、弥补不足，进而实现综合素养和关键能力的稳步提升。同时，坚持学生互评也可以有效促进学科教学实效性和教学质量的提升，成为促进学生核心素养和关键能力稳步提升的又一关键力量（表3）。

表3 《青年友谊圆舞曲》多主体评价表（学生互评表）

	全部准确百分比	80%准确百分比	60%准确百分比	40%准确百分比	20%准确百分比
音准					
节奏					
歌词					
表现	富于表现力	较富于表现力	表现力一般	缺少表现力	无表现力

家长在教学中起到十分关键的作用，家长积极的参与可以和教师的教学形成坚实的育人合力，引导学生的学习在正常、正确、健康的路上稳步前进。当然，对于家长的有效评价，教师要关注多方面因素，如评价设计的科学性、合理性、可操作性、趣味性等，同时还要考虑家长的工作、生活、参与评价的时间成本、性价比等。所有的评价应尽量在不耽误家长工作、学习、生活的基础上进行设计，切实起到助力学生综合发展的作用，尽量避免烦冗、晦涩、无意义的评价出现，造成麻烦和误会，这一评价原则需要教师在设计之初予以充分关注（表 4）。

表 4 《青年友谊圆舞曲》多主体评价表（家长评价表）

	100%百分比	80%百分比	60%百分比	40%百分比	20%百分比
对作品的喜爱程度					
自主哼唱程度					
主动演唱程度					
对作品的文化理解程度					

七、基于“教—学—评”一致性的初中音乐多主体评价研究结论与展望

多主体评价涵盖教师、学生、家长等，能从不同角度全面评估学生音乐学习，避免单一主体评价的片面性，使评价结果更客观、准确，如学生演唱技巧可由教师评价，学习态度和努力程度可由家长评价。坚持多主体评价研究能促进教学相长：教师能依据多主体反馈，深入了解学生学习需求和问题，及时调整教学策略和方法；学生通过参与评价，能更好地反思学习过程，明确努力方向，增强学习自主性和积极性。如教师根据学生互评发现合作学习中的问题，改进教学，学生自评后调整学习方法。坚持多主体评价研究能提升学生综合素养：多主体评价注重学生音乐实践能力、创造力、合作能力等多方面发展，通过评价引导和激励学生在演唱、演奏、舞蹈创编等实践活动中不断提升综合素养。如小组舞蹈创编展示中，学生的创意能力和团队协作能力得到锻炼。坚持多主体评价研究能增强家校合作：家长参与评价，能增进对学生音乐学习的了解，加强与学校沟通，形成家校教育合力，共同促进学生音乐素养提升。如家

长观看学校音乐活动后，更支持学生学习，在家中督促练习。

综上所述，为更好地坚持多主体评价、深化评价指标研究，需要进一步探索科学、合理、细化的多主体评价指标体系，使各主体评价更具针对性和可操作性（如设定不同年级、不同学习内容的具体评价指标）。在此基础上，加强评价技术应用，借助现代信息技术（如在线评价平台、音乐教学软件等），提高评价效率和质量，实现评价数据的及时收集、分析和反馈（如利用软件记录学生演唱音频，进行音准、节奏分析）。同时，合理拓展评价主体范围，除教师、学生、家长外，还可引入社会音乐机构、专业音乐人士等，为学生提供更广阔的评价视角和专业指导（如邀请音乐家进校园评价学生作品）。努力推动评价结果应用，将评价结果更有效地应用于教学决策、学生个性化学习方案设计等，充分发挥评价的导向和激励作用（如根据评价结果为学生推荐适合的音乐学习资源和活动）。此外，为促进教师专业发展，可以开展相关培训和研讨活动，提升教师多主体评价能力和素养，推动教师在教学实践中不断创新和完善评价方法（如组织教师参加评价方法培训，交流实践经验）。

第五章　美育浸润背景下的音乐校本课程研究

在教育的广袤天地中，美育犹如一颗璀璨的星辰，照亮了学生全面发展的道路。它不仅赋予学生感知美、鉴赏美的能力，更能滋养心灵，塑造健全人格，培育创新精神。音乐教育作为美育的核心板块，以其独特的艺术感染力，成为开启学生审美之门的钥匙。每一段旋律、每一个音符，都承载着情感与文化，引领学生走进丰富多彩的艺术世界。

近年来，随着素质教育的深入推进，音乐教育越发受到重视。然而，传统的音乐课程在满足学生多样化的审美需求、贴合学校特色与地域文化方面，逐渐显露出局限性。在这样的背景下，音乐校本课程的开发与研究应运而生，成为推动音乐教育发展、深化美育内涵的关键路径。

本章节以美育为核心引领，基于通州区初中音乐学科基地建设和通州二中音乐校本课程构建，展开了全方位、多层次的探索。在理论层面，深入剖析了美育与音乐教育的内在联系，明确了音乐校本课程在培养学生审美素养、传承本土文化、促进学生个性发展等方面的重要价值，为后续的课程实践奠定了坚实的理论基础。通过严谨的论证与分析，阐述了如何将美育理念深度融入校本课程的目标设定、内容选取、教学方法设计以及课程评价体系构建之中，确保音乐校本课程真正成为美育的有效载体。

在实践层面，作者长期深入一线教学，通过挖掘大量生动鲜活、极具代表性的音乐校本课程案例，从具有地域特色的民间音乐课程，到融合多元艺术形式的创新音乐实践课程，再到基于学生兴趣特长的个性化音乐拓展课程，每一个案例都详细呈现了课程开发的背景、目标、实施过程以及取得的显著成效。通过对这些案例的深入剖析，为音乐教育工作者提供了可借鉴、可复制的课程开发模式，启发他们结合自身学校的实际情况，因地制宜地开展音乐校本课程建设，打造具有独特魅力与教育价值的音乐课程。

值得一提的是，本书注重理论与实践的紧密结合，在阐述每一个实践案例的同时，都深入解读其背后所蕴含的美育理念与教育原理，使读者能够知其然，更知其所以然。这种深入浅出的研究方式，对于一线音乐教师而言具有较高的参考价值，书中具体的课程开发步骤、教学方法以及评价策略，能够直接应用于日常教学实践，助力他们提升音乐校本课程的教学质量，更好地实现美育目标。

展望未来，随着社会对人才综合素质要求的不断提高，美育在教育中的地位越发重要。希望本章节内容能够在区域音乐教育领域发挥广泛而深远的影响，激发更多教育工作者投身于音乐校本课程的开发与研究之中。让我们借助音乐校本课程这一有力工具，将美育的种子播撒在每一个学生的心田，让他们在音乐的熏陶下，感受美、热爱美、创造美，成长为具有高尚审美情操、卓越创新能力和深厚人文底蕴的新时代人才。相信在本章节的引领下，音乐校本课程必将在美育的征程中绽放出更加绚烂的光彩，为我区教育事业的蓬勃发展贡献独特的力量。

“运河两岸的歌声”班级合唱校本课程开发与建设方案

一、“运河两岸的歌声”班级合唱校本课程开发与建设背景分析

中国大运河集中体现了中华民族的伟大创造精神。中国大运河贯通海河、黄河、淮河、长江、钱塘江五大水系，包括隋唐运河、京杭运河、浙东运河等古今河道水系，流经北京、天津、河北、河南、山东、安徽、江苏、浙江 8 省市，全长约 3200 千米，是人类文明史上气势恢宏的伟大工程。2500 多年来，大运河持续发挥着航运、水利等作用，承载着悠久璀璨的历史文化，成为中华文明的重要标志之一，蕴含着中华民族悠远绵长的文化基因。从中华民族历史发展进程来看，大运河是多元一体中国文化的经典符号，联结了京津文化圈、燕赵文化圈、齐鲁文化圈、中原文化圈、淮扬文化圈、江南文化圈等文化高地，塑造了京津胜景、燕赵雄风、邹鲁儒风、江南水乡等人文生态，彰显了中华文明的精神标识和文化精髓。

北京通州作为京杭大运河的北起点，承载着深厚的运河文化底蕴。运河不

仅带来了繁荣的经济，更孕育了独特且丰富的音乐文化，这些音乐反映着运河沿岸人民的生活、劳作与情感，在当下强调素质教育与文化传承的教育大背景下，将运河音乐融入校园美育教育具有十分重要和深远的意义。

2023 年 9 月，习近平总书记在浙江考察时强调，大运河是世界上最长的人工运河，是十分宝贵的文化遗产。大运河文化是中国优秀传统文化的重要组成部分，要在保护、传承、利用上下功夫，让古老大运河焕发时代新风貌。我们要按照习近平总书记的指示，充分认识大运河文化的时代价值和重要意义，擦亮千年运河“金名片”，把大运河文化这个祖先留给我们的宝贵遗产，统筹保护好、传承好、利用好。

（一）地理、人文环境赋予通州独特文化（音乐）资源

大运河在促进中华文明发展、确保华夏文明赓续、提供精神给养方面做出了卓越的贡献。大运河蕴含了包括中华民族和中国人民追求国家统一、民族团结的执着信念，勤劳勇敢、自强不息的民族精神，开放包容、兼收并蓄的文化态度，天人合一、和谐共生的思想智慧等，为中华文明的历史发展注入源源不断的精神动力。

大运河作为中华民族最伟大的文明创造标志之一，在古代中国发挥着交流会通中华文化与世界文明的功能，串联和滋养了各具特色的地域文化，在当代串联起首都经济圈、长江经济带、“一带一路”建设等重大国家发展战略。可以说，大运河拥有十分丰厚的物质文明与精神文明遗产，深入挖掘大运河的时代价值，可以为“坚定文化自信、担当使命、奋发有为，共同努力创造属于我们这个时代的新文化，建设中华民族现代文明”提供有益借鉴。

通州二中所处的通州，是京杭大运河的北起点，素有“一京二卫三通州”的美誉。千年运河奔腾不息，在通州大地上留下了丰富的文化遗产，音乐文化便是其中熠熠生辉的瑰宝。运河号子是船工们在劳作时为统一节奏、提振精神而喊唱的，或激昂奋进，用于逆水行舟、拉纤等高强度劳作场景；或舒缓悠扬，在水流平缓时调节心情。这些号子承载着船工们的汗水与梦想，生动展现了运河漕运的艰辛与壮阔。除运河船工号子外，运河沿岸的民间小调也独具特色，它们融合了当地的方言、民俗，旋律优美，歌词质朴，反映着百姓的日常生活、爱情故事和对美好生活的向往。如通州本地的一些小调，在婚丧嫁娶、节日庆典中传唱，成为地域文化的独特标识。丰富多样的运河音乐，为校本课程提供了取之不尽的素材源泉。

（二）新时代教育发展趋势的必然要求

随着教育改革的不断深入，核心素养导向成为教育发展的主流趋势。音乐教育作为美育的重要组成部分，在培养学生的审美能力、创新思维、团队协作精神和文化理解能力方面有着不可替代的作用。合唱作为一种综合性的音乐艺术形式，能让学生在集体演唱中锻炼音乐感知、表达和协调能力，同时增强集体荣誉感和归属感。开发“运河两岸的歌声”班级合唱校本课程，契合了素质教育对学生全面发展的要求。通过学习运河音乐，学生不仅能提升音乐素养，还能深入了解本土文化，增强文化自信，培养对家乡的热爱之情，进而促进学生文化基础、自主发展、社会参与等多方面核心素养的提升。

（三）学校特色校园发展的内在需求

通州二中一直致力于打造特色校园文化，将运河音乐融入班级合唱课程，能够形成独特的校园文化标识。通州二中“富育”合唱团已有 35 年的建团史，获得北京市区各类奖项无数，被北京市教委、通州区教委连续授予声乐传统校、优秀艺术校称号，目前为通州区教委五星级学生艺术社团（合唱），为宣传区域优秀音乐文化起到了很好的示范引领作用。通州二中艺术团（合唱）以运河文化为主题开展了系列音乐活动，如运河音乐文化节、合唱比赛等，为丰富校园文化生活、营造浓厚的艺术氛围、提升学校的文化品位和社会影响力、逐步形成学校特色文化建设，探索出很多切实可行的、具有借鉴意义的校本课程建设策略、模式和方案。

（四）音乐教育的深化与拓展需求

传统的音乐课程在教学内容和形式上相对单一，难以充分激发学生的学习兴趣和潜力。校本课程的开发为音乐教育提供了创新空间。“运河两岸的歌声”课程，以地方特色音乐为切入点，丰富了教学内容，创新了教学方法，能够满足学生多样化的学习需求，为音乐教育注入新的活力，推动学校音乐教育水平的整体提升。

（五）学生全面成长的助力

对于通州二中的学生而言，深入学习本土运河音乐文化，是了解家乡历史、传承地域文化的宝贵机会。合唱活动所培养的团队协作、沟通交流等能力，将对学生的学习和未来生活产生积极影响，助力学生全面成长成才。通州二中开发以“运河两岸的歌声”为主题的班级合唱校本课程，既能让学生深入了解本土优秀传统文化，增强文化自信，又能通过合唱这种艺术形式，全面提升学生的音乐素养、团队协作能力与审美水平。

二、“运河两岸的歌声”班级合唱校本课程开发与建设基本理念

（一）以美育人理念

以班级合唱选材、排练、展示为载体，引导学生感受运河两岸音乐文化之美，深刻理解运河两岸歌曲的旋律美、调式美、和声美、节奏美、歌词美等美的元素，提高学生对家乡和本土音乐文化的审美感知、艺术表现、创意实践和文化理解素养，培养对音乐之美的欣赏、表现、创造、联系能力，通过循序渐进地演唱运河主题歌曲，提高中学生的音乐关键能力，感受其独特的音乐文化风格与情感表达。在合唱训练、表演与展示过程中，引导学生产生共鸣，丰富情感世界，培养积极向上的审美情趣。

（二）文化传承理念

以大运河文化为课程核心，将运河相关的历史、人文、民俗等元素融入合唱曲目的选择与教学中，让学生深刻了解运河文化，增强文化认同感与自豪感，进而树立文化自信，坚定文化传承信心。在借助班级合唱这种艺术表现形式教学过程中，传播运河文化，激发学生文化自信心，引领更多学生成为运河文化的传播者，为促进运河文化的创新发展而不懈努力。

（三）团队合作理念

合唱强调声部、团队之间的协同与配合，通过班级合唱课程培养学生的团队合作精神，通过音乐作品的演唱，让学生理解个人与集体的关系、声音平衡与配合的关系、和声和谐与艺术表现的关系，学会在团队中发挥自己的作用。在排练和表演过程中，引导学生学会相互倾听、相互配合，提高团队协作能力，共同追求合声的完美呈现，培养学生的集体荣誉感和自豪感，让合唱之美浸润学生的心灵，实现以美育人、以美化人、以美润心、以美培元的课程目标。

（四）个性发展理念

尊重学生的个体差异和个性特点，在合唱课程中为学生提供展示个人才华

的机会和平台，在排练过程中精心设计独唱、领唱、指挥等展示机会，发挥学生的特长。同时，根据学生的音乐基础和兴趣爱好，进行分层教学与指导，满足不同学生的学习需求，促进学生的个性发展。

（五）全面发展理念

通过班级合唱训练，提高全体学生的音乐核心素养和关键能力，包括识谱、发声、节奏训练等，促进学生的智力发展（如记忆力、注意力、创造力）。在此基础上，通过开展班级合唱课程，锻炼学生的语言沟通能力、情感表达能力和舞台表现力，多维度培养学生的综合素养，促进学生的全面发展。

三、“运河两岸的歌声”班级合唱校本课程开发与建设原则与思路

（一）开发与建设原则

（1）本土文化性原则：深度挖掘通州运河两岸的民间音乐、民俗风情等素材，将极具地域特色的号子、民谣等融入课程内容。比如把运河船工号子的节奏与旋律特点巧妙地编进合唱曲目，让学生在歌声中感受先辈们在运河劳作的精神风貌，传承本土文化基因，增强学生对家乡的热爱与文化认同感。

（2）音乐专业性原则：严格遵循音乐教育的基本规律，从基础乐理知识、发声技巧训练，到多声部合唱的配合等方面，构建系统且科学的课程体系。如在课程初期，着重训练学生的气息控制、音准把握，随着课程推进，逐步引入和声、复调等知识，接续性提升学生的音乐素养与合唱水平。

（3）全员参与性原则：课程面向全体学生，无论学生的音乐基础如何，都能在班级合唱中找到自己的位置。设置丰富多样的声部，如高声部、中声部、低声部，让每个学生都能参与到合唱活动中，培养团队协作精神与集体荣誉感，促进学生之间的交流与合作。

（4）趣味性与创新性原则：采用多样化的教学方法与手段，激发学生的学习兴趣。巧妙地引入先进教学法，如“体态律动”教学法、“柯达伊”教学法等；同时，利用多媒体资源、“互联网 +”资源、数字媒体资源等，让学生更加直观地感受运河两岸的文化，为表现、创造歌曲奠定基础。创造性地开展音乐游戏，让学生在轻松愉快的氛围中学习合唱技巧，鼓励学生参与歌曲的改编与创作，融入现代音乐元素，为传统运河文化注入新活力。

（二）开发与建设思路

（1）资源整合与课程内容规划：精心梳理运河音乐资源，组织音乐教师、地方文化专家等成立课程开发小组，深入调研通州运河两岸的音乐文化。收集整理不同历史时期与运河相关的歌曲、民间音乐等，建立音乐素材库。

（2）构建课程内容框架：按照学生的年龄特点和音乐认知水平，分阶段、分层次设计课程内容。初级阶段以简单易学的运河童谣、民歌为主，培养学生对合唱的兴趣；中级阶段引入多声部合唱曲目，加入运河历史故事讲解，提升学生的演唱技巧与文化理解能力；高级阶段鼓励学生进行合唱作品的创新演绎，开展运河主题音乐创作活动。

（3）教学方法创新与师资队伍建设：创新教学方法，运用情境教学法，创设如运河码头、商船航行等场景，让学生更好地理解歌曲内涵；采用小组合作学习法，分组进行合唱排练与讨论，培养学生的自主学习能力与团队协作能力。

（4）加强师资培训：定期选派音乐教师参加合唱指挥、运河文化等方面的培训课程与研讨会，邀请专业合唱指挥家、运河文化学者到校开展讲座与指导，提升教师的专业素养与教学能力。

（5）课程评价与展示体系构建：建立多元评价体系，从学生的课堂表现、合唱技能提升、团队协作等多维度进行评价。除教师评价外，增加学生自评与互评，如开展小组互评活动，让学生相互学习、共同进步。

（6）搭建展示平台：在校内定期举办班级合唱比赛、运河文化音乐节等活动，积极组织学生参加校外的合唱比赛、文化交流活动等，为学生提供展示合唱成果的舞台，增强学生的自信心与成就感，进一步推动课程发展。

四、“运河两岸的歌声”班级合唱校本课程开发与建设整体设计

（一）校本课程目标

“运河两岸的歌声”班级合唱校本课程紧紧围绕核心素养，体现本土化课程性质，反映课程理念，确立课程目标。核心素养是课程育人价值的集中体现，是学生通过校本课程学习逐步形成的适应个人终身发展和社会发展需要的正确价值观、必备品格和关键能力，主要包括审美感知、艺术表现、创意实践、文化理解等。

（1）审美感知目标：审美感知是对自然世界、社会生活和艺术作品中美

的特征及其意义与作用的发现、感受、认识和反应能力。审美感知具体指审美对象富有意味的表现特征，以及艺术活动与作品中的艺术语言、艺术形象、风格意蕴、情感表达等。审美感知培育有助于学生发现美、感知美，丰富审美体验，提升审美情趣。

（2）艺术表现目标：艺术表现是在艺术活动中创造艺术形象、表达思想感情、展现艺术美感的实践能力。艺术表现包括艺术活动中联想和想象的发挥，表现手段与方法的选择，媒介、技术和艺术语言的运用，以及情感的沟通和思想的交流。艺术表现培育有助于学生掌握艺术表现的技能，认识艺术与生活的广泛联系，增强形象思维能力，涵养热爱生命和生活的态度。

（3）创意实践目标：创意实践是综合运用多学科知识，紧密联系现实生活，进行艺术创新和实际应用的能力。创意实践包括营造氛围，激发灵感，对创作的过程和方法进行探究与实验，生成独特的想法并转化为艺术成果。创意实践培育有助于学生形成创新意识，提高艺术实践能力和创造能力，增强团队精神。

（4）文化理解目标：文化理解是对特定文化情境中艺术作品人文内涵的感悟、领会、阐释能力。文化理解包括感悟艺术活动、艺术作品所反映的文化内涵，领会艺术对文化发展的贡献和价值，阐释艺术与文化的关系。文化理解培育有助于学生在艺术活动中形成正确的历史观、民族观、国家观、文化观，尊重文化多样性，增强文化自信。

校本课程的四个目标相辅相成，贯穿校本课程学习的全过程。其中，审美感知是校本课程学习的基础，艺术表现是学生参与艺术活动的必备能力，创意实践是学生创新意识和创造能力的集中体现，文化理解则以正确的价值观引领审美感知、艺术表现和创意实践。

（二）校本课程教学内容

（1）运河音乐文化基础学习：主要介绍通州运河的历史变迁、文化特色，讲解与运河相关的音乐风格、体裁，如号子、民谣等。

（2）班级合唱基础知识学习：主要包括单音、音程、和声、节拍、拍子、节奏、音乐记号等理论知识。

（3）声乐技巧训练：主要包括呼吸控制、发声训练、共鸣运用、音准与音色等训练。

（4）合唱作品排练：主要包括班级合唱声部的划分，选择不同风格、难度的运河主题合唱作品，如以运河自然风光、劳动生活为主题的歌曲。分声部排练注重歌曲整体的协调、平衡与艺术表现。

主要作品包括北京运河两岸民歌、天津运河两岸民歌、河北运河两岸民歌、河南运河两岸民歌、山东运河两岸民歌、安徽运河两岸民歌、江苏运河两岸民歌、浙江运河两岸民歌，共 40 首经典民歌和 40 首经典合唱作品（见下表）。

运河两岸的歌声	北京运河两岸民歌	《运河号子》	运河两岸的歌声创作歌曲	大型原创历史歌剧《运河谣》
		《渔民难》		创作歌曲《我家住在运河边》
		《十二月渔民歌》		创作歌曲《运河的时光》
		《纤夫曲》		创作歌曲《大运河》
		《渔汛歌》		创作歌曲《运河》
	天津运河两岸民歌	《小小扇子七寸长》		创作歌曲《故乡的大运河》
		《杨柳叶子青》		创作歌曲《海河情》
		《天津劳动号子》		创作歌曲《天津赞歌》
		《画扇面》		创作歌曲《你好天津》
		《哭五更》		创作歌曲《天津娃娃》
	河北运河两岸民歌	《放风筝》		创作歌曲《我们是运河的流水》
		《小白菜》		创作歌曲《大美运河过沧州》
		《小放牛》		创作歌曲《大运河之歌》
		《茉莉花》		创作歌曲《京杭大运河》
		《对花》		创作歌曲《相约到河北》
	河南运河两岸民歌	《编花篮》		创作歌曲《寻洛》
		《王大娘钉缸》		创作歌曲《牧羊曲》
		《绣荷包》		创作歌曲《卖扁食》
		《观灯》		创作歌曲《河南娃娃》
		《九莲灯》		《送郎当红军》
	山东运河两岸民歌	《花蛤蟆》		《沂蒙山歌》
		《沂蒙山小调》		《弹起我心爱的土琵琶》
		《绣荷包》		创作歌曲《山东的山》
		《包楞调》		创作歌曲《沂蒙儿女》
		《对花》		《谁不说俺家乡好》
	安徽运河两岸民歌	《凤阳花鼓》		《放下三棒鼓，拿起红缨枪》
		《打麦号子》		《大别山民歌》
		《放牛山歌》		《摘石榴》
		《春风又到巢湖边》		《一片树林根连根》
		《开园歌》		《凤阳新歌》

续表

<table>
<tr><td rowspan="10">运河
两岸的歌声</td><td rowspan="5">江苏
运河
两岸
民歌</td><td>《茉莉花》</td><td rowspan="10">运河
两岸的歌声
创作歌曲</td><td>《绣荷包》</td></tr>
<tr><td>《二泉映月》</td><td>《采红菱》</td></tr>
<tr><td>《孟姜女》</td><td>《扬州小调》</td></tr>
<tr><td>《太湖美》</td><td>《拔根芦柴花》</td></tr>
<tr><td>《无锡景》</td><td>《紫竹调》</td></tr>
<tr><td rowspan="5">浙江
运河
两岸
民歌</td><td>《起锚号子》</td><td>《对鸟》</td></tr>
<tr><td>《拔船号子》</td><td>《李有松》</td></tr>
<tr><td>《摇橹号子》</td><td>《车水号子》</td></tr>
<tr><td>《宕勾号子》</td><td>《采茶舞曲》</td></tr>
<tr><td>《抬网号子》</td><td>《西湖春晓》</td></tr>
</table>

（5）音乐欣赏与评价：主要包括欣赏优秀的运河主题合唱作品，引导学生学会倾听、分析和评价合唱演唱与表演，丰富学生的合唱认知与表演经验。

（三）校本课程教学方法

（1）讲授法：结合教学主题，通过视频、音频以及教师讲解，引导学生了解运河音乐文化流变及相关知识。

（2）示范法：教师通过播放音乐家演唱的运河音乐作品，并进行现场示范，引导学生了解并逐步学会正确的发声、演唱方法和指挥动作。

（3）分组练习法：教师指导学生分组进行声部练习，在基本准确的基础上循序渐进地进行班级合唱排练，逐步培养学生的合唱能力和团队协作精神。

（4）情境教学法：在班级合唱排练过程中，设计、创设与运河文化相关的音乐情境，如模拟运河船工号子、运河边的劳动场景等。

（5）多媒体教学法：充分利用图片、视频、数字媒体、音频等音乐资料，丰富教学内容，在有限的时间内有效提升学生欣赏、理解运河音乐文化的能力。

（四）校本课程教学评价

评价是检验、提升校本课程教学质量的重要方式和手段。要充分发挥评价的诊断、激励和改善功能，促进学生发展。

教学评价涉及学习态度、过程表现、学业成就等多方面，贯穿艺术学习的全过程和艺术教学的各个环节。

1. 基本原则

坚持素养导向。围绕核心素养内涵、课程总目标和学段目标，依据课程的内容要求、学业要求和学业质量标准，进行全面、综合的评价，既要关注学生艺术知识、技能的掌握情况，更要重视对价值观、必备品格、关键能力的考查。

坚持以评促学。倡导评价促进学习的理念，关注学生真实的进步，捕捉、欣赏、尊重学生有创意的、独特的表现，并予以鼓励，不断加深学生的艺术体验，引导学生发现自己的艺术潜能，合理运用评价结果改进学习，发展自己的艺术特长。

重视表现性评价。围绕学生校本课程学习实践性、体验性、创造性等特点，注重观察、记录学生在艺术学习、实践、创作等活动中的典型行为和态度特征，运用作品展示、技艺表演等形式，对学生艺术学习情况进行质性分析，同时兼顾其他评价方式的应用。注重引导学生对学习历程进行写实记录，丰富评价内容，提高评价的全面性、准确性。

坚持多主体评价。充分发挥学校、教师、学生、家长等不同评价主体的作用，形成多方共同激励的机制，增强学生学习艺术的动力和信心。

2. 主要环节的评价

（1）课堂评价。课堂评价是教学的有机组成部分。教师应面向全体学生进行评价，评价内容包括学生在学习过程中的行为表现、学习态度、课堂学习阶段目标的达成情况等方面。通过观察、提问、交流、记录等方式，了解学生在欣赏、表现和创意实践等过程中的学习进程、行为表现，分析、把握学生的学习态度、学习体验、学习困难，给予必要的指导。评价反馈应注重即时性、生成性、针对性，以鼓励为主，激发学生的积极性，同时指出存在的问题，帮助学生改进学习。

（2）作业评价。作业评价作为课堂教学的有效延伸与补充，是促进学生学习发展的手段之一，是学习评价的重要组成部分。作业设计应注重素养立意，体现开放性、情境性、整合性，难度合理，类型多样，包括独立完成型与团队合作型、书面型与活动实践型、巩固练习型与创意实践型，也包括共性化作业与个性化作业。作业评价既要关注结果，如实物作品、视听表演、数字化编创作品等，也要关注过程，如方案策划、素材收集、创意构思等。在整体把握作业质量的基础上，进一步对作业要素或组成部分进行单项分析。依据作业意图，确定作业评价侧重点，可注重统一要求，也可注重创意表达，处理好两者的关系。综合运用质性分析和量化评定，重视书面或口头反馈，发挥评价的引导、激励功能。

（3）期末评价。期末评价应立足于对学生艺术素养发展状况进行全面评定，应包括课堂评价、作业评价和期末考核的结果。其中，期末考核要依据本学期的课程目标、内容、教学实际组织实施，注重采用具有综合性的题目或任务，可运用表演、展示、纸笔测试、档案袋等方式。

3. 评价结果的呈现和运用

评价结果可以采用分项等级制和评语相结合的方式呈现，避免单纯以分数评价学生。评语要简练、中肯、有针对性，以便学生准确了解自己的表现和结果，并知道今后的努力方向。针对不同学生的特点，对评价结果要作个性化、发展性的解读。注重运用学生评价结果反思和改进教学。

（五）校本课程教学安排

1. 教学进度

第一阶段：学习运河音乐文化和合唱基础知识。

第二阶段：进行声乐技巧训练。

第三阶段：排练合唱作品。

第四阶段：开展音乐欣赏与评价，进行课程总结与展示。

2. 教学时间

每周安排固定课时，每课时 40 分钟，或根据学校实际灵活安排。

3. 教学地点

理论教学在音乐教室，合唱实践在学校报告厅或多功能厅。

五、“运河两岸的歌声”班级合唱校本课程开发与建设保障

（一）制度保障

（1）课程管理机制：学校建立完善的校本课程管理体系，明确课程开发、实施、评价等各环节的责任与流程，确保“运河两岸的歌声”课程有序推进。

（2）教师激励制度：设计针对参与课程开发与教学教师的激励政策，如在绩效考核、职称评定、评优评先等方面给予倾斜，提高教师积极性。

（3）学生参与制度：建立学生参与合唱课程的相关制度，将合唱课程表现纳入学生综合素质评价体系，鼓励学生积极参与。

（二）师资保障

（1）校内师资培训：定期组织音乐教师参加合唱指挥、运河文化等方面的专业培训，邀请专家到校开展讲座与工作坊，提升教师的专业素养。

（2）校外专家指导：聘请运河文化专家、专业合唱指挥家等作为课程顾问，定期到校指导，为课程提供专业支持。

（3）教师团队建设：组建以音乐教师为核心，其他学科教师参与的课程开发与教学团队，发挥各学科优势，实现跨学科融合。

（三）资源保障

（1）教材资源开发：组织教师编写具有本校特色的“运河两岸的歌声”合唱校本教材，收集整理运河主题的合唱曲目、音乐知识等内容。

（2）硬件设施配备：完善音乐教室、排练厅等场地设施，配备先进的音响设备、乐器等，为合唱教学与排练提供良好的硬件环境。

（3）文化资源整合：与当地文化机构、博物馆等合作，整合运河文化资源，为学生提供参观、学习的机会，丰富学生的文化体验。

（四）经费保障

（1）设立专项经费：学校在年度预算中设立“运河两岸的歌声”校本课程专项经费，用于教材编写、教师培训、专家聘请、设备购置等。

（2）争取外部资助：积极争取政府教育部门、社会公益组织、企业等的资助与支持，拓宽经费来源渠道，为课程建设提供充足的资金保障。

（3）经费管理监督：建立严格的经费管理制度，加强对课程经费使用的监督与管理，确保经费合理、规范使用。

（五）时间保障

（1）课程时间安排：在学校课程表中为“运河两岸的歌声”班级合唱校本课程安排固定的课时，每周至少安排 1—2 课时，保证课程的正常开展。

（2）课外排练时间：合理安排课外排练时间，如利用课余时间、社团活动时间等，组织学生进行合唱排练，但要注意避免学生负担过重。

在悠扬的旋律与激昂的和声中，我们共同见证了通州二中“运河两岸的歌声”班级合唱校本课程从萌芽到绽放的全过程。这一课程的开发与建设，不仅是音符的汇聚，更是文化传承与团队精神塑造的生动实践。从最初对运河文化的深入挖掘，将那流淌千年的历史底蕴化作灵动音符，到学生以饱满热情投入排练，用青春之声演绎运河故事，每一个环节都凝聚着师生的心血。通过合唱，班级的凝聚力得到前所未有的提升，学生学会了倾听、配合，懂得了集体荣誉的珍贵。当一首首饱含运河风情的歌曲在校园回荡，我们仿佛看到运河两岸往昔的繁华盛景，同时感受到了先辈们的勤劳与智慧。这不仅丰富了学生的艺术素养，更在他们心中种下了文化传承的种子。

未来，我们将继续深耕这一校本课程，不断丰富曲目，提升演唱水平，让运河两岸的歌声越飘越远，让更多人领略到通州二中独特的文化魅力与青春风采。相信在全体师生的共同努力下，这一课程必将成为学校文化建设中一颗璀璨的明珠，持续闪耀光芒。

基于“五育融合”的音乐跨学科主题教学建构

《义务教育课程方案（2022 年版）》明确提出，要加强课程综合，注重关联，强化实践，着力发展学生核心素养，体现课程性质，反映课程理念，确立课程目标。这为音乐跨学科主题教学建构实践研究在课程研究层面提供了有力的支持和规范，强调了跨学科融合教学对于实现课程目标和培养学生综合素养的重要性。

一、基于“五育融合”的音乐跨学科主题教学建构研究背景

第一，新时代教育理念快速迭代，《义务教育艺术课程标准（2022 年版）》聚焦学生全面成长。在教育变革快速发展的当下，全球人才竞争的核心转向创新与综合素养。传统以知识灌输为主、学科孤立分隔的教育模式，难以满足社会对创新复合型人才的需求。“五育融合”理念应运而生，它倡导德育铸魂、智育启智、体育强身、美育润心、劳育赋能，且各育相互交融、协同促进。音乐学科作为美育的关键一环，具备独特的育人价值，能够以情感为纽带，跨越学科边界，从感知、理解、创造等多维度，助力学生的全方位成长。

第二，音乐教学面临新的问题，亟待新的突破。过往音乐教学多围绕乐理知识、演唱演奏技巧展开，教学内容和方法相对单一，这导致学生难以领悟音乐在文化、历史、社会等层面的多元价值，也无法将音乐知识灵活运用到实际生活与学习中。例如，在欣赏古典音乐时，学生因缺乏对作品创作时代背景、文化内涵的了解，难以产生情感共鸣。同时，单一的教学模式不利于激发学生的创新思维与批判性思维，限制了他们音乐素养与综合能力的提升，迫切需要引入创新的教学模式。

第三，学科知识之间关联紧密，呼唤跨学科的融合式学习模式。音乐并非孤立的存在，而是与其他学科紧密相连的。数学中的比例、数列知识，能帮助学生理解音乐节奏的规律与复杂节拍；体育中的身体律动、节奏感训练，与音乐的节奏韵律相辅相成；语文的诗词鉴赏、情感表达，为音乐作品的内涵解读提供思路；历史、地理学科则能揭示音乐风格形成的时代背景与地域因素。挖掘这些内在联系，开展基于“五育融合”的跨学科主题教学，能让学生构建起完整的知识体系，提升对知识的理解与运用能力。

第四，社会快速发展，催生出适应时代要求的复合型人才培养需求。当今社会各领域深度融合，行业界限逐渐模糊，无论是文化创意产业，还是科技与艺术结合的新兴领域，都急需具备多元知识储备与综合能力的复合型人才。通过开展基于“五育融合”的音乐跨学科主题教学，能培养学生跨领域思考、解决复杂问题的能力，使其在未来职业生涯中，灵活运用不同学科知识，实现创新发展，更好地适应社会的快速变化。

第五，教育改革趋势下的教学模式与教学方法亟待创新发展。新一轮教育改革倡导创新教学模式与教学方法。基于“五育融合”的音乐跨学科主题教学符合改革方向，通过主题式、探究式学习，激发学生兴趣，提高课堂参与度，是对传统教学的创新，为教育改革提供实践范例，实现从学科本位、知识本位向素养本位的转变。

二、基于“五育融合”的音乐跨学科主题教学建构研究意义

第一，基于“五育融合”的音乐跨学科主题教学建构实践研究可以帮助学生将知识、技能与多学科进行有效融合。在将多学科知识进行融合的同时，助力学生打通音乐与其他学科的知识壁垒，通过融合式跨学科学习，引导学生能

自如运用各学科知识解读音乐现象、分析音乐作品、拓宽音乐视野、构建有机音乐知识网络。

第二，基于“五育融合”的音乐跨学科主题教学建构实践研究可以实现多元技能提升。在音乐关键能力上，可以有效提升学生演唱、演奏、音乐创造等能力；在跨学科实践中，锻炼其资料收集、团队协作、成果展示等综合技能。例如，在音乐戏剧创作表演中，学生既要创作音乐，又要编写剧本、设计舞美，全方位锻炼多种专业技能。

第三，基于“五育融合”的音乐跨学科主题教学建构实践研究可以创新学习方式，引导学生摒弃被动接受知识与技能的模式，转向自主、合作、探究学习。在融合式跨学科音乐主题学习中，学生可以在教师引导下自主确定研究方向，如探究某地域音乐与民俗文化的关联，通过小组合作收集资料、研讨分析，最终得出结论，培养学生独立思考与解决问题的能力。

第四，基于“五育融合”的音乐跨学科主题教学建构实践研究可以强化学生思维能力，着重培养学生的创造性、批判性思维。鼓励学生在音乐跨学科学习中大胆创新，如改编传统音乐融入现代元素；引导学生对音乐现象、观点进行批判性思考，不盲目跟从，进而提升思维深度与广度。

第五，基于“五育融合”的音乐跨学科主题教学实践研究可以激发学生学习兴趣。以音乐为切入点，激发学生对各学科的浓厚兴趣。让学生在音乐与科学结合的学习中，发现物理声学原理在音乐中的奇妙应用，从而对科学学科产生探索欲望，消除学科畏难情绪，营造积极的学习氛围。

第六，基于“五育融合”的音乐跨学科主题教学建构实践研究可以帮助学生树立正确观念。培养学生的文化包容、审美理解及合作意识。通过欣赏不同国家、民族的音乐，感受多元文化魅力，树立文化包容观念；在音乐创作、表演中提升审美能力；在跨学科团队项目中学会沟通协作，增强团队凝聚力与责任感。

第七，基于“五育融合”的音乐跨学科主题教学建构实践研究可以实现全方位育人。通过跨学科学习，实现五育协同发展。音乐审美提升美育素养；跨学科知识学习促进智育；音乐表演、创作的坚持锻炼意志品质（德育）；音乐律动结合身体运动助力体育；参与音乐制作、道具准备等实践活动，培养劳育意识，达成学生德智体美劳全面发展的目标。

第八，基于“五育融合”的音乐跨学科主题教学建构实践研究可以提升中学生综合素养，为学生未来发展奠定坚实基础，使其具备适应社会发展的综合素养。在未来工作生活中，学生能灵活运用多学科知识解决复杂问题，以创新思维应对挑战，以良好审美与协作精神提升生活品质与职业竞争力。

三、基于“五育融合”的音乐跨学科主题教学建构研究策略

第一，基于“五育融合”的音乐跨学科主题教学建构研究需要深入挖掘音乐与其他学科的内在联系以确定教学主题。如“音乐中的地理密码”教学设计中，将音乐风格与地域特点相结合，探讨不同地区的地形、气候、文化如何影响音乐特色。如蒙古草原的辽阔孕育了长调的悠扬，学生在探究中既学习了音乐知识，又了解了地理与文化知识，实现了智育与美育的融合。

第二，研究基于“五育融合”的音乐跨学科主题教学建构要结合学生兴趣与生活，从学生的兴趣爱好和日常生活出发设计主题，提升参与度。例如以“流行音乐与健康生活”为主题，分析流行音乐节奏对运动锻炼的辅助作用，以及音乐对情绪调节、心理健康的影响。学生在自己喜爱的流行音乐氛围中学习音乐知识，同时融合体育、美育与德育，有益于身心健康。

第三，要在教学资源的整合上进行深入研究和谋划。首先，要将现有的校内资源进行统筹，整合校内不同学科的教学资源。如可以在图书馆设立音乐跨学科阅读专区，集合音乐、历史、文学等相关书籍；也可以在多媒体教室进行跨学科教学资源的收集和整理，以备学生观看和查阅；此外，组织不同学科教师分享教学素材，如数学教师提供与音乐节奏相关的数列资料，美术教师提供音乐海报设计案例等。其次，合理引入校外资源。可以与当地文化场馆、艺术团体合作，引入校外资源。如邀请本土艺术家进校园传授传统音乐技艺，组织学生参观音乐博物馆以了解乐器发展历程，观看交响乐团排练以学习音乐表演。还可利用网络优质课程资源，如线上音乐大师课、跨学科研究讲座等，拓宽学生跨学科学习渠道。

第四，深入研究跨学科教学活动的组织策略。开展跨学科项目式学习活动，如在校园“音乐文化节”筹备活动设计中，学生可以分组负责不同板块，包括策划音乐演出节目（音乐与组织协调）、设计文化节海报（美术与音乐宣传）、撰写音乐文化介绍手册（语文与音乐文化传播）、安排活动预算（数学与

财务管理）。在项目推进中，学生综合运用多学科知识，提升实践与创新能力。开展主题探究活动，可以围绕特定主题组织探究，如开展“古典音乐中的哲学思想”学习活动。学生通过查阅资料、小组讨论，探究古典音乐作品中蕴含的哲学观念。学生在探究中提升思考能力，感悟音乐的深层内涵，实现美育与德育、智育融合。

第五，深入研究教学方法的合理运用策略。如运用情境创设法，在开展跨学科教学之初创设生动的情境帮助学生理解音乐与多学科的联系。如在“音乐与历史故事”教学设计中，可以通过多媒体重现历史场景，播放对应时期的音乐，让学生身临其境地感受音乐与历史的交融。讲述古代宫廷音乐时，展示宫廷宴会场景，学生更易理解音乐在当时的功能与意义。又如，尝试进行合作学习，在教学中组织学生分组合作完成相关学习任务。再如，在“音乐与科学实验”教学中，学生分组探索声音传播、乐器发声原理等实验，每组学生负责不同环节，如实验设计、操作、记录、分析。小组合作促进学生交流协作，共同解决问题，提升团队精神与综合素养。

第六，深入研究跨学科教学评价策略。教学评价是检验教学设计和教学实施的有效方法，科学、准确、全面的教学评价是实现以评促学、以评促教的有效途径，设计多元化的评价主体，构建教师评价、学生自评、学生互评相结合的评价体系。教师评价可以实现教师从专业知识与技能角度评价学生的表现；学生自评则可以在学习过程中反思自己的收获与不足，促进学生综合素养和关键能力的有效提升；学生互评可以关注团队协作、创新思维等，全面考量学生学习能力。同时，合理设计综合性评价指标，从知识掌握、技能应用、艺术表现、创新能力、文化理解、团队协作等多维度进行评价，不仅要考查音乐创造能力，还要考量学生知识运用、音乐创新性、小组合作情况以及对跨学科学习理念的情感认同。

四、基于“五育融合”的音乐跨学科主题教学建构研究方法

“五育融合”强调培养全面发展的人，在这种理念下研究音乐跨学科主题教学，需要采用多种研究方法才能实现跨学科教学育人目标。

首先，在开展跨学科主题教学之初，需要通过文献研究法对跨学科主题进行资料搜集，即全面搜集国内外与音乐跨学科教学以及“五育融合”相关的

学术论文、研究报告、专著、课程标准解读等文献资料，了解已有研究的侧重点、成果与不足；然后，根据跨学科教学主题对收集到的文献进行整理、分类和综合分析，把握该领域的研究现状与发展趋势，明确已有研究为“五育融合”下音乐与相关跨学科主题教学提供的理论基础与实践经验，包括哪些教学模式已被尝试以及效果如何等，为后续研究提供参考和借鉴。

接着，根据跨学科主题教学目标，设计涵盖学生对音乐和相关学科的兴趣、对跨学科教学的期望、学习内容偏好等方面的调查问卷，了解学生对音乐与相关跨学科教学内容的态度与需求。在此基础上，设计针对音乐和相关跨学科教学的教师调查问卷，了解他们在教学中对“五育融合”的理解与实践情况，以及开展跨学科教学面临的困难、对跨学科主题教学内容与形式的看法，如“您认为在音乐教学中渗透跨学科教学最大的障碍是什么”等问题。通过教师问卷调查，了解教师在进行跨学科教学时的困惑与疑问，为后续跨学科教学实施奠定坚实的基础。

在全面了解师生进行跨学科教学的基本情况后，可以采用多种灵活的方式进行学前访谈。其中包括学生访谈，选取不同年级、不同学习水平的学生进行访谈，深入了解他们在跨学科学习过程中的体验、收获及遇到的问题。如让学生分享在通过相关跨学科主题教学后的相关知识技能以及核心素养的变化等。同时，还要对教师进行访谈，与音乐和跨学科主题教学相关教师进行面对面交流，探讨对跨学科教学的实施想法、教学资源整合的思路，以及在教学评价方面的困惑和建议，如“您觉得如何评价学生在音乐与相关跨学科主题教学中的四育和美育发展之间的联系、协同与融合”等。

在做好跨学科主题教学前期充分的准备工作后，教师团队可依据“五育融合”目标，结合音乐与相关跨学科主题教学课程内容，共同设计跨学科主题教学方案。如策划音乐与语文跨学科主题教学“诗词古韵中的音乐之美”，选取《水调歌头·明月几时有》等经典古诗词，将其与相应的古曲音乐（如《春江花月夜》）相结合。语文教师讲解诗词的创作背景、意境与情感表达，音乐教师则分析古曲的旋律特点、节奏韵律以及与诗词情感的契合点。在跨学科主题教学活动中，可以组织学生进行诗词朗诵与配乐演唱，学生先深入理解诗词内涵，再根据音乐的节奏、情感进行朗诵表演，之后尝试演唱古曲，感受古典文学与音乐的完美融合。同时，鼓励学生根据诗词意境进行音乐创作，如改编旋律、重新配乐等，加深对两者关系的理解。又如，设计“音乐与数学——旋律中的节奏密码”跨学科主题教学。在跨学科教学课程中，可以让学生先了解数列、比例等知识，然后再将其引入音乐节奏的学习中，如讲解音乐中常见的节拍与数学中的分数概念的联系，让学生理解节拍的强弱规律与数学比例的关系，同时，通过分析复杂的节奏型（如切分节奏、三连音等），引导学生运用数学中的数列知识进行拆解和分析。在此基础上，设计开展音乐节奏创作教学活动，引导学生运用数学知识设计独特的节奏型。可以先确定节奏的基本节拍，再利用数列规律安排音符的时长和组合方式，然后将创作的节奏型运用到简单的音乐作品中，通过演奏或演唱展示教学成果。这一过程不仅强化了学生对数学知识的应用，还提升了他们对音乐节奏的感知与创造能力。再如，设计“音乐与体育——律动中的身体节奏”跨学科主题教学。在教学前期进行内容整合的过程中，设计将音乐的节奏与体育的运动项目相结合，如在体育的健美操、韵律操教学中，选择节奏明快、动感十足的音乐作为伴奏，让学生根据音乐的节奏进行动作编排与练习。同时，在音乐课程中，讲解不同风格音乐的节奏特点对身体运动的影响，如爵士乐的摇摆节奏适合较为放松、灵活的身体律动，而进行曲的规整节奏则常用于队列行进等。在此基础上设计、组织有趣的音乐与体育融合的表演活动，如一组学生负责现场演奏或播放音乐，另一组学生根据音乐的节奏进行体育项目表演（如舞蹈、武术等）。通过这种方式，学生深刻体会到音乐节奏与身体运动之间的紧密联系，同时提高了身体协调性和艺术表现力。在结合音乐与历史学科内容设计跨学科教学时，可以设计“古代音乐文化与历史变迁”教学主题，通过一系列相关跨学科教学活动，包括古代乐器的介绍、古代音乐作品赏析以及结合相关历史背景介绍讲解等，音乐教师和历史教师在明确教学目标、教学方法和教学步骤的前提下共同开展教学活动。在课堂上，音乐教师可以引导学生欣赏古代音乐作品，感受其旋律、节奏特点，历史教师则介绍作品产生的时代背景、社会文化环境与作品之间的相互联系，同时，观察学生在课堂上的参与度、兴趣表现以及对知识的理解和掌握情况，并随时调整教学策略、教学方法和教学进度，以促进学生综合素养的有效提升。

在跨学科教学活动结束后，教师团队要及时进行教学评价和反思。根据教学目标的达成度、学生的课堂表现、作业完成情况、学习成果展示充分度等数据进行分析，准确把握教学方案中的优点与不足，及时发现学生在理解跨学科深层文化内涵上的困难和问题，及时调整后续跨学科主题教学中知识、技能讲解的深度与方式，然后再次实施改进后的教学方案，循环往复，不断优化教学，促进跨学科教学目标的有效实现。

当然，在跨学科主题教学中，还可以采用案例研究法和实验研究法进行教学设计。案例研究法可以选择具有代表性的学校、班级或教学实践项目作为研究案例，如选取在艺术教育方面有特色、积极开展跨学科教学实践的学校，深入研究其音乐与语文跨学科主题教学的实施情况。通过课堂观察、师生访谈、教学成果分析等方式，详细了解案例中跨学科教学的目标设定、教学内容整合方式、教学方法运用、“五育融合”的体现途径等。例如，观察在一堂以“音乐中的四季”为主题的跨学科课上，教师如何引导学生通过音乐、诗词描绘四季景色，培养学生的审美能力（美育）、文化素养（智育）以及对自然的热爱（德育）。这种跨学科主题教学可以从成功案例中总结可推广的经验，从失败案例中分析原因，提炼出具有实践指导意义的策略与方法，为其他学校或教师开展类似教学提供参考。在运用实验研究法开展跨学科主题教学过程中，可以选择两个或多个具有相似学情的班级，随机分为实验组和对照组。如选取两个初一年级的平行班，一个作为实验组，另一个作为对照组，实验组开展基于“五育融合”的音乐与语文跨学科主题教学，精心设计融合语文知识的音乐课程。如在音乐欣赏课中加入对音乐作品相关文学背景的介绍与分析，对照组则按照传统的音乐课程教学标准进行教学。在实验过程中，尽量保证其他教学条件（如教师资质、教学时长等）相同。在实验周期结束后，通过多种方式对比两组学生在知识掌握、能力发展、综合素养等方面的差异。如设计包含音乐知识、语文知识以及跨学科综合应用能力的测试题，同时通过问卷调查学生对音乐和语文学习的兴趣变化，以此评估“五育融合”的音乐跨学科主题教学的效果。

五、基于“五育融合”的音乐跨学科主题教学建构研究展望

（一）实现基于“五育融合”的音乐跨学科主题教学建构理论深化与拓展

1. 完善理论体系

深入探究音乐与各学科融合的内在逻辑，明确在“五育融合”框架下，音

乐跨学科教学对学生全面发展的独特价值与作用机制。如音乐与数学融合，从节奏的规律、音符的频率等方面，挖掘对学生逻辑思维（智育）的促进作用，构建更系统、科学的理论架构。

2. 拓展理论边界

结合新兴教育理念，如STEAM教育、项目式学习等，创新音乐跨学科教学理论。将音乐融入综合性项目，如让学生以“城市之声”为主题，融合地理、历史、美术等知识，创作并表演音乐作品，在实践中丰富“五育融合”主题教学的内涵。

（二）实现基于“五育融合”的音乐跨学科主题教学建构教学实践创新

1. 丰富教学模式

开发多样化且具操作性的教学模式。如“主题串联式”跨学科主题教学，围绕“节日文化”主题，融合音乐、语文、历史等学科，让学生在学唱节日歌曲、朗诵相关诗词、了解节日起源中，实现多维度学习；还如“任务驱动式”跨学科主题教学，布置“创作一部反映校园生活的音乐剧”任务，促使学生整合音乐、表演、文学创作等知识与技能。

2. 深化课程融合

在课程设计中，不仅可以在音乐与艺术学科（如美术、舞蹈）间加强融合，还可拓展至与理工科、人文社科等更多领域深度融合。如在音乐与物理的融合中，通过研究乐器发声原理，培养学生科学探究精神（智育）；音乐与思政融合，借红色歌曲传承革命精神（德育）。

（三）实现基于“五育融合”的音乐跨学科主题教学建构师资队伍建设

1. 加强研训体系建设

建立针对音乐教师及其他学科教师跨学科教学能力的培训体系。培训内容涵盖跨学科知识融合、教学方法创新、课程设计等方面。如开展“音乐与多学科融合教学”工作坊，邀请专家指导，组织教师进行案例研讨与实践演练。

2. 促进团队协作

鼓励音乐教师与其他学科教师组建教学团队，共同开展跨学科教学研究与实践。如音乐教师与体育教师合作，设计“音乐律动健身操”课程，在提升学生身体素质（体育）的同时，培养节奏感与艺术表现力（美育）。

（四）实现基于“五育融合”的音乐跨学科主题教学建构评价体系优化

1. 构建多元评价指标

建立涵盖知识技能、创新能力、合作精神、综合素养等多维度的评价指标体系。不仅考查学生对音乐及融合学科知识的掌握，还关注在跨学科学习过程中，学生在德育（如团队合作中的品德表现）、美育（如审美能力提升）、劳动教育（如参与音乐创作中的付出）等方面的发展。

2. 采用多样化评价方式

综合运用形成性评价与终结性评价。如在教学过程中，通过课堂观察、小组互评等方式进行形成性评价，及时反馈学生学习情况；在学期末，以音乐作品展示、跨学科学习报告等作为终结性评价依据，全面评估学生“五育融合”的学习成果。

（五）实现基于“五育融合”的音乐跨学科主题教学建构技术融合应用

1. 利用数字资源

借助网络平台，整合丰富的音乐与各学科融合的数字教学资源，如虚拟博物馆中的音乐历史文物展示、线上音乐创作软件与编程知识相结合的教程等，拓宽学生学习渠道。

2. 创新教学手段

运用虚拟现实（VR）、增强现实（AR）技术，为学生创造沉浸式音乐学习体验。如通过 VR 技术，让学生“置身”于不同历史时期的音乐演出场景，感受音乐与历史文化的交融，增强学习的趣味性与实效性，助力“五育融合”目标的达成。

综上所述，通过一系列跨学科主题学习实践，本项目成功探索出“五育融合”背景下音乐教学的新路径。在未来的教育教学中，将进一步拓展跨学科领域，深化融合程度，持续优化教学方法与评价体系，为学生提供更加丰富、多元的学习体验，助力学生全面发展，成长为适应新时代需求的综合性人才。

后记

Postscript

在教育不断革新与发展的时代浪潮中，美育作为培养全面发展人才不可或缺的一环，其重要性日益凸显。音乐教育作为美育的核心组成部分，宛如一颗璀璨的明珠，在点亮学生艺术感知、滋养心灵世界、塑造健全人格方面散发着独特而迷人的光芒。这本《美育浸润下的音乐教学与校本研究》正是对音乐教育在美育大框架下深入探索与实践的智慧结晶，承载着教育工作者对音乐教育本质与价值的深刻思考，以及对如何优化音乐教学、推动校本研究的不懈追求。

美育的目标绝非仅仅让学生掌握一门艺术技能，更在于通过艺术的熏陶，培养学生敏锐的感知力、丰富的想象力、细腻的情感表达能力，以及对美的鉴赏与创造能力。音乐作为一种跨越语言和文化界限的通用艺术形式，以其独特的节奏、旋律、和声与音色，能够直接触动学生的心灵深处，引发情感共鸣，开启他们对世界感知与理解的全新维度。在美育浸润下的音乐教学，不再是简单的音符传授与技巧训练，而是一场引领学生走进音乐殿堂、领略音乐魅力、感悟音乐所蕴含的生命真谛的奇妙旅程。

本书的一大亮点在于紧密围绕音乐教学实践展开，深入剖析了在美育理念指引下，音乐教学各个环节的创新与变革。从课程设计到教学方法的选择，从教学资源的整合到教学评价体系的构建，均呈现出别具一格的思路与方法。作者深知，音乐教学要想真正发挥美育功能，必须紧密贴合学生的身心发展特点与兴趣需求，以生动有趣、富有创意的教学活动激发学生的学习热情，让他们在积极参与中主动探索音乐的奥秘。例如，书中介绍了如何将音乐与其他学科进行有机融合，打破学科壁垒，拓宽学生的视野，培养他们的综合素养；还分享了如何利用现代信息技术手段，丰富音乐教学的形式与内容，为学生创造更加沉浸式的音乐学习体验，使音乐课堂焕发出新的活力与生机。

校本研究在推动学校特色发展、提升教育教学质量方面具有不可替代的作用。本书对音乐校本研究的阐述，为学校开展音乐特色教育提供了宝贵的借鉴与指导。它强调立足学校实际，挖掘学校自身的文化资源与地域特色，打造具有独特魅力的音乐校本课程体系。通过校本研究，教师能够更加深入地了解本校学生的音乐基础与学习需求，从而设计出更具针对性的教学计划与教学策略，实现因材施教。同时，校本研究也为教师的专业成长搭建了广阔的平台，促使教师在实践中不断反思、总结与创新，提升自身的教育教学水平与科研能力。

此外，书中展示了众多鲜活的教学案例与实践成果，这些都是作者在一线教学中辛勤耕耘的见证。这些案例不仅具有很强的可操作性，更为广大音乐教育工作者提供了宝贵的实践经验与启示，希望教师同人能够从中汲取灵感，结合自身教学实际，对其进行灵活运用、发展创新。

衷心希望这本凝聚着作者心血与智慧的书，能够为美育浸润下的音乐教学与校本研究注入新的活力，成为广大音乐教育工作者、教育研究者以及关注美育发展的各界人士的“良师益友”。期待它能够在教育领域引发更多的思考与探索，推动音乐教育在美育的道路上不断前行，让更多的学生在音乐的海洋中畅游，收获知识、收获快乐、收获成长，成为具有高尚审美情趣与卓越综合素养的新时代人才。

面对“美育浸润”这一宏大且意义深远的主题，我们深知自身能力有限，虽然我们团队全体教师都已全力以赴，仍难以完美呈现该主题的丰富内涵，文中必有诸多偏颇、不当、疏漏与浅薄之处，恳请各位学界前辈、同人以及热心读者批评、指正和海涵，并不吝赐教，您的建议将是我们未来前行的重要指引。

附录一

落实《艺术课程标准》，多维评价音乐课堂

——以人民音乐出版社音乐教科书七年级（上）第五单元《春江花月夜》为例

侯文生　黄侃夫

2022年4月，教育部正式颁布了义务教育阶段新修订的各学科课程标准。对《艺术课程标准》的解读、学习、理解与落实，是当前我们从事基础教育的教师面临的一件十分重要和紧迫的大事。因为新《艺术课程标准》体现了国家意志，在落实立德树人根本任务中发挥着关键作用，为我们的教学活动确立了“纲领”和“准绳”。同时，《艺术课程标准》从意识形态上明确了我们要“培养什么人、怎样培养人、为谁培养人”的工作目标。相对于2011版课程标准，新版课程标准更是细化了教学指导和教学评价，明确了“为什么教”“教什么”“教到什么程度”，并强化了“怎么教”的具体指导。

音乐教师要讲好一节课，绝非一个点、一条线，因为这样不能构成一个相对有效的面。只有从一个核心点出发，这个核心点就是音乐核心素养（审美感知、艺术表现、创意实践、文化理解），由多条线进行有力支撑，这些线就是艺术实践（欣赏、表现、创造、联系），再配合以合理的教学内容（听赏与评述、独唱与合作演唱、独奏与合作演奏、编创与展示、小型歌舞剧表演、探索生活中的音乐）、教学环节、教学方法、教学手段，并在教师有效、有趣地驾驭课堂基础上实现和达成预先设计的教学目标。在这种备课思路指导下的教学设计和教学活动应该围绕这一原则进行多维的分析、思考和审视。这样，有利于我们客观地看待音乐教学中的优点和不足，有利于我们查漏补缺，在不断创新的教学研究中更好地前进和进步，有利于更好地落实《艺术课程标准》。

一、从《艺术课程标准》的“属性”维度评价音乐课堂

新课程标准规定了课程性质、课程理念、课程目标、课程内容、学业质量和课程实施等，是教师教学和评价教学的直接依据。其中，“课程性质”是对一门课程的“定性”，主要回答这是一门什么样的课程、这门课程的育人价值

和教育意义是什么。

义务教育艺术课程性质以立德树人为根本任务，坚持以美育人、以美化人、以美润心、以美培元，引领学生在健康向上的审美实践中感知、体验与理解艺术，逐步提高感受美、欣赏美、表现美、创造美的能力，坚定文化自信，提升人文素养。从教师讲课的选题角度看，内容必须符合《艺术课程标准》精神，从教学过程的设计，教学活动的实施，教学方式、方法的选择到教学氛围的创设都与《艺术课程标准》精神相吻合，这样才有可能成为一节好课。

“课程理念”是本次课程改革和建设的“定位”，主要阐述课程改革的立场、方向和观点。其中，《艺术课程标准》的课程理念为坚持以美育人，以落实核心素养为主线，引导学生积极参与各类艺术活动，感受美、欣赏美、表现美、创造美，丰富审美体验，学习和领会中华民族艺术精髓，增强中华民族自信心与自豪感；重视艺术体验，激发学生参与艺术活动的兴趣和热情，使学生在欣赏、表现、创造的过程中形成丰富、健康的审美情趣，提高艺术素养和创造能力；突出课程综合，以音乐学科为主体，加强与其他艺术的融合与联系，汲取丰富的审美教育元素，传递人与自然和谐共生的理念，促进学生身心健康全面发展。从课程理念角度看一节课，我们就可以看到教师在教学思路的把握、教学内容的遴选、教学环节的设计等方面对课程理念的理解程度，进而观察教师将课程理念巧妙、自然地渗透到教学中的逻辑与方法，从而考量其实现培养学生核心素养之目标的程度。

课程的“设计思路”是基础教育改革的引擎和支点，没有这个引擎，改革就无法引发，缺乏这个支点，改革就无从着力。从某个角度讲，理解课程设计思路并科学践行设计思路成为课堂教学的第一依据和第一推动力。

《艺术课程标准》的设计思路主要包括三个方面的内容。

1. 适应学生发展，分段设计课程。

本节课是一节七年级上学期的音乐课，教师要结合自己的教学实际，关注学生心理、生理以及知识的接受和理解能力设计教学，结合新课程标准设计思路，可以进行分层教学设计，这样在关注整体的基础上，让各层次学生都能“吃饱、吃好”，实现教学实效的最优化。《春江花月夜》一课教学为初一上学期第五单元，学生刚好处于中小衔接阶段，授课教师要关注这一学生心理、生理的变化，在教学方法的选择、设计和使用上多下功夫，同时关注学生的分层教学，力求达成在有限的时间里教会学生用有限的技能去解决无限问题的教学目标。

2. 聚焦核心素养，组织课程内容。

聚焦审美感知、艺术表现、创意实践、文化理解等核心素养，以任务驱动的方式遴选和组织课程内容，坚持以中华优秀传统文化为主体，讲好中国故事，追求精神高度、文化内涵、艺术价值的统一。

3. 体现艺术学习特点，优化评价机制。

围绕学生艺术学习实践性、体验性、创造性等特点，及时对学生进行客观、准确的评价，体现“教—学—评”一致性，发挥教学评价的激励性功能。

授课教师选择《春江花月夜》作为教学内容，我想她是有想法的。首先，她对中国民族音乐有比较深厚的感情和专业技能。其次，《春江花月夜》也是一首经典的、能够代表中国音乐文化的作品，这成为上好本节课的前提和基础。同时，授课教师结合小学阶段学生对音乐要素知识的掌握情况进行合理的复习、运用和提升，这也成为本节课巩固旧有知识、实现拓展创新的亮点。

《艺术课程标准》的目标首要关注的是人的问题和教育的问题。可以说，课程标准是从课程视角具体、真实地回答教育学的核心命题，即“培养什么人”、“怎样培养人”（培养学生什么素养？用什么内容？通过什么路径进行培养）的问题。

核心素养导向下的新课程标准既不同于三维目标导向的课程标准，更不同于双基导向的教学大纲。之前的教学大纲从根本上说都属于内容导向或者说是以内容为核心的，都是围绕学科知识内容的选择与组织来做文章，几乎看不到人的因素，也极少阐述和揭示课程的育人价值。而三维目标导向下的课程标准较之于教学大纲当然是前进了一大步，这种进步的突出表现是知识观的变革。三维目标实质上是知识的三个维度、三种属性或三个类型，即结论性知识、过程性知识、价值性知识。但三维目标并不等同于人的发展，落实了三维目标不等于实现了人的发展。

我们清楚了教学大纲、三维目标导向下的课程标准和以核心素养为导向的新课程标准的进步过程，也就明白了当下音乐课的教学方向和教学内涵。

我们带着这种新课程标准的视角和思维再来看这节音乐综合课《春江花月夜》，就可以清晰地发现授课教师的每个教学环节都在关注人，关注孩子核心素养的发展；从对音乐作品的感受、认识和反应能力，到音乐活动中联想和想象的发挥；从综合运用多学科知识紧密联系生活进行实际应用，到对待特定音乐作品人文内涵的感悟、领会、阐释能力，无不体现教师关注学生发展，努力培养学生形成正确的价值观、必备品格和关键能力。从这个角度讲，授课教师理解了核心素养课程目标，并能够较好地基于课程目标进行教学设计和开展教学活动。

二、从《艺术课程标准》的“课程”维度评价音乐课堂

《艺术课程标准》的立意是从学科立场走向教育立场，强化和凸显人的因素，目标指向艺术核心素养，这是课程观的根本变化。

理解课标的立场问题是学习课标的首要问题和关键。学科立场是学科本位论的体现，教育立场则是以人为本的根本理念。理解了这一首要问题，我们才能在新课标的引领下，以立德树人根本任务为引导，以核心素养为导向，旗帜鲜明地把课程从学科立场转向教育立场。

我们带着这种思维来看《春江花月夜》这节课，从教师的教学动机、教学设计、教学重难点的确定、教学环节的展开、教学方法的选择中，都充分显现了授课教师正在努力将自己的教学从学科立场向教育立场转变。当然，在以上各个环节的设计上还有很多值得商榷和提高的地方，我们还可以继续深入探究。

探究艺术课程独特的育人价值是什么？也就是说，我们要思考艺术课程在促进学生全面发展或核心素养整体提升中扮演什么角色，发挥什么作用？这里涉及人的核心素养与音乐课程内容的关系问题。

相对而言，人的核心素养指向人的全面发展，艺术课程指向人的特色发展，二者是一般与特殊、共性与个性、整体与局部的关系，是相互包含、相互转化、相互融合的关系，但二者又有各自的相对独立性，不能相互取代。

一门课程培育的核心素养就是要找到本门课程在促进人的一般、共性、整体发展中所发挥的特殊、个性、局部的价值和作用，从而实现以特殊、个性、局部的发展带动一般、共性、整体的发展。

从这个角度讲，我们从《春江花月夜》这节课似乎看到了这种想法和思路，但还不是很鲜明、很突出，需要我们不断探究和努力。

遵循义务教育的规律，体现义务教育的特性。义务教育阶段的规律和特

性大致有三个：第一是基础性，义务教育要培养的是基础维度、基础层面的核心素养，课程内容着重体现其基础性、起始性，为学生高中阶段乃至终身发展打下坚实基础；第二是综合性，课程的综合化和跨学科是义务教育课程改革的世界性走向，这点我们在聆听和学习《艺术课程标准》相关讲座中可以深刻感受到；第三是成长性，义务教育阶段的培养对象是快速成长中的少年儿童，为此，我们要从成长的角度审视和提炼艺术课程核心素养的内涵，真正使这些核心素养成为引领学生持续成长的风向标，而不是一个凝固的评判标准。

从课程维度我们再来审视授课教师讲授的这节音乐综合课《春江花月夜》，我们不难发现这节课还是遵循了义务教育阶段的教育规律，即基础性、起始性、综合性、成长性的规律。

三、从《艺术课程标准》的“标准”维度评价音乐课堂

《艺术课程标准》涵盖内容、活动、质量三个维度，用一个公式表示就是：艺术课程标准 = 知识内容标准 + 教学活动标准 + 学业质量标准。这是一个在形式和结构上相对完整的标准体系。

从学习的角度来说，艺术课程标准完整地回答了学习的三个重要问题：学什么、怎么学、学的怎样（学会了什么）。

从教育的角度来说，艺术课程标准回应了教育的三个核心问题，用什么培养人（教育内容）、怎样培养人（教育活动）、培养到什么程度（教育质量）。从“认知加工”的视角来说，课程内容是输入端，教学活动是加工端，教育质量是输出端。三者构成了相对完整的逻辑体系。值得强调的是，它们不是三个或三类标准，而是一个完整标准的三个维度、三个方面。这三个方面的标准不是各自独立、各自为政的，而是相互联系、有机统一的。

艺术课程知识内容标准及其意义首先在于突出少而精。内容标准解决学生学什么和教师教什么的问题，是教育最重要、最基本的问题，这是国家事权。既然是国家事权，那就得由国家对其进行规范，统一指定学习内容的范围和要求，这就是所谓的内容标准。突出少而精，是针对中学音乐课的课时和上课时间来讲的，要在相对少的时间里教会学生相对有限的知识技能，为学生将来解决无限的音乐问题打好基础。

结合这一标准，我们来看《春江花月夜》这节课，教学内容为人民音乐出

版社的七年级音乐教材上册第五单元的相关内容。但是教学内容还是略显得有些庞杂，虽然建构在相对合理的逻辑基础之上，但是对于学生来讲，在有限的时间里学习相对较多的知识技能，会影响其课程内容标准的评价，也会影响其从学科本位，到知识本位，再到学生发展的育人本位的转变。

《艺术课程标准》重在强化“核心素养”意识，以核心素养为纲进行精选，即选择最具有核心素养成分和价值的学科知识内容并进行结构化组织。当然，要发挥课程培育核心素养的内在功能，必然需要优化课程内容结构体系。主要体现在以大观念、大主题、大任务等对课程内容的结构化作用，还要结合落实“双减”政策，为学生留出更多探究性学习空间，保护学生好奇心，激发学习兴趣，培育创新精神。

强调课程内容的结构化，厘清了核心素养育人目标的突破口，核心素养具有内在性、综合性、情境性等特征，以此为育人目标的新艺术课程在内容的组织上增强知识间的联络，加强育人的综合性与情境性，培养学生在真实情境中解决问题的能力。

课程内容的结构化承接了核心素养的育人目标体系，强调基于学科大观念、大任务、大主题等对学科教学内容进行统整设计，往往借由大单元设计实现，以增强学科知识之间、学科与生活之间、学生与生活之间的联系，这既可以应用于单一学科内，也可以应用于跨学科之间。

通过大单元教学设计的视角看《春江花月夜》这节课，我们可以感受到授课教师在进行教学设计时的构思与整体布局。虽然现在我们使用的教材是2011版《音乐课程标准》之下的北京版教材，但是教师已经运用新版艺术课程标准的思路进行了相对完整的大单元教学设计，说明教师对新课标的理解是有深度和想法的。当然，设计是否合理、可行、适度，我们还有很多值得探究、商榷和学习的空间，但是最起码我们是有了这种思维和意识的，方向是对的，想法和做法是好的。

综上所述，为了践行《艺术课程标准》精神，我们就要深挖《艺术课程标准》内涵，深刻理解《艺术课程标准》主旨，并将其贯彻到具体教学实践当中。同时，反向用《艺术课程标准》衡量和审视音乐课堂，多维客观评价音乐课堂教学，促进教师教学能力和水平不断提升，使《艺术课程标准》背景下的音乐课堂真正成为提高学生核心素养的平台。

附录二

北京市通州区第二中学音乐课程开发方案

侯文生　杨玉红

第一章　音乐课程概述

第一节　音乐课程开发的背景

随着《义务教育艺术课程标准（2022年版）》的颁布实施和国家育人目标的转变，聚焦中国学生发展核心素养，培养学生适应未来发展的正确价值观、必备品格和关键能力，引导学生明确人生发展方向，成长为德智体美劳全面发展的社会主义建设者和接班人，成为基础教育教师教学的目标和方向。艺术教育（音乐）在实现这一宏伟育人目标过程中，因其独特的育人品质和育人价值而越发显得重要和不可或缺，其育人功能在培养学生综合素质方面的重要性日益凸显。艺术（音乐）课程培养的核心素养主要包括审美感知、艺术表现、创意实践和文化理解。旧有的学校音乐课程、教学模式、教学手段、教学方法、教学评价等很难与新的《艺术课程标准》形成完美对接和逻辑关系，同时，无法满足学生对艺术美的多样化的需求，无法激发新时代中学生对艺术（音乐）的学习兴趣和求知欲望。因此，有必要结合学校具体实际，创造性地开发具有学校特色的音乐课程，以开阔学生艺术视野、丰富学生艺术审美体验、提高学生音乐核心素养，通过特色艺术（音乐）课程设置实现以美育人、以美化人、以美润心、以美培元的育人目标。

第二节　音乐课程开发的目标与意义

（一）音乐课程开发的目标

通州二中音乐课程开发的核心目标是建立起规范和完善的艺术（音乐）课程体系，探索具有学校特色的课程开发与实施管理方法，打造学校的艺术（音乐）品牌课程和特色课程，主要包括以下几个方面。

1. 丰富审美感知

审美感知是对自然世界、社会生活和艺术作品中美的特征及其意义与作用的发现、感受、认知和反应能力。审美感知的具体对象指审美对象富有意味的表现特征，以及艺术活动与作品中的艺术语言、艺术形象、风格意蕴、情感表达等。审美感知的培育，有助于学生发现美、感知美，丰富审美体验，提升审美情趣。

2. 拓展艺术表现

艺术表现是在艺术活动中创造艺术形象、表达思想感情、展现艺术美感的实践能力。艺术表现包括艺术活动中联想和想象的发挥，表现手段与方法的选择，媒介、技术和艺术语言的运用，以及情感的沟通和思想的交流。艺术表现培育有助于学生掌握艺术表现的技能，认识艺术与生活的广泛联系，增强形象思维能力，涵养热爱生命和生活的态度。

3. 提升创意实践

创意实践是综合运用多学科知识、紧密联系现实生活、进行艺术创新和实际应用的能力。创意实践包括营造氛围、激发灵感，对创作的过程和方法进行探究与实验，生成独特的想法并转化为艺术成果。创意实践培育有助于学生形成创新意识，提高艺术实践能力和创造能力，增强团队精神。

4. 加强文化理解

文化理解是对待特定文化情境中艺术作品人文内涵的领悟、领会、阐释能力。文化理解包括感悟艺术活动、艺术作品所反映的文化内涵，领会艺术对文化发展的贡献和价值，阐释艺术与文化之间的关系。文化理解培育有助于学生在艺术活动中形成正确的历史观、民族观、国家观、文化观，尊重文化多样性，增强文化自信。

（二）音乐课程开发的意义

第一，音乐课程的科学合理开发，能够更好地营造学校校园文化建设氛围，为校园文化建设提供有力抓手，在此基础上提升校园文化育人功能，拓展学校文化内涵的社会影响力，促进学校办学质量稳步提升。

第二，音乐课程的科学合理开发可以促进学生全面发展，提高核心素养水平，提升关键能力标准，丰富学生的艺术创造力与文化理解能力，帮助学生调节情绪，以全新的思维和状态投入到紧张的文化知识学习中。

第三，音乐课程的科学合理开发可以督促教师深刻理解《义务教育艺术课程标准（2022 年版）》精神，努力提升学科专业理论素养和教育教学能力，成为学科知识技能与学生学习之间的桥梁和纽带，成为有理想信念、有道德情操、有扎实学识、有仁爱之心的“四有”好教师，成为锤炼学生品格的引路人、学习知识的引路人、创新思维的引路人、奉献祖国的引路人。

第四，音乐课程的科学合理开发可以为实现家校共育提供抓手和平台，通过家庭、学校、社会携手共同努力，培养德智体美劳全面发展的新时代社会主义建设者和接班人。

第二章　音乐课程内容设计

第一节　音乐理论基础知识体系的构建

音乐基础理论作为音乐教育的重要组成部分，是音乐教育的基石，在培养学生的音乐素养和理论素养方面起着至关重要的作用。通过重新构建音乐基础理论知识体系，可以更好地梳理和系统化音乐理论知识，为学生提供更为全面和深入的学习内容，有利于学生核心素养和关键能力的稳步提升。

随着社会的发展和音乐形式的不断变化，传统的音乐基础理论知识体系已经无法完全适应当下的教学实际要求，通过重新构建音乐基础理论知识体系，可以更好地拓展和更新音乐理论知识，使之更贴近时代发展潮流，更符合学生学习需求，提高音乐教育教学的实效性和实用性。

在中学音乐基础理论课程中，学生将接触到音乐的基本元素，如旋律、节奏、调式、和声等，了解音乐的基本结构和发展规律。同时，还将通过循序渐进的接续式学习，欣赏、演唱不同时期、不同风格的音乐作品，深入探讨音乐作品背后的文化和历史背景，通过分析和比较不同音乐作品，培养学生的文化联系和文化理解能力。

音乐的基本元素是音高、音值、音量和音色，这些元素构成了音乐的基本框架，对于理解音乐的本质起着至关重要的作用。在理论模块的构建中需要重点关注这些基本元素的相互关系和作用机制。音乐的形式结构是音乐作品的基本组成要素之一，包括乐曲的主题、变奏、和声、对位、发展和再现等内容。理论模块的构建需要围绕这些形式结构展开，分析其内在逻辑和美学规律，为学生提供系统化的知识体系。

音乐的历史背景和文化内涵也是值得关注的重要模块。通过对不同音乐时期和流派的研究，学生可以更全面地了解音乐的发展历程和文化价值，从而更好地理解和演绎不同类型的音乐作品。

在构建重要理论模块时，还需要注重跨学科的融合。音乐的发展受多个学科的影响，包括心理学、语言学、哲学、社会学等。引入跨学科的理论和方法，可以为学生提供更丰富的知识视野和思维方式。

在进行音乐理论基础知识体系构建过程中，要充分考虑音乐基础理论的系统性和科学性。新的音乐理论知识体系应该是一个完整的系统，能够包含音乐的各个方面，如音乐的起源、发展、结构、风格等，应该基于科学的理论方法和研究手段，确保理论体系的科学性和严谨性。

同时，还要注重理论知识体系的实践性和应用性。音乐基础理论知识体系不仅仅是为了理论和学术研究，更应该能够指导音乐教育实践和艺术创作。在构建新的音乐基础理论知识体系时，需要注重理论与实践的结合，将理论知识应用到实际的教学和创作中，使之更具有实际指导意义。

在此基础上，更重要的是要借鉴和吸收国内外优秀的音乐基础理论成果，积极开展学科交流与合作，通过与国内外相关学科领域的专家学者进行交流与合作，可以不断拓展研究思路，丰富理论知识体系，提高学科研究水平，促进音乐基础理论的发展。

快速发展的社会对音乐教育提出了更高的要求，学生不仅需要掌握音乐基础理论知识，更需要通过实践应用来提高专业技能和关键能力。在中学基础教育阶段音乐教育中，理论知识体系的实践应用至关重要。学生通过实践应用，可以更好地理解和运用学过的音乐基础理论知识。如在乐器演奏课程中，学生通过实际练习和演奏，将理论知识转化为实际操作能力，提高自己的演奏水平。实践应用也可以帮助学生发现和纠正自己在理论知识掌握上的不足之处，从而更好地提高自己的学习效果。实践应用还可以培养学生的团队合作能力和创新意识。

在合唱团、乐团等集体音乐表演中，学生需要与他人协作，共同完成演出任务。通过实践应用，学生不仅可以提高自己的团队意识和组织能力，还可以锻炼自己的创新能力，为音乐教育增添多元化的元素。

第二节　音乐技能培养与实践活动安排

音乐技能课程主要包括声乐表演、器乐表演、综合性艺术表演、识读乐谱四项内容，涵盖听赏与评述、独唱与合作演唱、独奏与合作演奏、编创与展示、小型歌舞剧表演和探索生活中的音乐六项内容，通过理论讲授、示范演示、实践演练等方式展开教学。音乐技能课程配备相应的校本课程教材、乐器、多媒体、合唱台、音乐学习资料等学习设备，确保音乐课程顺利实现既定教学目标。

（一）教学目标设定

（1）理论知识目标：通过音乐课程学习，学生全面掌握相应音乐理论基础知识，包括音符、节奏、音阶、音程、和弦、调式、调性等基本音乐概念。

（2）演唱（奏）技能目标：通过课程系统训练，学生的演唱（奏）技巧稳步提升，包括正确的演唱（奏）姿势、演唱（奏）技术控制及音色处理等。

（3）音乐表现力目标：逐步增强学生的音乐理解、感知能力和艺术表现力，能够在教师引导下准确诠释音乐作品中的情感、内涵与意境。

（二）教学内容设定

1. 独唱与合作演唱

演唱是音乐课程的重要内容，也是学生易于接受并乐于参与的学习形式，对激发音乐兴趣、发展核心素养、愉悦身心、陶冶情操等有着多方面的重要作用。

【内容要求】

学唱富有中华优秀传统文化特色的民歌和较完整的戏曲唱段，反映革命文化、社会主义先进文化的经典作品，以及在技法和表现上有一定要求的其他题材与类型的中外优秀歌曲。在独唱与合作演唱实践中学习歌唱基本方法，了解变声期嗓音保护的知识和方法，视唱简单乐谱，识读包含附点、切分等稍复杂节奏型的节奏谱。（七年级）

学唱富有中华优秀传统文化特色的经典民歌、戏曲唱段，反映革命文化、社会主义先进文化的经典作品，以及其他主题思想鲜明、文化内涵丰富、在技法和表现上有稍高要求的中外优秀歌曲。在独唱与合作演唱实践中，进一步学习歌唱方法，提高合唱能力，学习基本的指挥图式。结合演唱，了解、熟悉中国民族音乐的常用术语和记号，巩固对常见音符、音名、唱名、节奏的认识，以及对常用音乐记号、音乐术语的理解。视唱包含多种节奏型和旋律进行方式的稍复杂乐谱，了解除五线谱、简谱之外的其他乐谱及相关文化。（八、九年级）

【学业要求】

能主动参与不同形式的演唱活动，并运用一定的技法提高歌唱表现能力；

能根据作品要求或指挥提示调整自己的演唱，并根据自己对歌曲的理解，提出创意表现的想法，提高歌唱的表现力；能识读包含附点、切分等稍复杂节奏型的节奏谱（含多声部节奏）；能视唱简单乐谱，具有初步的识谱能力；能对自己或他人的演唱作出简单分析与评价，并根据评价反馈改进演唱；每学年背唱歌曲 4—6 首，包括中国民歌或戏曲（戏歌）片段。（七年级）

对演唱保持较浓厚的兴趣，具有较好的歌唱表现能力及良好的歌唱习惯；能积极参与多种形式的合唱，感受合唱的艺术魅力，积累多声部歌曲的演唱经验，不断提高合唱能力；对歌曲有自己的见解和创意表达的想法，在演唱时能进行个性化的处理与表达；在演唱中能对指挥动作做出正确反应，或运用二拍子、三拍子、四拍子的基本指挥图示指挥他人演唱；能简单评价自己、他人或集体的演唱，并根据评价反馈提出合理的建议，帮助他人改进，提高演唱技巧和表现力；具备识谱能力，能比较顺畅地识读简单乐谱；每年背唱歌曲 4—6 首，包括中国民歌 1—2 首、京剧或地方戏曲唱腔片段 1—2 个。（八、九年级）

2. 独奏与合作演奏

演奏是进行情感表达和音乐表现、开展音乐创作与展示的重要途径，对学生增强音乐理解、表现和创造能力，提高音乐学习兴趣，发展核心素养，促进身心健康成长等具有重要作用。

【内容要求】

（1）选择合适的课堂乐器进行具有一定技术和表现要求的作品演奏或为歌（乐）曲伴奏。了解更多的演奏技巧，探究演奏技巧与音乐表现的关系，进一步提高课堂乐器的演奏水平。（七年级）

（2）参与更多的演奏活动，用课堂乐器进行具有一定技术和表现要求的作品演奏或为他人的表演伴奏。提高乐器演奏的技能水平和表现力。运用乐器探究、创造和表现音乐。（八、九年级）

【学业要求】

（1）能运用一定的演奏技巧，提高演奏的表现力，较好地与他人合作演奏多声部音乐；在演奏中能较好地表现音乐的节拍、节奏、旋律、乐句、乐段特点，控制速度、力度、音色变化，更好地表达音乐的情感；能根据要求即兴或有计划地用乐器编创和表现短小音乐作品；能客观分析、评价自己及他人的演奏，并根据评价反馈提高演奏技巧与表现力；每学年能演奏稍具复杂性的乐曲

1—2首。（七年级）

（2）对演奏保持较浓厚的兴趣，具有一定的演奏经验，熟练掌握课堂乐器的演奏技巧；能运用适当的技巧表现乐曲的情感，增强乐曲的感染力；能视奏简单的合奏谱，在合奏中能较好地相互配合；能在演奏中融入个性化的理解和创意，表现音乐的风格和特点；能运用乐器演奏欣赏曲的音乐主题或所学歌曲的旋律，表现音乐的各种要素；运用乐器编创和表现具有完整结构的短小音乐作品，表达自己的想法和情感；能较全面、客观地评价自己及他人的演奏；能与他人交流自己的演奏经验，帮助他人改进和提高演奏技巧和表现力；每学年能演奏具有一定技术要求和复杂性的乐曲2—3首。（八、九年级）

（三）教学活动安排

	七年级独唱与合作演唱	七年级独奏与合作演奏
第1、2周		
第3、4周		
第5、6周		
第7、8周		
第9、10周		
第11、12周		
第13、14周		
第15、16周		
第17、18周		
第19、20周		
	八年级独唱与合作演唱	八年级独奏与合作演奏
第1、2周		
第3、4周		
第5、6周		
第7、8周		
第9、10周		
第11、12周		
第13、14周		
第15、16周		
第17、18周		
第19、20周		

续表

	九年级独唱与合作演唱	九年级独奏与合作演奏
第 1、2 周		
第 3、4 周		
第 5、6 周		
第 7、8 周		
第 9、10 周		
第 11、12 周		
第 13、14 周		
第 15、16 周		
第 17、18 周		
第 19、20 周		

2. 声乐教学

发声方法训练。

合唱训练，包括二声部、三声部合唱等。

3. 乐器教学

常见乐器介绍及基本演奏方法，如钢琴、吉他、小提琴等。

乐器演奏小组活动，培养学生的乐器演奏技能。

第三节　音乐欣赏与审美能力的提升

听唱与评述是重要的音乐学习任务，是培育学生审美感知和文化理解素养的有效途径，对学生丰富情感体验和审美体验、积累欣赏音乐的经验、理解音乐相关文化、提高审美情趣具有重要作用。

【内容要求】

听赏具有鲜明主题思想和文化内涵的民族民间音乐及其他结构稍复杂的经典音乐作品，以中国作品为主。认识不同类型的人声以及中外乐器，感受其音色特点。感知、体验、了解音乐中不同节拍的特点，以及其他常见音乐表现要素的特点及其表现作用，了解音乐家如何通过特定的音乐语言与表现形式来表达情绪和情感，感知音乐的主题及结构，丰富对不同类别、体裁、形式音乐的表现特征及风格的感受与体验。欣赏舞蹈、戏剧（含戏曲）、影视（含数字媒体）等艺术作品，探究其与音乐的联系。（七年级）

听赏结构稍复杂、思想内涵较丰富的不同地区、民族和国家有代表性的优秀音乐。进一步扩大和加深对音乐表现要素及其表现作用的感知、体验与理解。结合所听音乐，了解乐队中常见乐器的名称、形制、分类和奏法。扩展对音乐体裁与形式的认识，了解中外有代表性的民族民间音乐，以及不同风格流派的优秀作品和代表人物。理解音乐表现要素、创作技法、作曲家背景等与音乐体裁、形式、风格的关系。探究音乐艺术如何唤起人的情感反应，以及价值观对人情感反应的影响。欣赏舞蹈、戏剧（含戏曲）、影视（含数字媒体艺术）等艺术作品，探究、理解其中音乐的特点及表现作用。（八、九年级）

【学业要求】

能结合对音乐要素的分析，理解音乐表达的情感内涵。在生活中，能根据情感表达或与人交流的需要，选用合适的音乐；能听辨合唱中的各声部音色，以及乐队中主奏或伴奏乐器的音色，描述它们的音色特点和表现作用，说出乐器或乐器组名称；能较熟练地感知、辨别音乐的节奏、节拍、旋律及其他常见音乐表现要素的特点，理解它们在音乐中的表现作用；能辨别民族五声调式和大调式、小调式的音乐；能听辨音乐主题，感知音乐主题及乐句、乐段的重复与变化，了解它们的变化特点；能辨别常见的音乐结构以及主调和复调音乐，并选用合适的方式表示出来；能区分所听音乐的体裁、类别和表现形式，运用所学知识分析其特点和表现作用，阐述音乐表现要素与体裁、形式之间的关系；能进一步了解不同体裁和形式的音乐与生活的关系，并做出简要分析；感知、了解中国民族音乐的体裁、形式和审美特征，能运用所学知识和听觉经验，区分民歌的基本体裁，对我国有代表性的民歌或器乐曲的体裁、特点、风格、意蕴等做出判断和简单描述。

感知、了解有代表性的世界民族民间音乐，以及优秀创作作品的体裁、形式、审美特征和风格类型，能做出判断和简单描述；能对舞蹈、戏剧（含戏曲）、影视（含数字媒体艺术）等姊妹艺术中音乐的特点及其表现作用做出分析和评价；能辨别有代表性的戏曲剧种、行当及表现形式；养成倾听音乐的良好习惯，初步掌握音乐欣赏的基本方法。（七年级）

在听赏中能对音乐表现要素、表现形式、表现手段等做出较为准确的听辨和反应，并描述它们的特点和作用，对音乐情绪、情感有个性化的理解；能说出音乐表现特征与情感表达之间的联系；能在生活中选用具有较高艺术感染力的音乐，培养良好的生活情趣；熟悉常见的音乐体裁、类别和表现形式，理解音乐表现要素与体裁、形式之间的关系；理解社会生活及文化对音乐体裁和形式的影响作用，并能进行简单分析；了解中国传统音乐知识，知道中国民族音乐在节奏、节拍、结构、曲调等方面的常见形态与基本特点，以及它们对音乐风格的影响作用；能听辨中外有代表性的民族民间音乐和不同风格流派的优秀创作音乐，说出其代表人物和部分作品的名称；能综合运用所学知识分析和描述其体裁、形式、审美特征、风格特点和文化内涵，并联系相关文化背景解释风格形成的主要原因。（八、九年级）

第四节　音乐创作与创新能力的培养

编创是发挥想象力、释放艺术潜能的实践活动，是培养音乐思维，发掘、提升学生音乐创造能力的重要途径，对培养创新人才具有重要意义。编创与展示包括即兴表演活动和简单音乐的编创、表演。

【内容要求】

即兴演唱、演奏、声势、律动或舞蹈；即兴编创简单节奏、固定音型、简易和弦，为朗诵、歌（乐）曲、舞蹈配乐或伴奏；有目的地创作重复或对比的节奏型、短小旋律；为旋律编创歌词或为短小歌词编创旋律；根据情境主题，选择合适的材料及不同的表现形式，编创、表演稍复杂的音乐故事、音乐剧、情景剧、音乐游戏等；运用图形谱、乐谱或其他方式记录编创的作品。（七年级）

即兴演唱、演奏、律动或舞蹈；即兴编唱生活短语或诗词短句；即兴编创较丰富的节奏、旋律、和弦，为朗诵、歌（乐）曲、舞蹈配乐或伴奏；创作体现个人想法和新意的节奏型、短小旋律及简单歌曲，尝试用计算机应用软件编创音乐，用乐谱、应用软件或其他方式记录；根据特定的情境主题和要求，进行综合性艺术编创和表演。

【学业要求】

能根据音乐的特点和变化，编创与之相符的声势、律动或舞蹈动作，并参与表演；能运用多种形式，即兴或有计划地为朗诵、歌（乐）曲、舞蹈等配乐或伴奏；能利用教材或教师提供的内容、方法，按一定要求独立或与他人合作编创和表现稍复杂的节奏（含锣鼓经）、旋律和歌曲，并能用图形谱或乐谱等方式进行记录；能根据指定主题和表达需要，集体编创、表演结构较完整、情节稍复杂、表现形式多样的音乐故事、音乐剧、情景剧、音乐游戏及其他音乐作品；能阐释自己编创的作品；能按既定标准分析、评价他人的创作活动，并根据他人的评价和建议对作品进行修改、完善。（七年级）

能结合生活情境，用有节奏感和韵律感的短语或诗词短句等进行吟唱；能为古诗词编配旋律并演唱；能结合音乐的情绪、特点和内容，即兴编创与之相符且富有变化的动作造型、声势、律动或舞蹈动作，并进行表演；能按一定的主题和要求，进行节奏、旋律短句、和弦的即兴编创，为朗诵、歌（乐）曲、舞蹈配乐或伴奏；能构思音乐创作的主题和内容，并运用一定的技法完成富有新意的节奏型、简单歌曲或乐曲编创；能用简线谱或音视频技术、软件等，记录编创的节奏、旋律短句或歌曲；能运用相关软件或其他技术，进行简单的音乐编创或编辑。能结合自己的作品阐释创作的想法和方法；能客观评价他人的创作活动，并根据评价和建议修改、完善作品。（八、九年级）

第五节　音乐的文化理解与学科的融合

探索生活中的音乐，旨在引领学生观察生活中与音乐相关的现象和活动，探究、理解音乐与社会生活的关系，创造生活中的音乐，养成在生活中与音乐为伴的习惯。

【内容要求】

探究自然界和日常生活中各种声音的特点和规律，用动作、人声、乐器或其他声音材料表现生活中的特定场景或意境。利用身边的材料自制打击乐器或简易音高乐器。观察生活中的音乐现象，参与生活中的音乐活动，了解社会中的音乐文化，探索音乐在生活中的多种用途，学习和了解更多搜集、欣赏与表现音乐的方法或技术。（七年级）

探索各种乐器的声音特点、演奏方法及其原理。通过多种方式或媒介搜集、欣赏、编辑、传播音乐及其相关信息，参加各种社会音乐活动，积累音乐实践经验，探究音乐的教育、认识、娱乐、应用等功能，以及音乐与生活、社会、历史、文化等的联系。（八、九年级）

【学业要求】

能运用自然界和生活中声音的特点和规律，进行音乐编创与表演；能用自制的打击乐器或简单音高乐器进行合奏或为其他表演伴奏；能列举生活中的音乐现象、音乐活动和相关文化，并做出分析和评价；积极参加家庭或社会的音

乐活动，能在其中承担表演或服务的任务；能熟练运用信息技术或其他技术搜集、听赏或表现音乐，并与人分享、交流。（七年级）

初步了解多种乐器的声音特点和演奏方法，能简要说明其原理和表现作用；对音乐与生活的关系及音乐在生活中的作用有一定认识，形成关注音乐的习惯；能经常借助媒体或通过参与社会音乐活动，开阔视野；能联系生活、社会、历史、文化等，对音乐作品、音乐现象、音乐活动等做出一定的分析、判断；能熟练操作计算机、移动终端等聆听或下载音乐，会使用相关软件对音乐进行简单的编辑；对网络音乐具备一定的鉴别能力；能将自己搜集的音乐或相关信息通过网络与他人分享、交流。（八、九年级）

第三章　音乐课程教学方法与手段

第一节　传统音乐教学方法的继承与创新

传统音乐教学法在音乐教育中具有不可替代的意义和价值。它不仅能提高学生的歌唱技能、增强听觉感知、培养基本理论知识，还能激发学生的艺术想象力和创造力，培养学生的音乐情感和责任感。通过传统音乐教学，学生可以更好地理解和传承中华民族的优秀传统文化。

但是，随着时代的进步和发展，我们的教学对象——中学生接受知识的渠道和途径已经非常丰富和快捷，学生了解新鲜资讯的能力和手段超乎想象。在课堂教学中，旧有的教学方法已经严重制约了学生的学习兴趣、想象力、创造力、创新精神等核心素养的培养和提升。2011 年，中华人民共和国教育部制定了义务教育《音乐课程标准》，2014 年，教育部颁布《关于深化课程教学改革，落实立德树人根本任务的若干意见》，2016 年，教育部颁布《中国学生核心素养》。随着新课改的实施，提高中学生核心素养的呼声越来越高，引进先进的音乐教学法提高学生音乐素养势在必行。

当下，除了传统教学中的讲授法、示范法、练习法、欣赏法等，为适应《义务教育艺术课程标准（2022 年版）》精神，还可以采用与其对应的音乐教学方法开展教学，主要包括情境教学法、游戏教学法、分组合作教学法、互动教学法、信息技术教学法、“体态律动”教学法、柯达伊教学法等，以及与此相关联的突出主体化、生活化、情境化、项目式、任务驱动等新的学习理念和方式。

同时，提倡以单元的形式组织学习内容。单元的大小应根据不同的任务、学生的年龄特征确定，从整体到细节，处理好学科逻辑与生活逻辑的关系，并形成有特色的组织结构。精心组织和设计学习任务，体现学科综合的理念，使学生在任务驱动下，有效提高综合探索和学习迁移的能力，帮助学生在情境中以问题为导向展开学习，鼓励学生自主探究和合作学习，激发学生的学习积极性和主动性，实现从学科本位、知识本位到素养本位的转型。

第二节　现代教学技术在音乐课程中的应用

随着信息技术的迅猛发展，现代教育科技逐渐渗透到各个学科的教学中，音乐教学也不例外。现代教育技术的合理应用为音乐教学注入了新的活力点和创新点，激发了学生的学习兴趣，增强了教学实效性，同时，也成为了提高学生审美情趣和核心素养的重要抓手和育人平台。

（一）多媒体教学

多媒体教学是现代教育技术在音乐教学中的基本应用之一。通过使用音乐学习软件、演示课件、教学视频等多媒体教学资料，可以丰富音乐教学内容、提高学生的学习效果。例如，通过多媒体教学，可以将乐曲的演奏视频与乐谱同步显示，帮助学生更好地理解音乐作品的演奏技巧和乐曲结构。此外，多媒体教学还可以通过丰富多彩的图表、动画等形式展示音乐知识，提高学生对音乐理论的理解和记忆。

（二）互动式教学

互动式教学是现代教育技术在音乐教学中的重要应用，通过使用教学软件、网络平台等工具，可以实现师生之间和学生之间的互动交流。例如，教师可以使用在线教学平台创建课程，学生可以通过在线平台提交作业、进行讨论和交流。这种互动式教学方式不仅可以提高学生的学习积极性和参与度，还可以促进学生的合作能力和创造力。

（三）虚拟现实技术

虚拟现实技术是现代教育技术在音乐教学中的创新应用。通过虚拟现实技术模拟场景和体验，使学生身临其境地参与音乐学习。例如，学生可以通过虚拟现实技术在虚拟乐团中担任指挥，指挥乐队演奏音乐，也可以使用虚拟乐器进行练习和演奏。这种具有沉浸感和互动性的学习方式可以增强学生对音乐的感受和理解，激发学生对音乐创作和表演的兴趣和愿望。

第三节　学生主体性与合作式学习模式建构

学习共同体是通州二中生长教育的重要学习理念，通州二中的教师和学生乃至家长以完成共同的学习任务为载体，以促进学生的全面成长为目的，将学习共同体的效能充分发挥出来。

（一）教学组织形式采用班级授课与小组活动相结合

第一，通过有效的课堂组织方法，强化学生主体的意识，抛弃以往的“一言堂”授课模式，充分利用小组讨论的形式开展教学，按照以学生为主体的思路设计教学目标和教学过程，从根本上帮助学生提升学习效果。

第二，加强在课堂中创设真实教学情境的能力，把“创设情境”落到实处，减少教学内容的单一性，增加师生间真正的互动、交流和倾听。情境蕴含着事件发生与发展的内在和外在逻辑，它可以是教育发生的外在原因，也可以体现教育的内在本质。同时，有效避免各种复杂机械的情境创设掩盖了真实的教育目标，使课堂整体的状况呈现“交响乐”般的和谐有序。

第三，加强提炼音乐核心素养的路径。引导教师将教授的知识形成一条清晰的教学逻辑线，促进学生形成完整的知识体系，帮助学生有效地提升综合能力，让核心素养真正落实在课堂教学中。

（二）组织音乐社团和兴趣小组，满足学生的个性化需求。

首先，根据学校学生的具体学情，组织音乐社团和兴趣小组，主要包括校级合唱团（大团、小团、班团）、舞蹈团、民乐团、戏剧团等学生艺术社团。教学中首先确立师生对话的基础，教师与学生之间要进行高频互惠的对话沟通，打造教师与学生之间平等对话的交流机制，使教师与学生之间达到“面对面”的相遇、“心与心”的交流。通过对话，师生之间的了解得以增强，进而提高合作的效率，让课堂成为师生共享、共同成长受益的场所。

其次，丰富学习共同体的实践。艺术社团是教师与学生共同实践而创造的学习环境。社团的本质在于生成、源于实践、成于创造，教师和学生在建构课堂学习共同体的过程中，要围绕艺术学习内容营造促进学生自由主动、健康发展的教学环境，创造自然和谐、民主平等的课堂教学氛围。

最后，完善学习共同体的途径。教师对学习活动的设计，要围绕倾听、串联和反刍展开，使学生在学习积累的同时激发自身的创造力，将这三者融入自己的课程实践，使学生的艺术社团学习活动有效且丰富。在与学生的沟通中，教师通过倾听了解学生的学习需求和学习状态；通过串联，将学生与学生之间、学生与教师之间的合作学习关系激活；通过反刍，将新旧知识联系到一起，进而促进师生学习效率的提升。

学生自身蕴含着无限自由的发展空间，建构课堂上的学习共同体要贯彻以人为本的理念。教师要真正把学生看作共同体内具有生长力量的一分子，把艺术社团教学活动看作与师生切身利益相关的事情。学习的本质，其实就是教师陪同学生一起探索知识、互利共学的过程。

第四节　多元化评价体系在音乐课程中的实施

《义务教育艺术课程标准（2022年版）》主要变化之一是强化课程育人导向，注重实现“教—学—评”一致性，在详尽的接续性“学业质量”标准指导下，实现学科素养与关键能力的稳步提升。同时，在评价建议中也指出：评价是检验、提升教学质量的重要方式和手段，要充分发挥评价的诊断、激励和改善功能，促进学生发展。而艺术表现则是学生音乐知识和技能学习、运用乃至艺术创造最直接而具体的表现，可以直接反映出教师的教学目标、教授手段和教学模式的适切性、科学性和准确性。由此，基于“教—学—评”一致性的知识综合运用、问题解决、创意实践、文化理解等艺术表现性考查与评价，设计接续递进、可测可评、有趣有效的学业质量评价策略和方法，对体现评价促进教学、促进核心素养与关键能力提升显得非常重要且迫切。

一、基于“教—学—评”一致性的初中音乐表现性评价问题审视

（1）以教师随机、口头主观评价为主导的方式占据评价大多数。这种评价方式把学生的主体位置挤压殆尽，让学生处于被评价的一方，学生的被尊重感和学习积极性被碾压，导致学习内驱力不足。在以教师评价为主导的思想指导下，评价内容、评价标准、评价形式的确立与设计基本全部由教师完成，少有师生协商而定，造成评价的单一和主观，导致学生主体意识不强，参评内驱力不足。

（2）欠缺目标明确、逻辑清晰的过程性评价。在增量记录不全面乃至缺失的前提下，这种评价方式会导致评价效能不足，缺乏接续性研究依据和持续性教学抓手，造成教学的无序与弥散性学习情况的发生。由于缺乏过程性增量评价的数据依托，评价相对关注单一课时横向对比结果，缺乏对学生某种核心素养或关键能力进步的增量纵向比对，学生缺少学习成就感，形成评价效能的不足与不连贯性。

（3）表现性评价内容单调、单向、单一，缺乏引导学生进行综合运用知识技能解决问题能力的明确指向性以及由此产生相关知识和技能迁移能力的养成。问卷检测或以演唱（奏）为主的技能考评，侧重于学生的某项能力测评，并不能全面展现学生综合音乐能力及音乐素养，致使学生难以形成良好的运用知识技能发现问题、解决问题的能力，进而缺少知识、技能的迁移运用能力和锻炼实践机会。

二、基于“教—学—评”一致性的初中音乐表现性评价价值剖析

（一）初中音乐表现性评价概念理解

初中音乐表现性评价是指学生在某种特定的真实或模拟的音乐学习交流情境中，运用已有知识和技能完成某项任务或解决某些问题的评价。通过科学合理的表现性评价活动，能提高学生在艺术活动中创造艺术形象、表达思想感情、展示艺术美感的能力。同时，恰切的表现性评价可以考查学生知识与技能的掌握程度，以及解决问题、交流合作和批判性思考等多种音乐素养的发展状况。其接续性数据调研可以直接反映教师教学目标、方法、过程的准确性、科学性与实效性，有效助力“教—学—评”一致性育人目标的稳步实现。表现性评价主要包括演唱、演奏、编创、综合性艺术表演和识读乐谱等内容，是学生在真实教学情境中运用已获得的知识与技能完成具体音乐学习任务过程中的综合评价形式。根据表现性评价的真实性、综合性、全面性、动态性、过程性和激励性等特点，注重对学生知识与技能的掌握程度，以及在音乐场景或情境中主动思考、转化、迁移应用、创新实践的高阶能力评价。

（二）初中音乐表现性评价的研究价值

初中音乐表现性评价的设计策略和方法要基于《义务教育艺术课程标准（2022年版）》，立足真实学情和教材，通过主题化、生活化、情境化、项目式、任务驱动等学习理念和方式，在严谨的过程追踪调研中，实现综合实践评价的有效策略，在科学合理的创设评价环境过程中，准确把握评价时机，进而实现提升评价效能，体现“教—学—评”一致性，激发学生学习兴趣，促进学生学习内驱力，实现从学科本位到素养本位的转型，实现以评促学、以评促教，优化课堂实践，提高学习效能目标。其研究价值具体体现为以下三点。

（1）重视表现性评价设计。学生在特定情境中以音乐学习任务为中心，以问题为导向和抓手，结合循序渐进的问题链，运用学习资源进行自主探索和协作学

习。在评价过程中，对评价目标、评价内容、评价量规等评价要素由师生共同协商、确立和设计，增强学生的主体意识，提高学生学习与评价的内在动力。

（2）关注评价数据的过程性变化。记录学生的课堂、单元、学期、学年或学习的学前检测和学后检测情况，通过动态观察、跟踪学习、了解变化等过程性评价数据，了解学生素养与能力成长轨迹，分析学生的学前能力起点及学后能力增值，进行累计积分的循迹评价。学生看到学习进步与增量，就会获得成就感与自信心，实现学习的良性循环。

（3）创设评价的真实情境。围绕学生艺术学习实践性、体验性、创造性特点，将评价与各类真实情境（如班级音乐会、学校传统节庆、校园艺术展演活动等）相结合，开展阶段性综合评价。考查学生迁移运用所学知识技能解决问题的能力。

三、初中音乐表现性评价的策略探究

初中音乐表现性评价的策略，应以“教—学—评”一致性为指导，合理创设课堂学习情境、课外合作情境、综合展演情境等评价场域，以独唱（奏）、合唱（奏）、音乐编创、小型音乐剧（戏剧）、设计班级音乐会方案、音乐会海报、音乐活动方案等为检测形式，开发核查表、等级量表、能力卡等多种评价量规，实施“任务驱动、过程追踪、综合实践”评价策略，促进学生艺术素养的有效提升。

（一）设计科学合理的表现性评价学评任务

1. 设计评价任务，激发学评兴趣

通过设计科学、准确、合理的表现性评价任务，以及参照表现性评价“目标—任务—量规”模型，围绕“审美感知、艺术表现、创意实践、文化理解”音乐核心素养，确立表现性评价目标，设计表现性学习任务，围绕表现性学习任务确定与之匹配的评价量规，激发学生学评兴趣，驱动学生自主参与学习评价活动。

以《艺术·音乐》七年级上册第一单元《拉起手》一课为例。依据单元目标“了解歌唱发声基本要求，建立音乐课基本规范”，围绕学段目标“能用声势、语言、动作等模仿或表现包含简单和稍复杂节奏型的节奏谱（含多声部节奏），能跟随琴声或录音视唱简单乐谱”，设计核心任务——“手打稳定拍演唱歌谱”“与同学进行二声部合唱”“编创简单的体态律动动作”3 个子任务，以核查表（量规）引导学生对知识点或表现信息进行核查，引导学生积极参与，自主探究（表1）。

表1 《拉起手》学习任务核查表

《拉起手》核心任务：感受歌曲的音乐情绪											
子任务1： 手打稳定拍演唱歌谱				子任务2： 与同学进行二声部合唱				子任务3： 编创简单的体态律动动作			
拍子的稳定性	非常稳定	比较稳定	不稳定	一人与一人	非常准确	比较准确	不准确	单独编创	非常恰切	比较恰切	不恰切
音准的准确性	非常准确	比较准确	不准确	一人与多人	非常准确	比较准确	不准确	集体编创	非常恰切	比较恰切	不恰切

在不同的学习情境和学习任务中巧妙融入表现性评价，设置结构化的学习活动，以学习任务完成后的表现性评价反馈学习水平，有效促进学生个体或团队参评积极性，检查教学实效性的达成度，对提升教师教学质量和学生核心素养起到关键性指导作用。

2. 了解评价标准，提升自我认知

在真实的教学情境中，学生了解具体学习任务之后，师生共同设计项目式学习任务和表现性评价标准。学生在学习过程中依据表现性评价标准对自己的学习目标、学习能力做出客观的自我评价，对准确地认知自己的音乐能力和努力方向起到事半功倍的效果。以《艺术·音乐》七年级上册第三单元《多彩民歌》一课为例（表2）。

表2 《多彩民歌》单元“学习任务与评价标准”列表（以审美感知、艺术表现为例）

素养目标	评价目标	学习任务	表现性评价标准	评价等级
审美感知	通过律动或语言描述，自信，表达对民歌的感知、发现、体验和欣赏，情绪、情感表达符合意境	通过聆听及学唱，体验和欣赏根据民歌改编或以民歌音调为创作素材的作品，感知、发现音乐要素的变化及规律	自信，表达对音乐作品的感知、发现、体验和欣赏，情绪、情感表达符合意境	优秀
			参与对音乐作品的感知、发现、体验和欣赏，情绪、情感表达基本符合意境	良好
			参与对部分音乐作品的感知、发现、体验和欣赏	合格

续表

素养目标	评价目标	学习任务	表现性评价标准	评价等级
艺术表现	乐于参与演唱、演奏、识读乐谱，随乐表演等活动，选择合适的方式，自信、完整地展示	演唱本单元歌曲；哼唱或自选乐器演奏作品的主题旋律；准确识读乐谱；选其中一个声部与同伴合作演唱	乐于参与各项活动，自信、完整地展示音乐作品	优秀
			能够参与各项活动，基本完整展示	良好
			能够参与其中一项艺术表现活动	合格

在某单元或某一课的学习中，通过“任务创设、任务提出、任务分配、任务实施”，导向学生的积极行为，依标导学，自我核审，语言描述，清晰规划，反馈调整，实现“教—学—评”一致性目标下的以评促教、以评促学教学目标。以《艺术·音乐》七年级上册第三单元《多彩民歌》一课为例（表 3）。

表 3 《多彩民歌》单元学生音乐展评能力核查表

表现性评价内容	是	否	不确定
自主表演：能乐于尝试用演唱、演奏等合适的方式展示或编创音乐主题			
随乐表演：能随音乐自主或与同伴合作编创体态律动动作或个性化表演			
乐谱识读：能准确识读乐谱中的音符、节奏及音乐记号等			
音乐编创：能为某首歌曲旋律片段编创简单的二声部和声并尝试演唱			
他评能力：能客观评价，说出优点，提出建议，遵守表演次序			
自评能力：能努力提高表演质量，接受评价意见和建议，提升自己			

在真实的学习实践过程中合理设计任务驱动，伴随学生实践表现，通过表现性评价反馈学生知识技能的掌握程度，及时捕捉学生音乐表现情况并对照评价标准，及时检验教学效果，促进教师及时评估教学成效，调整教学策略，实现“教—学—评”一致性目标。

（二）通过表现性评价过程数据比对，优化表现性评价学评内容

1. 关注学习过程性艺术表现层级，不断提升学科素养

表现性评价内容要关注学生的过程性学习表现，通过测评数据比对学生课前、课后及学期等不同阶段的素养、能力提升水平，实现聚焦学生音乐表现（演唱、演奏、识读乐谱、随乐编创与即兴表演）的五项可被具体量化评价的基本内容，通过这些表现性评价内容考查学生最基本的、必备的音乐表现能力，以此作为接续提升学生素养和能力的有力抓手。

学前测主要考查学生在本单元或本课学习中原有的知识储备及能力起点，以便掌握学生的最近发展区。学后测则为考查学生学习后的知识技能增量，教师可依此分析学生学习成效，评估学生能力增量，并思考教学方法的适切性（表 4、图 1），以便教师做出合理的教学策略、方法、手段的调整，稳步实现教学目标。

表 4　表现性评价过程，追踪等级量表设计——以《春游》《雪花》中的“和弦”“调式”学前测、学后测为例

学前测指标	评价形式	评价内容	学后测指标	评价形式
优秀：准确了解大、小三和弦知识，能准确辨别不同三和弦的色彩 良好：基本了解大、小三和弦知识，能辨别不同三和弦的色彩 合格：了解大、小三和弦知识	1. 教师评价 2. 学生互评	1. 构写大、小三度音程并准确演唱 2. 构写大、小三和弦并准确演唱 3. 和弦听辨 4. 结合音乐作品进行辨识	优秀：理解音程及大、小三和弦的构成原理，能根据已学知识判断歌曲调式 良好：了解音程及大、小三和弦的构成原理，能根据已学知识判断简单歌曲调式 合格：了解音程及大、小三和弦的构成原理	1. 理论讲解 2. 作品辨识 3. 教师评价 4. 学生互评
优秀：准确了解三种小调的关系构成，能准确辨别不同的小调式 良好：基本了解三种小调的关系构成，能辨别不同的小调式 合格：了解三种小调的关系构成	1. 教师评价 2. 学生互评	1. 准确标出三种小调式音阶关系并能准确演唱 2. 调式听辨 3. 结合音乐作品进行辨识	优秀：能够演唱或哼唱三种不同的小调式音阶，能够举例说出已学过的歌曲中的不同小调式歌曲 良好：能够演唱或哼唱三种不同的小调式音阶 合格：能够举例说出已学过的歌曲中的不同小调式歌曲	1. 理论讲解 2. 作品辨识 3. 教师评价 4. 学生互评

由图 1 我们发现，学生对相关音乐要素的学前测和学后测数据相差不大，说明学生对音程、和弦、调式知识具有相对紧密的连续性认知和理解，需通过后续接续性学习继续提升。在音程、和弦、调式学后测中，学生能力增长得比较明显，说明对音程、和弦、调式有效听辨与音乐创写的学习是比较有效的。

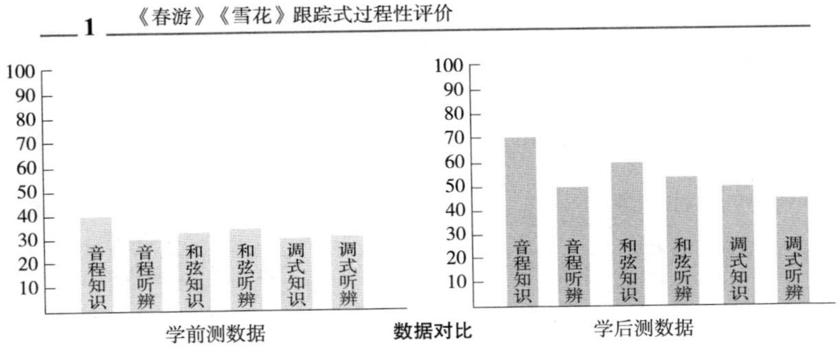

图 1 《春游》《雪花》跟踪式过程性评价学前、后测数据对比

2. 科学设置评价内容与评价量规，关注学生关键能力增量变化

科学设置表现性评价内容与评价量规，通过表现性评价等级量表关注学生关键能力发展水平及表现程度变化，记录学生在艺术实践及音乐生活中素养与能力的变化过程，在多种教学模式和教学方法的引领下追踪学生各类音乐成就，完善表现性评价中学生自评、同伴互评、师评及家长评价等多主体评价机制，更好地诠释“教—学—评”一致性的表现性评价内涵（表 5）。

表 5　七年级《艺术・音乐》上册——音乐表现性评价等级量表

评价场域	评价内容	评价目标	评价形式	评价标准
课内学习	演唱：音准节奏准确度	互享共进 激发兴趣	教师评价 生生互评 小组评价	优秀：音准准确、技能准确，音乐表现富有创意 良好：能较完整地展现演唱（奏）技能运用及创意 合格：表现性音乐能力一般
	演奏：技能技巧准确度			
	识读乐谱：准确识读乐谱速度			
	即兴表演：表现音乐形象和音乐情绪恰切度			
课外学习	完成项目学习任务：设计会场、设计音乐、设计舞台	彰显个性 课后实践 知识运用 素养提升	生生互评 家校互评	优秀：结合所学知识和技能进行音乐设计，编创富有创意 良好：能结合所学知识和技能进行音乐设计，编创较富有创意 合格：能结合所学知识和技能进行音乐设计
	尝试音乐编创：旋律编创、歌曲编创、戏剧编创、音乐剧编创			

续表

评价场域	评价内容	评价目标	评价形式	评价标准
综合展示	学校音乐展演：校园艺术、重大节日	参与社会 服务社会 创造价值	生生评价 学校互评 社会评价	优秀：积极参加音乐综合展演，在活动中能根据自己角色定位了解国家、社会和自我，表现优秀 良好：能参加音乐综合展演，了解国家、社会和自我 合格：能参加音乐综合展演
	社会音乐表演：社区音乐会、社会艺术测试			
	综合音乐实践：参与音乐展会、参加音乐社团			

通过课内学习、课外学习和综合展示 3 种表现性评价内容，实现表现性评价的过程追踪和表现性评价的全面构建，在此基础上对照学习目标的达成度，帮助学生查漏补缺，促进学生积极体验、自我评估和自觉反思，同时帮助教师适时调整教学目标、教学方法和教学策略，促进“教—学—评”一致性目标的实现。

（三）创设表现性评价学评情境，提高综合实践能力

1. 创设合作创意表演情境，促进知识、技能的合理迁移与运用

表现性评价的特点是基于表现性学评情境的创设，基于学生生活经验与具体音乐学习主题的有效结合，在此基础上设计具有合理性、创意性、综合性的艺术表现性活动，为学生搭建自我展示、同伴合作的交流平台，进而提升学生迁移、运用知识技能的能力，充分发挥学生学习的主观能动性和艺术创造性（表 6）。

表 6　创意表现综合性评价——以《森吉德玛》为例

班级		姓名		备注
评价要点	师生共同设定			请根据学生的创意表演，运用已有的表现性评价方法，客观评价同伴的表演，并写出评价建议
评价方式	师生共同设定			
评价内容	师生共同设定			
评价等级	□优秀：全员合作参演，有创意、有美感、能够体现作品特色			
	□良好：全员参演，有创意，基本能够体现作品特色			
	□合格：有组员参演，创意、美感及作品特色不够明显			
	备注：请用“√”勾选出评价等级			
评价建议				

2. 拓展表现性创意实践空间，发展学生艺术表现高阶能力

表现性创意实践空间无处不在，我们要善于发现和创设机会，为学生艺术表现搭建舞台。如“校园艺展”“期末汇演”“线上舞台”等，拓展学生音乐表现的实践空间，具体表现性内容可由学生集体商定或自主选定，通过不同学习场景促进学生的艺术交流，不断提升音乐表现、音乐创作、音乐思维的能力，在充分调动学生表现愿望和热情的基础上，通过小组合作、班班联动、层层竞赛等，评定出班级、年级、校级“歌唱之星”“舞动之星”“器乐之星”“识谱之星”“合作之星”等，并参加年级或校级音乐风采展示。在评价过程中不断提升学生自评、互评技能及同伴间的交互合作能力，共同获得成长与发展。

表现性评价的策略实施，可围绕单元或项目式学习任务及阶段学习后对学生技能持续跟踪、观测与评定结果进行精心设计，主要指向学生音乐素养与关键能力的形成、发展与提升。依据不同阶段评价任务配置不同功能的评价量规，通过使用不同的评价工具和评价方法观测自我及同伴的成长，促进“教—学—评”一致性发展，保障教学评价的质量和效果，促进教学的优化，最终促进学生音乐素养和能力的提升。

四、反思与展望

第一，依据《义务教育艺术课程标准（2022 年版）》精神，坚持目标导向、问题导向和创新导向，根据教学实际不断优化和调整评价量规。所有表现性评价在“教—学—评”一致性原则下，指向学生音乐素养与关键能力的提升与发展，并以此优化教学环节及各评价环节量规，引导学生努力朝着育人目标付出努力。

第二，坚持“以学生为主体”和“师生双主体”原则，虽然评价主体主要针对学生，但也要关注对教师教学质量的评价。在评价过程中，要准确把握学生能力起点，设置科学合理的表现性学习任务，不断激发学生的学习兴趣，发挥其主观能动性。在共评、自评、互评过程中，让学生更多参与评价标准设定，了解评价任务及内容，进而激发学生的参与愿望，展现真实艺术水平。

第三，加强数据记录、汇总、分析和反馈，通过数据变化发现学习规律和教学经验。单元（项目）学习结束后，要分类搜集、整理相关表现性评价量表，并及时进行分析评估，反思教学问题，调整教学方法和策略，将“教—学—评”一致性原则落到实处。

第四章　音乐课程实施与管理

第一节　音乐课程教材的选用与编写原则

艺术教材是艺术课程内容的重要载体。艺术教材的编写，要充分体现艺术课程标准的基本理念和各项要求，使之成为教师创造性地开展教学和学生进行主动学习的最基本的教学资源。

1. 坚持育人导向

教材建设是国家事权，必须体现国家意志。艺术教材的编写要坚持以习近平新时代中国特色社会主义思想为指导，牢牢把握正确的政治方向和价值导向，确保党的教育方针落实到教材编写的各个环节。要加强爱国主义、集体主义、社会主义教育，培养德智体美劳全面发展的社会主义建设者和接班人。要有机融入社会主义先进文化、革命文化、中华优秀传统文化，以及国家安全教育、法治教育、中华民族共同体意识教育和环境教育等内容，并努力使之整体化、系列化、长效化。

2. 精选内容素材

依据本标准中的“内容要求”选择内容素材。内容素材要体现中华民族共同体意识和国际视野，注意借鉴和吸取人类优秀艺术成果，凸显艺术教材的文化性质。突出思想性、经典性、时代性、民族性、实践性，有效满足学习任务要求，落实核心素养培育。注重发掘学生身边的生活和艺术现象，使学生在学习过程中有代入感和参与感，激发学生的学习兴趣和探究欲望。内容素材的形式要多样，包括文字、图片、音乐、视频、案例、故事等，为学习情境的创设提供丰富的素材，使学生在知识建构的过程中和对知识意义的体悟中逐步发展核心素养。

3. 优化组织结构

鼓励以灵活多样的方式构建艺术教材的框架和内容，突出主题化、生活化（情境化）、项目式任务驱动等新的学习理念和方式，提倡以单元的形式组织学习内容。单元的大小应根据不同的任务、学生的年龄特征确定，从整体到细节，处理好学科逻辑与生活逻辑的关系，并形成有特色的组织结构。要精心组织和设计学习任务，体现学科综合的理念，使学生在任务驱动下有效提高综合探索和学习迁移的能力，帮助学生在情境中以问题为导向展开学习，实现从学科本位、知识本位到素养本位的转型。

4. 彰显艺术特色

艺术教材内容的编排和呈现形式应适合核心素养的培育，突出活动性和实践性，要合理配置各种图文要素，精心设计版式。整体装帧与排版要体现色彩、构图、影像等的视觉美感，充分考虑艺术学科特色，在各类艺术图片、乐谱、戏剧表演、影像视频、文字表达等方面均应体现较强的艺术趣味和健康的审美要求。图片要具有经典性和多样性，画质清晰，图注准确，图文配合得当。开本规格应统一，纸质、纸张颜色、字体和字号的选择应有益于学生身心健康。应精心设计有利于引导学生自主、合作、探究学习的助读系统（如前言、导读、学习单、作业、学习活动、小结、思考题或评价表等）和技术性的助读系统（如术语、名词解释、步骤图、比较图、关系图、历史年表、地理区位图、标识、符号，以及知识拓展和资源库等）。栏目尽量用生动的词语表达，以凸显艺术学科特点。艺术教材的封面要美观、大方、新颖、别致，体现艺术性，符合学生年龄特点，具有显著的可识别性。

5. 丰富教材形态

在编写传统纸质艺术教材的同时，要与时俱进，适应数字时代的要求，构建具有视、音、图、文等要素的数字教材，体现直观性、交互性、趣味性。通过构建纸、电联动的新型艺术教材，多角度、多维度地呈现艺术教材的内容，提高学生的学习积极性和学习效率。在媒介融合的基础上，运用远程通信技术加强师生和外界的人际交流与互动，借助学习共同体的智慧与力量，帮助学生合作完成学习任务。要充分利用现代信息技术，建设丰富的、不断更新的课程资源库，利用“互联网 +”的思维和数字化思维探索艺术教材的新形态。

第二节　音乐教师的专业素养提升与培训机制

（一）面向全体艺术教师开展培训

坚持培训者先受培训。进一步完善音乐、美术教研员的培训制度，鼓励有条件的地区率先组建舞蹈、戏剧（含戏曲）、影视（含数字媒体艺术）教研员队伍。汇聚学科专家、学科教育专家、教研员、一线骨干教师等组建培训者团队，开展相关培训。培训要进一步面向全体艺术教师，做到有目标、有规划、有方案、有措施。同时，针对艺术教师在课程实施中遇到的问题，特别是舞蹈、戏剧（含戏曲）、影视（含数字媒体艺术）学科的教学问题，各级教研和培训团队要积极发挥作用，分阶段分专题开展持续、深入的培训。

（二）精心设计培训内容

全面贯彻党的教育方针，坚持立德树人。深入理解新时代社会发展的新趋势，把握教育改革的新动态，树立新观念，改进教学，促进教师专业发展；准确理解和把握艺术课程的育人价值，分析课程标准各部分之间的关系，促进教师从整体上理解艺术课程标准。培训要把握课程目标，着力解读艺术各学科的学习任务、学习内容、学业质量等，明晰艺术先综合后分项分段设计课程的意义，全面解读舞蹈、戏剧（含戏曲）、影视（含数字媒体艺术）学科对学生全面发展的重要作用，明确姊妹艺术之间交叉与融合的价值等任务。结合国家教育方针和有关政策文件深入解读课程标准，并通过案例对课程实施的思路和方法进行示范、引导。

（三）采用多样化的培训方式

根据培训目的和内容，结合学校实际，采用专题讲座、案例研讨、工作坊、线上线下混合式研讨等多种方式开展培训。其中，对课程的分析、解读可采取专家现场讲座和线上视频演示等方式；案例研讨可采取工作坊、沙龙等方式，通过“案例分享—分组研讨—专家点评”等环节释疑解惑。在培训过程中，要加强互动，实时解决问题，使教师充分理解艺术课程改革理念，有效促进教学。

第三节　音乐教学实践基地的建设与利用

（一）基于调研整体设计教研方案

树立为党育人、为国育才的意识，提高艺术教师全面育人素养，提升教研能力和研究水平。通过调研，精准诊断教师在理解和实施艺术课程中遇到的问题与困难，特别是农村中小学生艺术学习的现状与问题；要基于诊断结果，确立教学研究方向，确定教学研究目标，分主题、分层次设计教学研究的内容及活动，提高教学研究的针对性。

（二）聚焦关键问题开展主题教研

充分发挥教师的主动性，鼓励教师在教学实践中发现问题、解决问题，促进艺术教育教学研究的健康可持续发展。特别是要聚焦如何基于核心素养开展教学，如何开展任务驱动教学，如何以艺术活动为主线开展教学与评价，以及艺术课程如何传承中华优秀传统文化、革命文化、社会主义先进文化等关键问题，通过主题性的教研来解决。例如，通过专家讲座帮助教师深刻理解各艺术学科的价值和意义；通过案例研究帮助教师认识和体会围绕核心素养进行教学设计的方法，感受基于核心素养的教学相比具体知识教学的变化，从而促进教师设计并实施基于核心素养的教学。

（三）关注研究成果与经验共享

根据教研目标、内容和教师需求，采用专题讲座、案例分享、现场指导等多种形式分享教师的研究成果，特别要强化优秀教师经验的线上、线下共享，充分利用互联网开展主题沙龙、微论坛等分享交流活动。要加强区域教研共同体的建设，通过名师工作坊等形式开展单元学习、基于核心素养的教学等主题的成果推广，促进学校之间、教师之间的深度对话和互动交流。

（四）构建校本教研体系，开展学科融合研究

探索核心素养与审美素养和人文素养之间的内在联系及相互作用，构建学科之间互为支撑的育人模式。充分发挥学校各学科教研组的作用，构建教研共同体，探索本校有效实施课程的方法和策略。

（五）以问题为导向，持续开展基于研究的教学改进

重视运用已有的研究成果，树立积极解决问题的教学研究意识，提升问题解决的能力；善于发现课程实施中的具体问题，结合问题进行实证研究，有针对性地收集资料、获取证据和总结成果，基于教学研究优化艺术教学。学校教研组要建立问题导向的“学习—实践—反思—改进”的校本教研范式，基于研究证据反思和改进教学，并积极做好典型经验的总结和推广。

第四节　音乐课程质量的监控与评估体系

第一章　总则

第一条　教学工作是学校经常性的中心工作，教学质量是学校的生命线，为了加强教学质量管理，强化教学质量监控，促进教学质量管理的科学化和规范化，保障学生培养质量的提高，设定本实施细则。

第二条　建立教学质量监控与评价体系的指导思想

以教育思想和教育观念转变为先导，以提高教学质量为目标，运用系统科学的理论和方法，科学确立和构建教学质量标准评价体系。明确质量监控的任务、职责和内容，使其成为相互协调、相互促进的有机整体。通过科学的评价，分析教学质量，建立通畅的信息反馈网络，强化调控功能，创建真实高效

的教学质量监控与评价体系。

第二章　教学质量组织保障体系

第三条　教学质量组织保障体系主要由学校科研处、教务处、德育处、学生信息员队伍等构成。教学质量组织保障体系以学校科研处为宏观指导，以教务处、德育处为质量监控和保障实施主体，以学生信息员队伍为质量信息反馈主渠道，从总体上保障教学质量管理工作。

（一）学校科研处

从宏观上总体把握音乐教学质量保障工作的方针、政策，对提高教学质量提出指导性意见和建议，审定教学质量管理的各种标准和办法，接受教学质量信息反馈，调控影响教学质量的因素，从总体上保障教学质量管理工作的顺利进行。

（二）学校教务处

学校教务处作为教学质量监控的职能部门，组织安排教学运行中的质量调控，开展经常性的教学质量调查研究与检查，组织开展教学工作交流等。

负责全校范围内的音乐教学质量管理工作，保证质量管理工作的正常运转。具体职责为：负责设定质量管理方面的各种规范性制度、各环节质量标准和工作计划；组织全校性的音乐教学检查和专项评估工作；组织实施和落实各级领导的听课制度；做好教学信息整理、统计、分析和反馈工作，为学校决策、评优提供依据；建立和完善教学质量监控与评价体系的档案管理工作；组织质量监控工作会议、座谈会、问卷调查等；做好教学质量管理备案和总结等工作。

（三）学校德育处

学校德育处具体负责音乐教学质量监控与评价工作，保证本单位教学质量监控与评价工作的正常运行，按时完成学校安排的各项工作。具体职责为：建立健全本单位质量保障组织体系；设定教学质量工作计划及具有可操作性的具体实施方案和有关规定；组织教学检查、评估、督导等工作；加强教风、学风建设；坚持听课制度，并督促、组织实施；建立和完善教学管理档案；组织召开教师、学生座谈会议等，了解教学工作信息；做好统计分析、总结上报、信息反馈、调控落实等工作。

（四）学生信息员队伍

为了全面了解教学过程中教与学的情况，确保教学秩序的稳定和各门课程教学目标的实现，促进教风、学风建设，在学生中聘任学习态度端正、成绩优秀、诚实公正、有分析能力、热心为同学服务的学生担任信息员。学生信息员负责教学过程中的信息收集工作，定期填写教学信息反馈表，将教师教学情况、学生学习情况以及对教学管理等方面的反映，定期或不定期及时、客观地向教学质量监控中心反馈，并提出意见和建议，以便及时发现和解决教学过程中存在的问题。

第三章　教学质量信息收集体系

第四条　教学质量信息收集主要是为了全面及时地了解教学过程各环节、教学活动各因素在教、学、管过程中的基本状况信息。其主要任务是为教学质量评价和调控提供全方位的信息反馈，保障信息的真实性和全面性。信息收集主要包括：

（一）学校各级领导干部评价信息

学校各级领导干部深入课堂及教师和学生中，通过听课、座谈会等形式，全面了解教学运行状态信息，及时发现和解决教学中存在的问题，切实保证教学工作的正常运行。

（二）学生评价信息

学生是教学活动的主体，是教学质量评价信息的重要来源。通过召开学生座谈会、学生信息员定期不定期反馈、学生评教、校长信箱、教务处长信箱等途径，了解学生对教学各环节的意见和建议以及对教师教学质量的评价。

（三）教研组质量监控小组评价信息

教研组负责对教师的工作态度和教学质量状况进行了解和综合评价。根据具体情况，采取多种形式，组织对任课教师进行经常性听课检查和评价，并组织教师开展互听、互评工作。

（四）网上评教信息

开展教师教学效果网上评教工作，鼓励学生积极上网对教师课堂教学、课程设计、毕业论文设计（音乐会）等进行评价，并充分发挥网上评教及信息反馈的功能。

（五）学生学习质量评价信息

对学生学习质量的评价包括对学生学习过程的评价和对学生学习结果的评价两个方面。通过主讲教师、系书记、辅导员等，多途径、全方位了解和掌握学生的学习状态和学习风气，并通过期末考试全面分析学生学习的效果。

第四章　教学质量评价分析

第五条　教学质量评价分析是依据各教学环节质量目标和评价体系，有组织、有计划地对教学质量进行检查和评价。学校科研处根据工作需要，依托教学督导组，成立由学术造诣较深、教学经验或教学管理经验丰富的专家组成的各环节教学质量评价专家组，开展专项评价和评估工作。教学质量监控中心负责教学质量的评价分析工作。

（一）教学状态评价分析

在每年度末，依据《通州二中教学工作计划》《通州二中教科研工作计划》，由教学质量评估专家组对音乐教学进行评价。包括师资队伍建设、教学基地建设、教学运行管理、教学改革和人才培养质量等指标。

（二）专业建设评价分析

专业建设评价主要是检查教学基地教师专业建设，特别是新教师的基本情况。专业建设评价一般每年举行一次。

（三）课程建设评价分析

课程建设是教学基本建设的重要内容。课程建设评价目的在于调动学科基地和学科教师进行课程建设的积极性，更新教育思想和教育观念，推进学科基地教学改革和教学研究，提高课程教学质量和课程建设水平。课程评价范围为教师专业技能、教师教育教学能力、教学成果等。在每年度末由教学质量评价专家组依据“通州二中课程建设质量标准”，对学科基地课程建设情况进行考核评价。

（四）教师教学评价分析

教师是教学的主导，通过有效的教师教学质量评价，产生正确的导向和激励作用，调动教师进行教学工作的积极性，促进教学内容和方法的改革，不断提高教学质量。

教师教学评价对象为担任课程讲授的专兼职教师，评价在每学期期末举行。课堂教学质量评价主要包括教师的教学态度、教学基本技能、教学方法、教学内容和教学效果等。

教师教学质量评价由教学管理评价、教学督导成员评价、所在教研组评价、学生评价四部分构成，评价权重分为优秀、良好、合格、不合格四个等级。

（五）课程考试评价分析

考试是教学工作的重要环节之一，每学期考试结束后，依据课程考试质量目标，对课程考试进行全面评价。课程考试工作评价分析主要涉及考试命题、试卷评阅两个方面。

考试命题的评价方式为：每学期期末考试结束后，在对考试命题情况进行评价的基础上，科研处组织有关人员依据课程标准和考试命题要求，对有关课程考试命题情况进行评价分析。

试卷评阅的评价方式为：每学期期末考试结束后，在对试卷评阅情况评价的基础上，科研处组织有关人员集中对考试课程试卷评阅情况进行试卷抽查评价。

考试命题、试卷评阅分别按指定的考试课程由教研组自查评定和科研处组织的评定分别给出评价结果，然后两部分加权得出课程考试综合评分，综合评价结果分为优秀、良好、一般、较差四个等级，其中：优秀为总分在 90 分以上，良好为总分在 80—89 分，一般为总分 60—79 分，较差为低于 60 分者。

（六）学生学习质量评价分析

学生学习质量评价分析主要包括学生学习质量评价和毕业生质量评价两个方面。学生学习质量包括学生学习过程和学习结果两部分，由教务处和教研组共同负责。其中对学生学习过程的评价，通过教学秩序检查、教学日志、任课教师每学期对所在的班级填写《通州二中学生学习状况调查表》，由学生处收集、汇总后，作为学生学习过程评价结果。对学生学习结果的评价，通过对考试成绩的分析和初中生参加各类比赛、各类创新创业活动取得的成绩等，综合评价学生掌握知识的能力和学习的效果。综合评价结果分为优秀、良好、一般、较差四个等级，其中优秀为总分在 90 分以上，良好为总分在 80—89 分，一般为总分在 60—79 分，较差为低于 60 分者。

第五章　教学质量信息反馈与调控及教学评价结果的使用

第六条　教学质量信息反馈与调控

对于教学检查、各级领导听课、信息员反馈、教学督导反馈等各种渠道收集的教学各环节工作信息，由科研处及时汇总、整理和分析。以各教学环节质量标准为依据，针对出现的偏差和问题及时形成调控意见。对于涉及日常教学工作中存在的问题，科研处通过教学工作例会进行反馈，并检查落实调控结果。对于涉及全校性及教学基本建设等问题，教务处、教学质量监控中心将整理的意见和分析建议以报告形式提交校长办公会研究，形成调控意见，以校长办公会决议的形式发文，责成相关单位处理，并安排学校相关部门检查调控结果。

第七条　教学评价结果使用

对于教学质量专项评价或评估的结果，由学校或科研处以文件形式反馈给评价对象及相关领导和部门。评价结果作为评优、评先、奖励和晋级的重要依据，以形成有效的激励和奖惩机制。

1. 教学单位教学状态的评价结果作为评审教学工作先进单位的重要依据。

2. 专业建设评价结果作为评选骨干教师的重要依据，并作为专业建设专项经费划拨的重要依据。

3. 课程质量评价结果，作为评选各级各类项目和划拨课程建设专项经费的主要依据。

4. 教师教学评价结果作为职称晋升、岗位聘任、岗位津贴、考核评优的重要参考依据。

5. 课程考试评价结果作为改进考试管理的重要依据。对于考试命题、试卷评阅中存在的问题，要求基地教师予以纠正和改进，对优秀的予以表扬，对构成教学事故的予以处理。

6. 学生质量评价结果作为改进教学管理、加强学风建设、深化教学内容和课程体系改革、确定招生计划的重要参考依据。

第六章　附则

第八条　本实施细则由通州二中科研处负责解释。

第九条　本实施细则自修订之日起施行。

第五节　音乐课程保障

（一）确保教学时间

合理安排音乐课程的教学时间，确保学生有足够的时间进行学习和实践。

初中部开足、开齐音乐课程，保证每个年级、每个班每周一节音乐课。

艺术社团保证每周两次训练时间，分别安排在周二、周三下午第八节社会实践课上。

（二）保障教学经费

学校提供必要的教学经费，用于购买教学设备、教材和组织音乐活动等。

通过以上音乐课程开发方案的实施，相信能够为通州二中学生提供更加丰富、优质的音乐教育，促进学生核心素养和关键能力得到全面发展和稳步提升。